베를린에서 DMZ로

독일통일의 교훈, 자유 평화 통일

From Berlin To DMZ

이영기 지음 · 명지대 미래정책센터

명지대학교 출판부

차례

2장

결 론

머리말

자유 평화 통일을 위하여

오늘날 세계는 2차 대전 후 최대의 시련을 맞고 있다. 악마 같은 코로나와 우크라이나 전쟁, 중국의 팽창정책 그리고 무분별한 북한의 도발 행위 등. 오늘날 세계에서 아직도 해결되지 못한 문제가 있다면, 그것은 단연 한반도의 통일이다. 분단된 지 77년의 세월이 흘렀다. 세계에서 유일한 분단국이다.

본인은 이 문제의 해결을 위하여, 조금이라도 도움이 될까 하여, 독일에서 박사 학위 취득 후, 1983년부터 2015년까지 32년간 독일과 한국을 오가며, 명지대를 위시하여, 각종 강의, 세미나, 강연회, 신문, 잡지 기고 등을 종합적으로 정리, 한 권의 책으로 명지대 출판부에서 발행하기로 했다. 특히 「독일통일의 교훈」과 「독일의 정치교육이 민주주의를 위한 모델이 될 것인가?」라는 주제로 명지대와 함부르크대학과의 공동 세미나는 잊을 수 없는 좋은 추억으로 남는다.

나는 이 귀중한 기회를 하나님의 선물로 생각한다. 유병진 명지대 총장에게 진심으로 감사드린다. 그리고 이 일을 위하여 도움을 주신 윤종빈 명지대 미래정책센터장, 김영석 명지대 도서관장 그리고 원고 정리, 교정 기타 업무를 진행하기까지 도와준 백연진 계장, 박주현 인턴 등 모든 분에게 진심으로 감사드린다.

나는 이 책 출판에 특별히 도움을 주신 김황식 호암재단 이사장, 정계성 김앤장 대표 변호사 내외에 감사드린다. 그리고 파독 간호사로 40년 이상을 일하며, 지금도 가정을 이끌고 있는 나의 아내에게 감사를 드린다.

2023년 4월 이영기 드림

1 장

베를린에서 :

독일통일의 교훈

히틀러의 패망과 독일의 분단[1]

1949년 9월과 10월에 각각 독일 연방공화국(서독)과 독일 민주주의 공화국(동독)이 각각 한 국가로 탄생했다. 독일 땅 위에 두 개의 국가가 형성된 셈이다. 독일이 제2차 세계대전에서 패망한 1945년 5월 8일부터 1949년 9월까지를 시간으로 계산하면 4년 5개월의 세월이다. 독일의 분단은 따지고 보면 이처럼 꽤 오랜 시간의 우여곡절 끝에 이루어졌다.

그동안 독일에서는 독일의 분단이 제2차 세계대전을 일으킨 아돌프 히틀러(Adolf Hitler)의 죄에 대한 징벌인가 아니면 동서냉전의 산물인가를 놓고 논쟁이 계속됐다. 근래의 대체적인 경향은 「냉전의 산물」로 다듬어지고 있는 것 같다. 물론 히틀러의 악랄한 침략 정책이 독일분단에 직접적인 영향을 끼친 것은 사실이다. 전쟁 중 미국의 재무장관으로 있던 한스 모겐소(Hans Morgenthau) 같은 사람은 금세기 중 두 번이나 세계대전을 일으킨 독일을 「박살」내고 다시는 전쟁을 일으키지 못하게 하도록 독일 땅을 4, 5개국으로 나눠야 하며, 독일을 공업국에서 농업국으로 전락시켜야 한다고 주장했다. 비록 그의 주장이 그 후 실천되지는 않았지만, 미 · 소 · 영 · 프 연합국들의 전후 독일 처리 방식에 많은 영향을 끼친 것은 사실이다.

이오시프 스탈린(Iosif Stalin)은 독일을 4개로 나누려고 하였다. 즉 루르게비트(Ruhrgebiet) 공업지대를 포함한 서부지역을 보호국, 바이에른(Bayern)을 자주국으로 하며 동프로이센을 폴란드에 편입시키고 나머지를 여타국으로 하면 평

---

1 이영기. "히틀러의 패망과 독일의 분단". *독일통일의 해부*, 국제언론문화사, 1989.

화를 이룩할 수 있다고 보았다. 프랭클린 루스벨트(Franklin D. Roosevelt) 미국 대통령은 19세기식의 해결 방법으로 독일을 프로이센(Preussen), 작센(Sachsen), 하노버(Hannover), 헤센(Hessen) 그리고 남부 독일로 갈라놓으려고 하였다. 이에 비하여 영국의 윈스턴 처칠(Winston Churchill) 수상은 소위 「도나우 연방」(Union der Donau)을 제창, 여기에 남부 독일, 오스트리아 그리고 헝가리를 귀속시키려고 하였다. 미국의 국무장관 섬너 웰스(Sumner Welles)는 독일을 5개의 소국으로 나누면 너무 약하고 불안정하므로 북부 독일과 남부 독일로 갈라놓는 안을 옹호했다.

1943년에 접어들면서 전쟁은 연합국에 유리하게 전개됐다. 1943년 12월 연합국의 수뇌인 루스벨트, 처칠 그리고 스탈린은 테헤란에 모여 독일의 전후처리 문제를 논의했다. 처칠의 보고에 의하면, 테헤란에서 미 · 영 · 프 3개국은 독일을 여러 다른 국가로 나눌 것에 합의했다고 한다. 그것은 즉 동프로이센과 오데르강 동쪽의 독일 땅을 떼놓으며, 프로이센을 재기 불능토록 무력화시키고 루르 지방과 여타 강철 및 석탄생산의 중심지를 프로이센의 지배에서 벗어나게 한다는 내용이다.

1944년 6월 드와이트 아이젠하워(Dwight D. Eisenhower) 총사령관의 지휘하에 실시된 프랑스 서해안의 노르망디 상륙작전이 성공함에 따라 미군과 영국군은 서부 전선에서, 그리고 소련은 동부전선에서 독일을 향해 급속도로 진격해갔다. 이제 독일의 항복은 시간문제였다. 1945년 2월 루스벨트, 처칠 그리고 스탈린은 또다시 소련 남단의 크리미아반도에 있는 얄타에 모여 독일 전후처리 문제를 논의했다. 이 역사적인 얄타회담은 결과적으로 세계의 분단과 독일의 분단을 초래한 산실이 되기도 하였다. 이 회담에서 루스벨트의 최대 관심사는 전후 UN 기구의 창설과 태평양전쟁의 종결이었다. 따라서 스탈린은 일본에 대한 참전의 대가로 동북아시아에서 힘의 확장을 추구할 수 있는 좋은 기회를 얻은 셈이었다. 처칠은 관심사가 폴란드 문제였기 때문에 이 문제를 놓고 스탈린과 싸우지 않을 수 없었다. 처칠은 테헤란 회담에서 오데르강 동쪽의 독일 땅을 분리할 것에는 합의했지만 오데르강 남쪽에 있는 나이세강 동쪽의 독일 땅을 분리하는 데는 합의하지 않았다. 소련이 폴란드의 동쪽 땅 일부를 차지하기 위해서는 오데르-나이세(Oder-Neisse)강이 독일과 폴란드 간의 국경선이 되어야만 했다. 그래야 폴란드가 동쪽 땅의 일부를 소련에 잃은 대신에 오데르-나이세강 동쪽의 독일 땅을 차지함으로써 상쇄할 수 있기 때문이다. 처칠은 이와 같은 소련의 대(對) 서방 팽창정책을 못마땅하게 생각했다. 더욱이 그는 오데르-나이세강 동쪽에서 살고 있던 독일인들이 앞으로 영국 점령지역으로 물밀듯이 몰려들 것이라는 점을 두려워했다. 결국 이 경계선 문제는 합의를 못 보고, 앞으로 있을 연합국과 독일 간의 평화조약에서 최종 해결점을 찾기로 미루었다. 독일문제에 관하여 3대국은 전후 독일의 완전 비(非)무장화, 비(非)나치화 그리고 4대국 점령지역으로의 분할에 대체로 합의를 보았다. 또한 베를린(Berlin)은 그것이 비록 소련 점령지역에 속하지만, 그동안 독일의 중요한 수도였다는 점을 고려, 특별히 4대국의 공동 점령지역으로 분할된다는 것이다. 그리고 여기서 잊어서는 안 되는 것은 이 회담에서 베를린과 독일을 전체로 다루는 상설기구로서 연합국의 공동관리이사회(Kontrolrat)를 베를린에 설치할 것을 합의한 점이었다. 또한 우리가 이 회담의 결과 중에서 주의 깊게 관찰할 것은 그동안 연합국 간에 논의되던 독일의 여러 국가로의 분할보다는 4대국 점령지역의 분할로 어디까지나 군사적인 임시 점령의 성격을 띠고 있다는 사실이다. 루스벨트는 이 회담이 마지막 회담이었으며, 4월 12일 사망했다.

1945년 5월 8일 독일은 무조건 항복했다. 1942년 히틀러의 선전상인 파울 요제프 괴벨스(Paul Joseph Goebbels)가 부르짖었던 「전면 전쟁」의 결과가 「전면 패망」으로 끝난 것이다. 역사적으로 그 유례를 찾아볼 수 없는 이 참혹한 전쟁은 5,500만의 인명 피해를 냈다. 히틀러에 의한 600만 유대인의 잔인한 학살은 지금 생각해도 몸서리난다. 도시는 파괴되고, 농촌은 폐허가 되고, 모든 것이

잿더미가 됐다. 집은 없어지고 질병과 가난만이 득실거렸다. 오늘날도 독일인들은 그때를 「제로 상태」였다고 곧잘 회고한다. 천년 제국을 꿈꿨던 히틀러는 4월 30일 자살했다. 그는 자기가 죽으면 독일도 패망한다 했지만, 그 후 서독은 독일 역사상 가장 부유한 나라가 됐다. 동서를 막론하고 독재자들은 예외없이 자기가 없으면 나라가 망할 것이라고 착각하였다.

독일을 완벽히 점령한 연합군은 1945년 6월 5일 「베를린 성명」을 통하여 독일의 최고 행정권을 접수했음을 내외에 선포했다. 연합군들은 그들의 점령지역을 공고히 했으나 점령정책을 더욱 구체화할 필요가 있었다. 이와 같은 배경하에서 이루어진 것이 포츠담회담(1945.7.17.~8.2.)이었다. 포츠담은 베를린의 교외에 자리 잡은 아담한 도시이다. 이 회담에는 미국의 트루먼 대통령, 영국의 처칠 수상[2]이 그리고 소련의 스탈린 원수가 참석했다. 스탈린은 정상회담에 줄곧 참석하였지만, 미국과 영국의 경우는 교체되었다. 그러면 일본의 항복과 한국의 분단과도 무관하지 않은 이 회담에서 무엇이 논의되었는가. 이 회담에서는 주로 독일의 전후처리 문제를 다루었고 그 비중은 약 90%나 차지했다. 3개국 수뇌들은 점령지역의 점령정책과 관련하여 4D 정책, 즉 비군사화(Demilitarisierung), 비나치화(Denazifizierung)[3], 비중앙집권화(Dezentralisierung), 민주화(Demokratisierung)의 원칙에 합의했다. 그러나 그 후 나타난 사실이지만 서방과 동방과의 사이에는 위의 단어 해석에 많은 차이가 있었다. 예를 들면 미국이 표방하는 민주화와 소련이 부르짖는 민주화는 전혀 의미가 달랐다. 당시 스탈린은 "오늘날의 민주주의는 공산주의"라고 주장했다.

경제면으로 볼 때 이 회담에서 주목할 점은 독일 전역을 하나의 단일 경제단위로 보았다는 사실이다. 스탈린이 이와 같은 경제적 단일성을 받아들인 이

---

2 포츠담회담 중 영국에서 실시된 총선거에서 처칠이 패하고 노동당 후보인 클레멘트 애틀리(Clement Attlee)가 수상으로 당선된 후 애틀리가 참석하였다.

3 나치의 잔재를 일소하기 위한 정책

유는 영국 점령지역에 있는 공업 중심지 루르 지방에 대한 영향력 행사를 의중에 두었던 것으로 알려졌다. 이와 같은 사실은 손해배상 문제에서 알 수 있다. 미국이 제1차 세계대전 이후 독일 바이마르(Weimar) 공화국[4] 때의 경험에 비추어 독일의 손해배상을 처음부터 원치 않았던 데에 비해, 소련은 제2차 세계대전 중 가장 큰 손해를 입었다고 주장하며 손해배상을 강력히 요구했다. 결국 소련은 자국의 점령지역에서 우선 손해배상을 받고 추가로 서방의 점령지역에서도 어느 정도 받아내도록 전승국 간에 합의를 얻어내는 한편, 소련 점령지역에서 서방 점령지역으로의 식량 보급을 약속했다. 폴란드와 독일 간의 오데르-나이세 경계선의 문제는 얄타회담 때와 같이 합의를 못 보고 앞으로 있을 평화조약에서 최종 해결을 보도록 하였다. 이외에도 계속 독일문제 해결을 논의하기 위하여 「외무장관 평의회」가 설치되었고, 또한 독일을 전체로 다루기 위한 「연합국 관리이사회」가 상설기구로 설립되었다.

포츠담협정의 내용을 살펴보노라면 독일을 여러 나라로 나누려는 시도보다는 독일을 전체로 보려는 시각이 더 두드러진다. 우선은 4대 강국이 비록 4대 지역에서 점령정치를 실시했지만, 이는 옛날 전쟁 이후 흔히 나타난 합병과는 의미가 달랐다. 따라서 독일은 전체로서 계속 존속하며 독일 국가의 주권은 철폐되지 않았다는 것을 의미했다. 둘째는 위에서 설명했듯이 경제적인 면에서도 독일을 하나의 경제 단위로 보았다는 사실이다. 셋째는 독일문제를 전체적으로 다루는 연합국 관리이사회의 설치도 독일을 의도적으로 나누려는 의도는 없었다는 것이다. 넷째는 얄타회담이나 포츠담회담에서 다 같이 나타난 사실이지만, 독일 국민의 섬멸 또는 노예화가 연합국의 의도는 아니었다. 그들은 독일 국민에게 민주와 평화의 기초 위에서 새로운 생활을 영위할 가능성을 부여하려고 했다. 그리하여 독일 국민에게도 적당한 시기에 자유롭고 평화로운

4 제1차 세계대전 후 독일에서는 1919년 바이마르 공화국(1919~1933)이 수립됐다. 독일 의회가 바이마르에서 새로운 헌법을 제정했기 때문에 바이마르 공화국이라 부른다.

세계 국민의 일원으로 그 자리를 부여하려고 했다. 마치 테헤란 회담에서 연합국들이 적당한 시기에 한국에 독립을 주려고 하였던 것과 같이 독일도 적당한 시기에 세계의 일원국으로 다시 받아들이려고 했다.

그러나 그 후 독일에서의 상황은 어떻게 전개됐는가? 통일보다는 분할로 치달았다. 독일분단의 원인은 히틀러의 죄에 대한 대가라기보다는 종전 후 4년 이상 계속된 냉전의 산물로 보는 것이 타당할 것 같다. 아무런 죄를 짓지 않은 한국도 분단된 걸 보면 역시 냉전의 산물임을 더 실감할 수 있다. 독일의 분단은 단순한 미 · 소 강대국 간의 「힘의 대결」의 결과는 아니었다. 그 배후에는 다른 체제가 버티고 있었다. 미국이 자유민주주의를 표방하였다면 소련은 마르크스 · 레닌주의에 입각한 공산주의였다. 이는 옛날에 없었던 새로운 양상이었다.

독일의 분단을 논하려면 전쟁이 끝나기 직전 스탈린이 말한 한 구절을 연상치 않을 수가 없다. 그는 요시프 브로즈 티토(Josip Broz Tito) 유고슬라비아[5] 대통령의 측근자인 밀로반 질라스(Milovan Djilas)와 가진 대담에서 다음과 같이 말했다.

> "이 전쟁은 과거와 같은 전쟁이 아니다. 한 지역을 점령하는 자는 그곳에 자국의 사회체제를 옮겨 놓을 수밖에 없다. 군의 진격과 더불어 점령국의 체제가 도입될 수밖에 없다. 그 외의 다른 방법은 없다."

1945년 6월 10일 소련 군정장관인 게오르기 주코프(Georgy Zhukov) 원수는 이미 「군정령 제2호」를 통해 소련 점령지역에서 정당과 노조의 설립을 허용했다. 물론 정당은 반(反)파시스트 정당이어야 했다. 소련에 대한 반대당은 용납되지 않았다. 소련 군정 당국은 중요한 행정 요직에 충성적인 독일인을 앉혀

---

5 1918년부터 1992년까지 존재했던 동남유럽과 중앙유럽의 옛 국가이다.

놓았다. 그들은 「비나치화 원칙」을 추진한다는 구실로 비공산계를 숙청하는 데 주저하지 않았다. 소련 점령지역에서 독일사회민주당(Sozialdemokratische Partei Deutschlands; SPD)의 세력이 강해지자 소련 군정 당국은 1946년 4월 강제로 독일공산당(Kommunistische Partei Deutschlands; KPD)과 사민당을 통합시켜 사회주의통일당(Sozialistische Einheitspartei Deutschlands; SED)을 출범시켰다. 이 사회주의통일당이 그 후 44년간 동독의 정치를 주도적으로 이끌어 왔다.

또 1945년에 이미 소련점령지역에서 소련 체제의 모형에 따라 토지개혁과 큰 공장들의 국유화가 단행됐다. 소련 군정 당국은 행정구역을 5개 지역으로 나누었다. 이것은 1952년 다시 15개 지역으로 나누어져 1989년까지 계속됐다.

이에 비해 서방 점령지역에서의 정치활동은 뒤늦게 재개됐다. 1945년 말에 가서야 정당들이 우선 지역적 단위로 형성되었다. 그들은 사민당, 독일공산당, 독일기독교민주연합(Christlich Demokratische Union Deutschlands; CDU) 그리고 자유민주당(Freie Demokratische Partei; FDP) 등이 그 주류를 이루었다. 바이마르 공화국 시대에 이미 쾰른(Köln) 시장을 지냈고 서독 탄생 이후 첫 수상이 됐던 콘라트 아데나워(Konrad Adenauer)가 1946년 1월 기민당의 당수로 선출됐다. 가장 오랜 전통을 가진 사민당은 쿠르트 슈마허(Kurt Schumacher)를 초대 당수로 선출했다.

1945년 말 미국 점령지역에서 헤센, 바이에른 그리고 바덴-뷔르템베르크(Baden-Württemberg)의 3주가 형성되었고, 그 후 영국 및 프랑스 점령지역에서도 여러 주들이 탄생하여 11개 주로 구성된 서독 연방의 골격이 마련되었다. 미국 점령지역에서는 1946년 1월 지방선거가 실시되어 주 의회가 탄생했다. 이제 독일인들은 민주주의가 무엇인지를 배우기 시작했다.

이처럼 각 점령지역은 그들을 점령하고 있는 국가에 따라 상이하게 발전돼 나갔다. 이것은 그 후 「하나의 독일」을 원하는 뜻 있는 독일인들에게는 염려하지 않을 수 없는 사실이었다. 사민당 당수인 슈마허는, 사민당은 영국식, 소련식, 미국식 그리고 프랑스식이 아닌 오로지 독일식의 정치활동을 함으로써 독일 국민과 독일 민족을 대변하고 싶다고 호소했다. 우리나라의 김구 선생과 비유되는 기민당 출신의 야코브 카이저(Jakob Kaiser) 같은 사람은 동서의 중간 지점인 독일의 지리적 위치를 고려, 「동서의 다리 역할론」을 부르짖으며 하나의 독일을 꿈꾸기도 하였다. 1946년과 1947년 2년간은 각 점령지역에서 선출된 주지사들의 회담이 개최되어 독일문제의 해결책을 모색하려고 노력하였으나 이것도 번번이 실패했다. 주지사 회담은 1946년 10월에 영국 점령지역인 브레멘(Bremen)에서 첫 모임이 예정되었으나 프랑스 및 소련 점령지역의 주지사들이 그들의 점령군의 지시에 따라 참석조차 하지 못함으로써 회의도 열지 못한 채 실패하고 말았다. 1947년 6월에 뮌헨(München)에서 열렸던 회담에는 각 지역의 주지사들이 참석함으로써 회의의 성과가 보이는 듯하였으나 다른 의견으로 의사일정조차 합의를 보지 못한 채 무산되고 말았다.

프랑스 점령지역의 주지사 대표들은 경제문제만 다룰 뿐 정치통합 문제는 일절 다루지 않는다는 조건에서 참석이 허가됐다. 프랑스 점령군은 독일인의 새로운 중앙정부 수립을 원치 않았다. 미·영 군정 당국들도 이 회담을 그렇게 달갑게 생각하지 않았다. 왜냐하면 양 군정장관은 1947년 5월 29일 양 지역의 경제통합에 관한 협정에 서명했기 때문이었다. 따라서 그들은 이 회담으로 인해 경제통합에 차질이 생기지 않을까 두려워했다. 소련 군정의 입장은 주지사를 참석시키되 독일의 통일을 강조하게 함으로써 처음부터 이 회담에 실패케 하려는 저의가 있었다고 이 사정에 정통한 당시 사회주의통일당 중앙위원이었던 에리히 니프케(Erich Gniffke)가 그의 회고록에서 밝힌 바 있다. 이처럼 각 주지사는 그들의 점령군의 지시에 따라 행동해야 했기 때문에 의사일정에도 합의를 보지 못한 채 헤어져야만 했다. 독일문제 처리에 대한 의견의 불일치는 점령군뿐만 아니라 독일인들 사이에서도 마찬가지였다.

4대 점령국 간의 의견 불일치, 특히 미·소 강대국 간의 대결은 곳곳에서 나타났다. 우선 독일을 전체로 다루기 위하여 설치된 「연합국 공동관리이사회」는 처음부터 그 기능을 발휘하기가 어려웠다. 모든 결정은 만장일치제로 하였기 때문에 회의는 사사건건 비틀어졌다. 특히 소련과 프랑스의 군정 장관들은 이 관리이사회를 달갑지 않은 결정을 방해하기 위한 수단으로 곧잘 이용했다. 프랑스 측은 강력한 독일을 원치 않았기 때문에 중앙집권적 행정부를 설립하려는 어떤 형태의 시도도 방해했다. 이와 반대로 소련은 독일을 중앙집권화함으로써 전 독일에 그 영향력을 행사하려고 시도하였다. 미국과 영국 측은 이 대립의 중간 입장에서 자국의 이익을 도모하려고 하였다. 그들은 무엇보다도 자국의 점령지역에서 경제적 어려움에 부닥쳐 있었다. 특히 영국 점령지역이 심했다. 따라서 그들은 소련 측이 자기들 지역에서 전쟁 배상을 챙겨 가는 대신에 소련 측으로부터 식량의 공급을 원했다. 그러나 소련 측은 미 · 영 점령지역에서 배상받아 가면서도 약속한 식량 공급은 잘 이행하지 않았다. 마침내 미국 군정장관인 루셔스 클레이(Lucius D. Clay) 장군은 1946년 5월 3일을 기해 미국 점령지역으로부터의 모든 배상 공급을 차단해 버렸다.

포츠담협정에 따라 4대 전승국 외상들은 독일문제의 해결을 위해 1946년과 1947년 2년간 파리, 모스크바, 런던에서 수차례에 걸쳐 외상 회담을 진행했다. 그러나 여기에서도 배상 문제, 경제정책 문제 등을 둘러싸고 의견의 일치를 보지 못했다. 서방측과 소련 간에 합의한 유일한 사항이 1945년 11월 30일 독일의 서방 관리 지역과 서베를린 간에 교통수단으로서 창공 노선의 신설에 관한 것이었다.

4대 전승국 간의 의견의 부조화는 전후 2년간에 걸친 냉전의 산물이다. 미 · 소 간의 냉전은 소련의 팽창정책과 이에 대한 미국의 방어 정책의 충돌이 초래한 결과로 집약할 수 있다. 전후 독일에는 힘의 공백 상태가 발생했다. 서방의 점령지역은 경제면에서 여간 어려움을 겪지 않을 수 없었다. 기존 인구를 먹여 살리기도 힘든데, 오데르-나이세 경계선의 변동과 체코에서 밀려든 수백만의 피난민 때문이었다. 군사 면에서도 서방의 점령지역에는 힘의 공백 상태가 이루어졌다. 종전 이후 소련은 그의 붉은 군대의 극히 적은 일부만을 철수시킨 데 반하여 미국은 전후 반년 안에 대부분 미군을 철수했다. 1945년 5월에 유럽의 미군은 350만에 달하였지만 1945년 말에는 겨우 40여만의 병력밖에 남지 않았다. 그것도 대부분이 전투 경험이 없는 신병들이었다. 미국은 곧 UN이 창설되면 향후 몇십 년은 전쟁이 없는 평화가 지속되리라 믿었다.

그동안 동유럽을 장악한 스탈린으로서는 이 같은 힘의 공백 상태를 보고 팽창의 야욕을 억누를 수 없었을 것이다. 그간 스탈린의 팽창정책의 원인을 분석한 의견을 종합해 보면 첫째, 「일국에서의 사회주의」 단계가 지나고 공산주의의 세계혁명 단계가 도래했다는 소련의 판단 둘째, 전통적인 러시아의 제국주의 셋째, 서방 세계에 대한 소련의 불신 넷째, 이데올로기적인 측면에서 「제국주의」와 「사회주의」 간에 타협할 수 없는 대립 등을 들고 있다.

이와 같은 스탈린의 팽창정책에 대하여 미국은 뒤늦게나마 강력한 대응책을 펼쳤다. 미국은 점령지역의 경제적 난국을 극복하기 위하여 1947년 1월 1일을 기해 영국의 점령지역과 경제적 통합을 감행하였고 프랑스도 그 후 이것을 뒤따랐다. 또한 미국은 1947년 6월 마셜 플랜(Marshall Plan)을 발표하여 전 유럽의 전후 복구 사업에 이바지할 것을 다짐했다. 소련을 위시한 동유럽은 스탈린의 지시에 따라 이 경제원조를 받아들이지 않았다. 훗날 서독의 경제부흥이 이 경제원조에 힘입은 바 크다는 것은 누구도 부인하지 않는다. 그리스와 터키(튀르키예)에 공산주의의 위협이 감돌자 미국의 해리 트루먼(Harry S. Truman) 대통령은 1947년 3월 12일 의회에서 「트루먼 독트린」(Truman Doctrine)을 발표했다. 그것은 미국의 새로운 외교정책으로서, 세계의 곳곳에서 자유가 위협될 때 그것을 막겠다는 것이었다.

이것을 일명 미국의 「방어(억제) 정책」(Containment Policy)이라 하였다. 그것은 독일의 경우 소련이 그들의 점령지역에서 물러나 독일통일의 길을 열어주던가 그렇지 않으면 독일의 분단을 의미하는 것이었다. 미국으로서는 최소한 서방 지역이 소련의 영향권에 들어가서는 안 된다는 확고한 방어 의지의 표명이었다. 이 트루먼 독트린은 동서 분쟁을 뜻하기도 하였으며 많은 사학가는 이것을 냉전의 시작으로 본다.

1948년에 들어와서도 동서냉전은 계속되었고 일촉즉발의 전쟁 위험까지 스며들고 있었다. 왜냐하면 1948년에 소련 측 대표가 공동관리이사회에서 일방적으로 탈퇴했고, 체코에서는 쿠데타로 공산주의 정권이 수립되었으며 그리고 베를린봉쇄 같은 큰 사건들이 잇달아 발생했기 때문이다. 그중에서도 베를린봉쇄는 절정에 다다른 동서 간의 긴장 상태를 잘 드러낸, 손에 땀을 쥐게 하는 사건이었다.

서방 점령지역이 경제적 통합을 이루고 이 지역에 마셜플랜이 실시된다고 하더라도 독일경제의 건강을 위해서는 화폐개혁이 불가피했다. 수없이 돌고 도는 돈뭉치를 줄이지 않고는 화폐의 가치를 회복할 수가 없었다. 서방측은 소련과 화폐 통제에 관한 합의를 못 보게 되자 독자적으로 화폐개혁을 단행했다. 그것이 1948년 6월 18일의 일이었다. 3일 이후 소련도 그들의 점령지역에서 화폐개혁을 실시하기에 이르렀다. 이제 동서 두 점령지역에서 두 개의 서로 다른 화폐가 지불수단으로 공존하게 된 것이다. 이로써 독일의 경제통합은 좌절됐다. 또한 1948년 3월 단행된 소련 측의 공동관리이사회로부터의 일방적인 탈퇴는 서방과의 공동노력을 사실상 종식하겠다는 것과 마찬가지였다.

소련 측은 서방 점령국의 화폐개혁과 1948년 3월 서독국가의 창설을 위한 서방 6개국(미 · 영 · 프 · 베네룩스 3개국[6])의 「런던 결의」를 구실로 베를린봉쇄를 감행했다. 서방측은 이래저래 소련과의 합의를 통한 독일통일의 달성은 불가능하다고 판단하여 서방 점령지역을 한 국가로 수립, 서방 진영의 일원으로

6 벨기에(Belgium), 네덜란드(Nederlande), 룩셈부르크(Luxembourg)의 3개국을 합쳐서 부르는 말

만들어 공산주의의 팽창을 저지하려고 하였다. 소련은 소련 점령지역에 있는 서베를린과 서방 점령지역 간의 모든 교통수단을 차단하여 서베를린에 사는 200만의 시민을 고사시키려고 하였고 또한 서베를린으로부터 모든 서방의 세력을 축출코자 하였다. 이제 서베를린은 소련 점령지역에 있는 외로운 섬이 됐다. 「섬」하면 보통 물 위에 떠 있는 육지를 말하건만 서베를린은 육지 위에 떠 있는 묘한 섬이 된 것이다. 미군정장관인 클레이는 당시 미군을 동원하여 서방 점령지역으로부터 서베를린으로 진군할 것을 검토하였으나 그때 상황으로 보아 미군의 병력이 열세였고 또 대규모 전쟁의 위험성 때문에 포기하였다고 한다. 결국 서베를린 시장이며 자유의 투사인 에른스트 로이터(Ernst Reuter)와 함께 고안해 낸 것이 유명한 「비행기 수송 작전」이었다. 즉 비행기로 모든 생활필수품을 서방 점령지역에서 서베를린으로 보급한다는 계획이었다. 이것은 보통 용단이 아니었고 역사상 처음 있는 사건이었다. 1948년 6월에서 1949년 5월까지 무려 20만 번의 공수가 시행되었고 200만 톤의 식량, 석탄 및 기타 물건들을 서베를린으로 수송했다. 이 수송 작전으로 인한 사망자도 79명에 달했다. 서베를린 시민들은 15분 간격으로 비행기가 날 때마다 환호했고 이 장면을 보도한 사진들이 전 세계로 퍼져 나갔다. 호전적인 나치의 국민으로만 낙인 찍혔던 독일인들은 이 베를린봉쇄 때 보인 검소한 생활 태도와 용기로 이제 서방 진영에서 새로이 「자유의 투사」로 찬사를 받게 되었다.

소련의 베를린봉쇄 정책은 이와 같은 미국의 단호한 조치와 베를린 시민의 자유에 대한 강력한 의지로 실패하고 말았다. 한편 서방 3개국의 군정 당국자들은 베를린봉쇄가 계속되는 동안에도 런던 결의에 따른 서독국가의 창설 작업에 착수했다. 그들은 1948년 7월 1일 서독 11개 주의 수상에게 새로운 국가를 만들기 위한 「프랑크푸르트 문서(Frankfurt Dokumente)」를 전달하기에 이르렀다. 그것은 앞으로 창설될 독일 국가는 연방제여야 하며 개인의 권리와 자유가 보장되는 민주국가가 되어야 한다는 내용이었다. 그러나 이 문서에는 새로운 독일

국가가 창설되더라도 당분간은 점령 규정에 따라 주권이 제한된다는 내용이 포함돼 있었다. 외교면에서 여전히 서방 전승국이 독일을 통제하겠다는 뜻이었다.

서독의 창설을 놓고 정당 간에도 의견이 분분했다. 아데나워가 이끄는 기민당은 대체로 환영을 표명하는 것에 비하여 슈마허가 이끄는 사민당은 대부분 독일의 분단을 초래한다는 이유를 들며 반대했다. 그러나 사민당도 군사점령 하에서 군정 당국의 명령을 거역할 수는 없었다.

군정 당국은 곧 제헌국회를 만들어 헌법을 제정하려고 했으나 독일인들은 이에 대하여 반론을 제기했다. 헌법은 완전 국가에만 가능하다는 논거였다. 서독에서 창설되는 국가는 독일 전체로 볼 때는 불완전한 부분 국가라고 주장하였다. 여기서 나온 안이 헌법이 아닌 기본법제정이라는 묘안이었다. 또한 이 기본법은 어디까지나 한시적인 법이며 독일이 통일되면 자연히 그 효력이 상실됨을 못 박아 놓았다. 이 기본법은 제헌국회가 아닌 각 주 의회에서 선출된, 65명으로 구성된 의회 평의회(Pariamentarischer Rat)에서 만들어졌다. 이 기본법에 따라 1949년 8월 14일 서방측의 3개 점령지역에서 연방의회 의원선거가 시행되었다. 그 결과로 탄생한 연방의회는 1949년 9월 17일 초대 대통령에 테오도어 호이스(Theodor Heuss)를, 초대 연방 수상에 아데나워를 각각 선출함으로써 독일연방공화국(서독)의 수립을 보게 된 것이다.

소련 점령지역에서는 서독의 탄생을 독일의 분단이라고 맹렬하게 선전 공세를 취했지만, 사실은 소련도 그 지역에서 종전 직후부터 소련 체제를 본뜬 새로운 국가를 만들고 있었다. 1949년 10월 7일 400명의 당 및 대중조직 요원으로 구성된 독일 인민평의회는 독일민주공화국 임시 인민의회를 조직하였고 이 임시 인민의회가 동독 헌법을 제정하였다. 이 헌법 역시 자결권에 의한 독일통일을 촉구한 서독의 기본법과 같이 국가의 연속성을 강조함으로써 독일통일의 의욕을 과시하기도 하였다. 사회주의통일당의 당비서인 빌헬름 피크

(Wilhelm Pieck)가 대통령으로, 오토 그로테볼(Otto Grotewohl)이 수상으로 각각 당선되어 그 후 동일 민주공화국(동독)을 탄생시킴으로써 독일의 분단은 공식화되었다. 동독이 탄생하던 날 동베를린에서는 대대적인 횃불 행사와 함께 소란스러웠지만, 서독은 이를 착잡한 심정으로 지켜보며 아무런 행사 없이 조용히 보냈다는 것도 동 · 서독 간에 대조를 이루었다.

아데나워와 전후 독일[7]

서론

2003년 11월 말 독일 공영 ZDF TV의 독일 국민 330만 명을 대상으로 설문 조사에서 아데나워가 독일 역사상 가장 위대한 인물로 선정됐다. 10명을 선정하는 가운데서 2위는 종교개혁가인 마틴 루터(Martin Luther), 3위는 동방 정책을 추진한 빌리 브란트(Willy Brandt), 4위는 카를 마르크스(Karl Marx), 5위는 나치 독재에 항거하다 처형된 한스 프리츠 숄(Hans Fritz Scholl), 조피 막달레나 숄(Sophia Magdalena Scholl) 남매, 6위는 작곡가 요한 제바스티안 바흐(Johann Sebastian Bach), 7위는 인쇄술을 발명한 요하네스 구텐베르크(Johannes Gutenberg), 8위는 요한 볼프강 폰 괴테(Johann Wolfgang von Goethe), 9위는 철혈정책으로 독일통일을 이룩한 오토 폰 비스마르크(Otto von Bismarck) 그리고 과학자 알베르트 아인슈타인(Albert Einstein) 순으로 나타났다.

아데나워와 독일분단

1945년 유럽에서의 제2차 대전이 끝났을 때 아데나워의 나이는 이미 70세로 일선에서 물러나 연금자로 사는 생활을 영위할 수 있었다. 그러나 그의 육체적, 정신적, 그리고 무엇보다도 강력한 기독교적 신앙심은 그가 가만히 있지

7 이영기. *아데나워와 전후 독일*. 명지대 독일 및 유럽연구센터, 국가발전기독연구원, 2004.

않게 하였고, 훗날 독일의 발전을 위한 혁혁한 공을 세웠다.

아데나워는 처음부터 확고한 확신을 토대로 현실 및 실천적 정치가였다. 그는 주어진 시간 및 공간적 상황판단에 정확했으며, 바로 이 점이 전후 독일의 출발점을 구축했다.

아데나워는 1945년 10월 이미 독일과 유럽의 분단은 엄연한 하나의 사실로 간주했다. 그는 동독, 폴란드, 발칸 3개국, 헝가리, 오스트리아의 일부 등이 소련의 수중에 떨어졌고, 다른 강대국들과의 협조체제는 금이 가고 있는 상황과 소련의 점령지역에서는 완전히 다른 정치적 · 경제적 원칙이 지배하고 있으므로 이미 동 · 서 유럽과 독일의 분단을 기정사실로 보았다.

그가 1949년 전후 서독의 첫 총리로 선출됐을 당시 그는 동 · 서 간의 대결을 그의 세계 정치적 및 정신사적 귀결로 받아들였다. 따라서 그의 정치 행로는 독일의 분단으로부터 출발했다. 그리하여 그는 앞으로의 독일통일 가능성은 당분간은 희박하며, 따라서 긴 안목에서 서방 정책을 통한 우회의 길을 택하는 것이 오히려 통일의 첩경임을 강조했다. 당시 야당인 사민당 당수였던 쿠르트 슈마허는 1952년 연방의회에서 아데나워의 서방 정책은 독일통일을 저해한다면서 다음과 같이 말했다.

"독일통일은 사민당의 견해로는 다른 나라들과의 어떤 통합의 형태보다도 독일의 만족감과 새로운 질서를 위하는 것, 더 우선적이다."라고 강조했다. 나치 시절 12년간 옥고를 치르고 불편한 몸을 가졌고, 독일 국민에게서 존경받던 슈마허의 판단도 결코 틀린 것이 아니지만, 기민당 당수인 아데나워의 전후 분단상황에 관한 판단은 옳았다. 사민당도 1959년 고데스베르크 전당대회에서 아데나워의 서방 정책이 옳았음을 시인했고, 독일의 모든 사학가는 아데나워의 정책을 한결같이 높이 평가하였다.

아데나워는 처음부터 소련의 전통적인 팽창 노력과 무신론적인 공산주의의 이데올로기에 대항하기 위하여 서방 국가들과의 공동체적 형성을 알았다. 그리하여 그는 서독이 정치적으로 안정되고 경제적으로 성과를 가져올 수 있는 자유민주주의 체제의 기본질서를 구축했다.

아데나워와 서방 정책

아데나워는 1966년 그의 14년간의 집권 생활에서 터득한 그의 외교정책을 다음과 같이 개괄했다. "전체적 외교정책의 핵심적 지침은 서방세계의 자유 국민과의 결합이었다"라고 했다. 이때 그의 나이 90세였고 은퇴 후 3년이 지났고 죽기 1년 전의 일이었다. 아데나워는 그의 서방 정책을 통하여 서독의 자유민주주의 체제, 경제적 번영 그리고 튼튼한 안보를 확립시켰다. 아데나워의 결정적인 서방 정책 추진의 배경에는 과거 독일 역사에서 동·서 간의 그네 정치는 국익상 잘못된 것으로 반드시 시정되어야 한다는 것과 독일은 종교, 문화 및 역사 면에서 서방에 속한다는 것이다. 이처럼 그의 정치적 사고는 전후 독일의 상황을 현실 정치적 판단에서 비롯됐다고 볼 수 있다.

아데나워는 독일의 통일과 그의 서방 정책을 무관한 것으로 보지 않았으며, 그는 자기의 서방 정책을 훗날의 독일통일을 위한 전제로 보았다. 아데나워의 우선적인 목표는 그의 서방 저택을 통한 국가 간의 동등권과 전쟁을 통하여 상실한 주권 회복이었다. 이 목표를 위한 그의 행보는 괄목할만하다. 즉 1949년 유럽평의회, 1951년 유럽 석탄 및 철강공동체 가입, 1955년 북대서양 조약기구 NATO (North Atlantic Treaty Organization) 가입, 1957년 유럽경제공동체 가입 그리고 1963년의 독·프 우호조약 체결 등은 그의 역사적인 실적이라고 볼 수 있다.

독일정치의 전문가인 한스 위르겐 퀴스터스(Hanns Jurgen Kusters)는 아데나워의 서방 정책의 필요성에 대하여 자세히 설명한 것을 요약해서 정리하면 다음과 같다.

첫째, 우리는 소련의 팽창적 야욕을 방어하기 위하여 유럽을 창조하지 않으면 안 되고, 또한 우리는 서방 민주국가의 약세를 보완하기 위하여 유럽을 창조하지 않으면 안 된다는 것이다.

둘째, 유럽통합은 필요하다. 왜냐하면 그것은 동·서 대결의 구도에서 새로운 외교정책의 실마리를 제공할 수 있다는 것이고 또한 유럽통합의 필요성은 그간의 적대관계였던 독·프 관계의 우호적 개선이 가능하다는 것이다.

셋째, 유럽의 결합은 경제적 결속을 통하여 모든 참여국, 국민을 위한 번영을 가져다줄 수 있다는 것이다.

넷째, 유럽통합은 독일 재건을 위한 유일한 출발 토대가 된다는 것이다.

다섯째, 유럽통합의 필요성은 바로 그것이 국가 간 및 국민 간의 정치적 갈등을 평화적으로 해결하고 평화를 조성하는 데 도움을 줄 수 있다는 것이다.

여섯째, 유럽통합은 국가만의 국가적 안보를 위하여 필요한 보장을 제공한다는 것이다. 여기서 아데나워는 동방으로부터의 군사적 위협을 방지하기 위해서는 오로지 서유럽 국가와 미국과의 밀접한 협력에서만 가능하다고 본 것이다.

일곱째, 유럽통합은 과장된 민족주의 재강화를 막는 적절한 수단이라는 것이다.

퀴스터스는 아데나워의 서방 정책을 위와 같이 설명하면서 그의 서방 정책은 궁극적으로는 자유의 길을 열기 위한 성공적인 정책으로 평가하였다.

아데나워는 히틀러의 나치식 독재도 신랄하게 비판하였지만, 또한 그는 전후 스탈린의 공산주의식 독재도 처음부터 끝까지 증오하고 비판했다. 그의 서방 정책을 위한 근본적이고 결정적인 동인은 그의 반공주의 사상에 기초한다고 해도 결코 지나친 표현은 아니다. 아데나워는 그의 서방 정책을 통하여 정치적으로 서구식 자유민주주의 체제를 확립했고, 경제적으로는 라인강의 기적을 낳게 하는가 하면, 사회적으로는 경제발전을 토대로 한 사회 망을 구축 사회적 갈등을 해소하는가 하면, 그리고 NATO를 통한 독일의 안보를 확고히 했다. 아데나워는 바로 이러한 튼튼한 국가적 토대 위에서 독일통일의 길도 언젠가 열린다는 것이다.

아데나워와 독일통일

1949년 아데나워 정부가 추진한 통일정책의 기본 원칙은 다음과 같다.

- 독일 국민은 자결권의 주장을 갖는다.
- 기본법은 독일통일을 의무화하였다.
- 서베를린은 서독의 한 부분이다.
- 서독 정부는 유일한 민주적 합법적 정부이고, 따라서 독일 국민을 대표할 권한을 갖는다.

이 통일의 기본적 원칙은 그 후에도 계속 유지되어왔다. 특히 기본법 전문에서 나타난 「자유와 평화 속에서의 독일 국민의 자결권을 통한 통일」의 의무 강조는 독일 국민에게 통일교육을 통하여 통일의 의지를 심어 주는데 정신적 지주가 됐다.

아데나워가 1949년 집권했을 때도 소련의 평창 정책은 여전했고, 특히 1950년의 한국전쟁 발발은 아데나워가 독일도 전쟁의 위험성을 배제할 수 없다고 생각하게 하였다. 그리하여 그의 통일정책을 위한 단기목표는 우선 안보의 확립이었다.

아데나워의 안보관은 오로지 미국과 유럽 간의 긴밀한 협조를 가진 한 서방 안보 동맹으로의 가입을 통해서만 가능하다고 보았다. 통일문제가 아무리 중요하더라도 부자유 속에서의 통일은 있을 수 없고 오로지 자유와 평화 속에서의 통일만을 원했다. 따라서 서독이 취하여야 할 태도는 우선 안보, 그다음이 평등권 그리고 마지막으로 주권을 회복하는 것이다.

아데나워는 그의 통일정책을 위한 장기적 목표로 그의 서방 정책을 통하여 이룩하려고 했던 노력은 위에서 언급했다. 그의 확고한 서방 정책은 어떤 형태의 독일 중립안도 허용되지 않았다. 1952년 스탈린의 독일 중립안이 나왔을 때도 그는 단호히 이 제안을 거절했다. 아데나워가 보는 중립안은 공산주의의 침투의 위험성이 내포하고, 또한 중립화로 인한 동·서 간의 그네 정치는 그의 서방 정책을 저해하는 것으로 보았다.

이 스탈린의 중립안에 대하여 독일에서는 통일의 기회를 놓쳤다는 많은 비판에도 불구하고 아데나워는 초지일관 스탈린의 팽창정치를 의심하지 않았고, 스탈린의 숨은 의도는 한창 진행하고 있는 그의 서방 정책을 가로막기 위한 술책으로 보았다. 소련 멸망 이후 당시 상황에 대한 새로운 자료들은 아데나워의 판단이 옳았던 것으로 판명되고 있다. 아데나워의 장기적 안목에서의 통일 정책은 세 가지로 요약할 수 있다.

첫째, 일종의 자석 이론인데, 이것은 서독이 서방국가의 일원으로 정치적으로 민주주의적이고, 경제적으로 번영할 때 동독의 공산주의 독재 체제하에서 고생하는 1,700만 동포를 서독으로 끌어들일 수 있다는 것, 아데나워는 통일을 위한 대외적인 요소도 중요하지만 이에 못지않게 대내적 요소도 강조했다. 특히 그는 마치 "나쁜 땅 위에 잡초가 무성한 것"과 같이 사회적 토대가 건전치 못하면 공산주의도 자라기 마련이라면서 적극적인 사회 정책을 실현하는데도 소홀히 하지 않았다. 그 좋은 예로 주택건설, 동방에서 피난 온 수천만 명을 위한 지원정책, 노사갈등 해소를 위한 적절한 경영조직법, 역동적인 연금제도 그리고 의료보험의 개혁 등 아주 중요한 것들이다. 그는 또한 공산주의와 대결하기 위해서는 서독의 자유민주주의적 정신력을 투쟁의 수단으로 활용할 것을 강조했다. 이와 같은 서독의 모든 분야에서의 국력의 배양이 말로 통일을 이끌 수 있는 기본적인 바탕으로 보았다.

둘째, 동독 국민에게 자유의 바람을 불어넣어야 한다는 것이다. 아데나워는 자유의 선봉자로 2차 대전 이후 새로 형성된 동독의 스탈린식 독재를 받아들일 수 없고, 동·서독 간의 통일은 오로지 자유를 토대로 할 통일이었다.

셋째, 아데나워는 장기적 안목에서 소련은 서방 세계화의 대결에서 결국 그의 세력이 약화하고, 특히 경제적 어려움에 부닥치게 되면 자연히 그의 국가이익을 위한 조치도 대독 정책의 수정변화를 가져올 수 있다는 것이다. 다시 말해 동독의 희생도 감수할 수 있다는 것이다. 1989년 베를린장벽이 붕괴하고 1990년 10월 3일 동독의 서독 가입으로 통일이 되는 것을 보면서 역사적인 관점에서 아데나워의 진취적인 전반적 통일구상은 옳았다고 평가되고, 따라서 그의 서방 정책과 통일정책은 결코 상반되는 것이 아니고 일치함을 증명한 셈이다.

아데나워와 기민당

60년 이상의 역사를 가진 오늘날의 기민당의 성격을 다음 3가지로 요약할 수 있다.

첫째, 당 조직 면에서 본 기민당은 초창기의 유권자 정당이 70년대 이후 본격적으로 당원정당이 됐다. 기민당/기사당의 당원 수는 90만 명에 달한다.

둘째, 사회 정책적 목표에 의한 기민당의 성격은 우선 기독교주의를 표방하면서 자유적, 사회적 및 보수적 요소들을 골고루 갖고 있다. 이것은 특별히 어떤 층이나 계급을 중요시하는 자민당과 사민당과 구별된다. 따라서 기민당은 국민의 정당으로 모든 사회집단의 이익과 수요를 받아들이는 연합정당이다. 그렇다고 하여 기민당이 당원 또는 유권자 구조에서 선호도가 없다는 것은 아니다. 예를 들면 자유와 평등 또는 자본과 노동과의 관계에서 자유와 자본을 각각 우선한다는 것을 들 수 있다.

셋째, 정치체제의 일체성에 따른 구별로서 기민당은 자유민주주의 체제를 전복하려는 극좌 또는 극우의 정당이 아니고 온건한 보수정당으로 자유민주주의 질서를 안정화하면서 시대 상황의 변화에 따라 점진적인 개혁을 추진하는 정당이다. 전체적으로 보아 기민당의 성격은 보수적 국민정당으로서 기독교적 전통 가치, 자유 의식 및 사회적 의무의 토대 위에서 늘 새롭게 태어나려고 하는 건전·발전적 정당이라고 할 수 있다.

전후 새롭게 출발한 기민당이 독일 정당사상 항상 제1당이 되고 오늘날까지 건전한 국민정당으로 발전하게 된 배경에는 아데나워가 그의 능수능란한 정치적 역량으로 그 토대를 닦았기 때문에 가능했다. 독일통일을 이룩한 헬무트 콜(Helmut Kohl) 총리를 보통 아데나워의 정치적 손자로 보는 것도 아데나워 기민당의 출발에서 보기 때문이다. 그러면 아데나워와 기민당의 관계를 좀 더 구체적으로 설명해보자.

첫째, 아데나워는 과거 바이마르 공화국의 실패, 히틀러의 나치 독재와 같은 역사적 경험과 전후 새롭게 나타난 무신론적 공산주의 독재의 위험성으로 새로운 기민당의 필요성을 강조했다. 그는 황폐해진 전후 독일을 일으키고 공산주의 국가의 팽창을 방어하기 위해서는 기독교적 서양의 세계관의 일환에서 기독교윤리를 바탕으로 한 한 국민정당만이 그 과업을 성취할 수 있다는 확신을 전파하기 시작했다. 이 정당에는 사용자와 노동자, 농민, 중산층, 공무원, 지식인, 남·북에서 온 사람들, 동방으로부터의 피난민들 모두 속할 수 있다는 것이다.

그에 의하면 기민당이 그의 원칙으로 표방하는 기독교적 윤리는 당내의 자연적 긴장을 극복하고 균형을 조성할 힘과 유연성을 가질 수 있다고 믿었다.

기민당의 정확한 공식 명칭은 독일 기독교 민주 연합이다. 이것은 기민당이 기독교적이고, 민주적이고 그리고 모든 사람을 규합할 수 있다는 의미에서 연합적이라는 것이다.

둘째, 기민당의 정책설정에서 아데나워의 역할은 절대적이다. 1949년 아데나워의 정권이 설립된 이후 거의 30년이 지나서야 기본정책이 채택된 데에는 그 이유가 있다. 그것은 지도력이 뛰어난 아데나워의 14년간의 정부 정책이 기본정책이나 다름없었기 때문이다. 그의 서방 정책은 좋은 본보기이다. 아데나워 시절의 기민당은 당원정당이라기보다는 명망가 정당이며 심지어 아데나워 「총리정당」이라고까지 불렀다.

셋째, 당 조직 면에서 아데나워 시절에는 당원, 수직적 조직 및 수평적 조직 면에서 덜 발달한 상태였다. 그러나 그의 당내에서의 조직력도 괄목할만하다. 그는 권위주의적이고 카리스마적인 지도력으로 총리청, 원내교섭단체 그리고 당대회 간의 권력의 삼각관계를 잘 조절하는가 하면, 또 다른 한편 당 연방이사회, 도당 대표들로 구성된 당 연방위 위원회와 당대회 간의 조화도 소홀히 하지 않았다. 그러나 그의 핵심적 권력 본산은 그가 몸담은 총리청이었으며 중요한 정치사 안에 대하여 그는 극히 소수로 이루어진 고문들과 토의했다. 크고 작은 모든 결정 과정에서 아데나워는 그의 뛰어난 재치 있는 화법으로 토의를 압도적으로 진행하는 지도예술로 평가받고 있다. 또한 아데나워의 인사정책에서도 종교, 지역 및 사회층 간의 균형적 배려를 통해 이루어졌기 때문에 불만의 소지를 처음부터 무마할 수 있었다는 것이다.

넷째, 아데나워는 기민당의 뿌리를 기독교, 인도주의적 가치관 하에서의 자유 정신에 두고 있다. 서구식 자유민주주의 체제는 어느 체제하고도 바꿀 수 없는 확고한 신념을 갖고 있었다. 아데나워는 전후 영국점령지역에서의 기민당 활동을 시작으로, 1950년 10월 서독 전체 기민당 당대회에서 첫 당수로 선출된 이후 1966년까지 당수로 활약했으며 그 후로는 1967년 그가 사망할 때까지 명에 당수로 있었다.

아데나워의 정치철학

필자는 지금까지 아데나워와 분단, 사방정책, 통일 그리고 기민당과의 관계를 간단히 설명했다. 여기에서는 아데나워는 어떤 인물이며, 또한 그의 정치철학은 무엇인지 알아봄으로써 매듭을 지어 보려고 한다.

일평생을 아데나워 연구에 종사하고 독일에서의 아데나워 연구에 최고 권위자라고 할 수 있는 한스 피터 슈바르츠(Hans-peter Schwarz) 교수는 전후 독일에서 아데나워 같은 인물이 나온 것은 독일로서는 아주 큰 행운이었다고 표현한 바 있다. 독일 국민 대부분도 전후 독일이 그의 역사상 가장 잘 살고 자유로운 나라임에 공감하였다. 여기에서 우리는 어떤 정치인이 어떤 정치를 함에 따라 그 나라의 운명이 좌우됨을 알 수 있다.

아데나워는 정치의 개념을 다음과 같이 설명하였다 "정치는 윤리적 기초 위에서 정확하게 인식된 사항들을 실현하는 예술이다."라고 했다. 아주 간단한 정의 같지만 자세히 음미하면 정치, 윤리 그리고 실천의 삼각관계가 얽혀 있다. 아데나워는 그의 정치적 기초를 가치들과 근본적 확신에 두고 실천에 옮긴 실용주의자였다.

그가 말하는 가치들은 서양문명에서 발달한 기독교와 인도주의, 개인의 원리, 인간의 존엄성, 인권, 자유이다. 특히 「자유」의 대한 강조는 그가 강조했던 정치적 용어였다. 1950년 10월 20일 고슬라(Goslar) 기민당 창당대회에서 그는 "우리는 자유를 선택한다"라고 자유의 정당임을 선포했고, 오늘날 기민당의 기본가치(자유, 단결심, 정의) 중 자유가 최우선으로 꼽히고 있다. 이와 같은 그의 가치관은 기본적으로 기독교적 인간상에서 나왔고 이것을 토대로 한 그의 윤리 도덕적 바탕은 그의 모든 정치적 행위를 위한 척도가 되었다.

그의 정치에서의 근본적 확신은 그가 추구하는 가치들과 주어진 현실 문제를 어떻게 하면 현실적으로 잘 풀 수 있을까 하는 그의 타고난 실용주의적 능력의 결합에서 생성하였다고 볼 수 있다. 전후 폐허 된 독일 땅 위에는 자유와 사회주의, 서방적 가치공동체와 방향 상실한 중립주의, 사회적 시장경제와 계획경제 등의 선택이 주었다. 이러한 중요한 정치적 결정적 순간에 아데나워는 그의 확신적 신념을 갖고 서방세계로의 결속, 미국과의 밀접한 관계, 유럽 통합 그리고 사회적 시장경제를 채택했다.

당시 기민당 당수인 앙겔라 메르켈(Angela Merkel)이 아데나워 생신 125주년 기념을 위한 월간지 〈정치평론〉(Politische Meinung)의 한 기고에서 설파했듯이 만약 당시 야당인 사민당에 의한 정치적 판단이 이루어졌더라면 어떻게 됐을지 우려하지 않을 수 없었다.

아데나워의 전후 정치적 판단은 역사적으로 옳았다는 것이 입증되었고, 독일의 자유·평화 통일도 결국 아데나워의 자유사상이 뒷받침됐기 때문이다. 이와 관련하여 콜 전 총리의 측근이었던 볼프강 베르크스도르프(Wolfgang Bergsdorf)는 독일통일의 승리를 자유의 승리로 아데나워의 공적을 재미있게 풀이하였다. 그에 의하면 아데나워는 전후 소련의 팽창주의에 대항하려는 방편으로 언어상의 이분법을 강조했는데, 그것은 「자유」와 「전체주의」 관계를 잘 활용 유럽 구상, 미국지휘 하의 서방의 방위동맹 및 사회적 시장경제의 도입 등을 채택하는 데 도움이 됐고, 또한 이것이 자유와 평화의 확보가 가능하게 됐다는 것이다.

우리가 아데나워의 정치철학에서 잊어서는 안 되는 것은 그의 권위주의적이고 일종의 카리스마적 정치적 태도에 대한 비판에도 불구하고, 그는 중용의 정치를 표방했다는 것이다. 그 좋은 예가 전후 모든 사람의 규합을 위한 노력이라든가 당 조직과 인사정책에 있어서 균형된 배려라든가 사회적 시장경제를 통한 사회적 균형을 도모했다는 것이다. 그는 실용적 정치가로서 정치적 이념을 이데올로기화하려고 하지 않았다. 이해관계의 균형과 완화정책을 실행했다. 아데나워는 중용의 정치적 입장에서 그것과 상반되는 급진주의, 인간 경시적 이데올로기 및 비극적인 유토피아 등을 배척했다. 또한 그는 임의성이라든가 무제한의 기회주의도 중용의 정치에 배치된다고 보았다.

오랫동안 아데나워의 비서로서 활약하고 말년 아데나워의 회고록 집필 시 도왔던 아넬리제 포핑가(Anneliese Poppinga) 여사는 2003년 10월 15일 〈Die Welt〉 지의 기고에서 1963년 아데나워의 정치를 다음과 같이 요약했다. "정치가에게 있어서 가장 중요한 것은 용기이며 그러나 용기 하나만 가지고는 1949년 이후의 전후 독일 구축이 되지 못하였다." 하면서, 재건을 위한 전제는 확고한 목표설정과 분명한 행위원칙이었다고 했다. 그리고 바로 그러한 정향 구도에서 아데나워는 그의 14년 총리 시절 동안 그의 정치를 형성했다고 했다.

메르켈은 아데나워는 목표, 이념 및 가치 표상을 가진 강력한 애국 정치가로 여전히 기민당을 위한 표준적 척도가 된다고 하면서, 한 당의 과업을 수행하면서 아데나워의 말을 다음과 같이 인용했다. "사람은 정치적 투쟁을 수세 가운데서는 이길 수 없고, 오로지 공세 가운데서만 이길 수 있다."고 했다. 2003년 11월 말 설문조사에서 아데나워가 독일 역사상 가장 위대한 인물로 선정됐듯이 오늘날 독일에서 사망한 정치가 중 아데나워처럼 현실성 있는 정치가도 없는 것 같다. 이것은 비단 독일에 국한된 것이 아니고, 오늘날 우리의 어려운 문제를 푸는데도 아데나워의 정치철학이 필요하지 않을까 생각된다.

우리는 아데나워에서 무엇을 배울 것인가?

오늘날 우리 한국은 정치적 불안, 경제적 침체 그리고 사회적 혼란으로 총체적 위기 상황에 놓여있다. 기초가 흔들리고, 정체성이 위협을 받고, 나갈 방향을 못 찾고 있다. 마치 한국이라는 배가 망망한 바다 위에서 방향을 못 잡고, 흔들리며 그 속에 탄 사람들은 불안해하는 것과 같다.

이러한 총체적인 위기 상황에서 그 위기를 극복하고, 21세기를 향한 새로운 기회를 쟁취할 수 없을까 하는 의도에서 전후 독일을 일으키고, 세계에서 보기 드문 모범국가로 만든 아데나워에서 그 해법을 찾아볼까 한다.

첫째, 자유민주주의 체제의 확고한 확립이다. 아데나워는 인간의 존엄성과 인권을 토대로 한 서구식 민주주의 확고한 토대를 닦았다. 오늘날 우리가 우선으로 필요한 것이 바로 자유민주주의 체제의 확고한 확립이다. 오늘날 우리나라의 정치적 현상을 보노라면 반민주주의 요소들이 알게 모르게 잠재하였다. 위헌적 요소가 있는 신문법, 사학법이라든가, 수도이전에 관한 헌법재판소 위헌 결정에도 불구하고 이의를 제기함으로써 헌법 질서를 파괴하려고 하는 행위 역시 우리가 결코 소홀히 해서는 안 된다.

앞으로 우리는 한국의 확고한 민주주의를 고착시키기 위하여 민주주의 교육을 학교 안과 학교 밖에서 평생토록 실시할 필요가 있다. 왜냐하면 민주주의는 스스로 이루어지는 것이 아니고, 그것은 학습이 되고, 지속해서 훈련되지 않으면 안 되기 때문이다. 민주주의 본질을 인식하는 자만이 국가와의 일체성을 가지게 되고, 그 기본가치를 옹호할 수 있다. 독일통일 이전 서독 장병들의 국방의무에 관한 질문에서 모두 한결같이 민주주의의 수호라는 말로 표현할 때 얼마나 민주주의 교육이 잘 되었는가를 감지할 수 있었다. 독일의 정치교육제도(민주시민 교육제도)는 우리가 본받을 만하다.

둘째, 사회적 시장경제정책은 아데나워 정부하에서 경제 장관을 지냈던 루트비히 에르하르트(Ludwig Erhard)의 성공적인 정책으로 잘 알려져 있다. 그 내용은 단순하지만 바로 그것에서 힘이 나옴을 알 수 있다. 그것은 경제행위는 대체로 시장에 의한 자체 규정에 맡기지만 그러나 국가는 카르텔에 의한 위험을 막고, 자유로운 경쟁을 할 수 있도록 하는 여건을 조성하여야 하고, 사회의 불이익을 당하는 집단의 이익을 위하여 소득 및 재산 분배를 사회적으로 조정하여야 한다. 이와 같이하여 개개인의 경제적 이익을 살리면서 동시에 사회 전체를 위한 최대한의 안녕을 끌어낸다는 것이다. 개인의 업적이 보답이 되고 동시에 이것을 기초로 한 공동체의 한 사회적 균형이 이루어질 수 있다는 것이다.

우리는 여기서 주목하여야 할 것은 단순한 「시장경제」 정책이 아니고, 「사회적」이라는 형용사를 붙였다는 것이다. 원래 에르하르트는 순수한 자유주의 경제학자로 「시장경제」라는 표현하려고 하였지만, 아데나워에 의하여 「사회적」이라는 표현과 그 내용이 이루어졌다는 것이다. 이것도 결국 아데나워의 중용의 정치의 하나로 이루어졌으며 나쁜 땅에서 잡초가 나듯, 그것을 방지하기 위한 균형적 사회 정책을 원했다. 그러나 아데나워는 성장과 분배의 관계에서 성장을 우선으로 했을 때 분배도 가능하다고 본 것이다.

오늘날 우리 정부가 추진하고 있는 경제정책은 분배 우선 정책으로 잘못하면 분배도 안 되고 성장도 안 되는 우를 범할 수 있다. 최근 한국사회여론연구소에 조사한 결과로는 우리 경제가 분배할 여력이 없다는 것이 응답자의 70%를 차지한 것으로 나타났다. 경제의 발전, 사회적 균형 및 통일비용 같은 것을 생각할 때 독일식의 사회적 시장경제정책을 써보는 것도 유익하지 않겠나 생각된다. 사회 균형 정책과 관련 링컨 전 미국 대통령의 견해를 차제에 음미할 필요가 있다.

"절약자들에게 용기를 북돋아 주지 못할 때 경제적 안정을 조성할 수 없다. 강자를 약화할 때 약자를 강화할 수 없다. 사용자를 거칠게 대할 때 근로자를 도울 수 없다. 계급적 증오심을 선동할 때 형제애를 촉진할 수 없다. 빌린 돈으로 사회 망을 구축할 수 없다. 수입보다 지출이 많을 때 난제들은 해결될 수 없다. 창의성과 독립성을 억누를 때 용기와 강한 특성을 기대할 수 없다.”

셋째, 외교 · 안보 · 통일정책에서도 아데나워가 취했던 자유 · 평화 · 통일이라는 3중주를 음미할 필요가 있다. 그가 독일의 통일을 위하여 서방 정책을 통한 유럽통합을 통하여 소련의 팽창정책을 막고, 우선 서유럽의 평화 질서를 유지하려고 했고, 특히 미국과의 긴밀한 관계를 통하여 무엇보다도 확고한 안보 체제를 구축했다. NATO를 통한 안보야말로 그 후 동방 세력의 위협을 막아내고 다른 한편 그것을 토대로 동방을 향한 평화정책을 감행했다. 이처럼 하나로 묶은 그의 통일된 대전략정책은 훗날 자유와 평화 속에서의 독일통일을 이룩하는데 밑거름이 되었다.

오늘날 우리가 처한 외교 · 안보 · 통일정책에서 가장 중요한 것은 확고한 안보 체제의 강화이다. 미국과의 긴밀한 관계는 절대적이고, 특히 한 · 미동맹의 강화는 강화될수록 좋다. 왜냐하면 안보가 흔들리면, 모든 것이 흔들리기 때문이다. 정부 차원에서 근래에 와서 한 · 미동맹의 강화를 강조하지만, 친북세력들에 의한 반미 운동은 여전히 계속되고 있고, 많은 젊은이가 자기도 모르는 사이에 북한의 통일전선의 멜로디에 춤을 출 수도 있다. 여기에 국가보안법까지 폐지된다고 할 때 친북세력의 양산은 의심의 여지가 없다.

한 · 미동맹을 통한 확고한 안보의 확립이야말로 북한의 적대행위를 막고, 다른 한편 북한에 대한 긴장 완화정책을 표방할 수 있다. 우리의 안보는 북한과 동북아시아에 있어서 평화정책을 위한 선행조건이다. 우리는 오늘날 동북아에서 유럽에서의 유럽연합(EU) 같은 통합은 불가능하지만, 70년대에 시도했던 유럽안보협력회의(CSCE)는 한 모델이 될 수 있는지를 심사숙고하여 그것을 실천할 수 없을까 노력하여야 한다.

남북한 통일의 변수는 앞으로 필자에 견해로는 조지 부시(George W. Bush) 대통령의 재선, 미국의 북한인권법 채택, 2008년 중국의 올림픽개최, UN과 EU

국가들의 북한 인권에 관한 관심 그리고 최근 증가하고 있는 탈북자현황 등과 같은 조건들을 우리가 지혜 있고, 적극적으로 다르면 통일의 기회도 포착할 수 있지 않나 생각된다. 특히 중국의 올림픽개최 결정에는 마치 1988년 서울의 경우처럼 한국의 민주화를 위한 정치적 요소가 있었듯이 중국도 정치적 요소가 깔렸다. 그런데 중국은 이 올림픽을 통하여 중국의 위상을 최대로 높이기 위한 총력을 기울이고 있다. 따라서 탈북자에 대한 인권유린도 국제여론을 의식해 자제할 가능성이 있고 이것은 결국 과거 동독의 탈출 현상과 유사한 사건들이 발생하지 않을까 생각된다.

넷째, 아데나워와 기민당의 또 다른 장점은 기민당 창설 과정에서 전후 독일을 일으키기 위하여 모든 사람을 규합했다. 사회층의 차별 없이 계급 간의 차별 없는 모든 독일 국민에게 개방되었다. 심지어는 나치당원들도 그들이 특별한 죄가 없는 한 다 받아들였다.

필자는 이런 사실들을 보면서 우리나라에서 쟁점화되고 있는 과거 진실 규명이 해방된 지 60년이 지난 오늘날 과연 필요한가 생각된다. 해방 직후라면 그런대로 이해되지만 어려운 시점에 그런 문제를 들고 나오는 것은 적절치 못하다. 아데나워의 관용 정치 · 포용정치 같은 것이 우리나라에 필요하지 않을까 생각된다.

다섯째, 아데나워의 신뢰 정치 아데나워는 확신 주의자였다. 그 확신의 뿌리는 인간의 존엄성, 인권 및 자유 같은 기독교 정신에 있었다. 그가 정치적으로 옳다고 인식됐을 때는 그 원칙에 확고했고, 그것을 실천에 옮겼다. 그의 확신적 판단과 그 관철 능력은 그가 추구하는 목표를 달성할 수 있었다. 아데나워는 기독교적 윤리 위에서 상황에 대한 정확한 판단, 확고한 목표설정 그리고 분명한 행위원칙을 통하여 정치를 수행한 인물이다. 이와 같은 그의 정치철학은 독일 국민으로부터 신뢰를 얻을 수 있었다. 옳은 정치의 생명이 동서양을 막론하고 국민적 신뢰라고 볼 때 아데나워의 정치철학도 우리에게 좋은 본보기가 된다고 생각한다.

아데나워는 1876년 쾰른에서 태어났고, 1917년부터 1933년까지 16년간 쾰른 시장을 역임했다. 나치 시절에는 수도원에서 몸을 피하기도 하고 두 번이나 투옥되기도 했다. 전후 그는 확고한 기독교적 신앙에 따라 기민당 창설에 결정적 역할을 하였다. 1949년 9월 치른 선거에서 73세의 나이에도 불구하고 초대 서독 총리로 선출되어 그 후 1963년까지 14년간 집권했다. 전후 아데나워 같은 훌륭한 정치인을 가졌다는 것은 위에서도 언급했듯이 독일과 그 국민에게는 큰 행운이었다.

데탕트 정치의 평화사상[8] : 빌리 브란트와 미하일 고르바초프

머리말

이 글의 취지는 빌리 브란트(Willy Brandt)와 미하일 세르게예비치 고르바초프(Mikhail Sergeyevich Gorbachev)의 평화 사상을 논함에 있어 어떻게 브란트는 서방측에서 그리고 고르바초프는 동방 측에서 냉전 시대에 대한 그들의 데탕트 정치를 구현하였는지를 모색하는 데 있다. 이런 의미에서 필자는 브란트와 고르바초프의 평화 사상을 유럽을 중심으로 한 평화정책의 구현에서 찾아볼까 한다. 유럽의 냉전체제가 붕괴하고 독일이 통일된 것도 엄밀하게 따지고 보면 어떤 역사적인 우연이 아니고, 20년 전에 추구한 브란트의 동방 정책과 신사고를 바탕으로 한 고르바초프의 평화적 서방 정책의 공동산물이라고 할 수 있다.

브란트와 고르바초프는 평화정책의 공로로 노벨평화상을 탔다. 브란트가 그의 동방 정책을 통하여 동 · 서유럽간 긴장 완화의 조성과 평화 상태를 유지한 대가로 평화상을 탔다고 한다면 고르바초프는 냉전의 종식과 동유럽의 민주적 변혁을 가져오는 데 결정적인 역할을 한 대가로 그것을 탔다고 볼 수 있다.

지금 유럽은 하나로 가고 있다. 언론인, 학자, 그리고 정치인들은 제각기 유럽의 평화안을 모색하느라고 여념이 없다. 이런 의미에서 브란트가 그의 동방 정책을 추진하면서 늘 입버릇처럼 강조했던 유럽평화질서란 무엇인가, 또는

---

8 이영기. “데탕트 정치의 평화사상”. *현대 평화사상의 이해*, 한길사, 1992.

고르바초프가 그의 외교정책에서 가장 큰 비중을 두고 표방한 유럽의 일가는 무엇인가가 자연히 관심의 대상이 되지 않을 수 없다. 필자는 브란트와 고르바초프의 평화 사상을 규명하기 위하여 브란트의 경우는 장기목표로 세웠던 유럽평화질서의 요소가 구체적으로 무엇을 뜻했으며, 고르바초프의 경우는 그의 외교정책을 뒷받침했던 신사고가 전반적으로 무엇을 의미했는지를 설명하려고 한다. 따라서 그들이 어떻게 유럽의 평화와 궁극적으로는 독일의 통일에 이바지하였는지도 알아보려고 한다.

브란트의 평화사상

그간 서독의 외교정책은 1949년 이후 아데나워가 서방 정책을 표방하여 안보의 기초, 경제적 성장 및 정치적 발전을 다졌고, 브란트가 1969년 10월 28일 집권 이후 그의 동방 정책으로 대외정책의 행동 영역을 넓혔다. 이 둘은 정책상 대조적인 듯 보이나 역사적 맥락에서 상호 연계되어 있고, 특히 브란트의 동방 정책은 동·서 유럽 간의 긴장 완화조성과 양독 관계 개선에 결정적인 역할을 하였다. 브란트의 동방 정책은 긴장 완화정책으로도 표현된다. 그의 긴장 완화의 구상은 우선 소련을 위시한 동유럽국가들과의 조약 체제를 통하여 그간의 갈등 문제를 해소하는 데 머물지 않고 장기적인 안목에서 유럽의 평화 질서를 조성하는 것을 궁극적인 목표로 삼았다. 브란트는 동유럽국가들과의 온갖 조약과 협정의 망을 통하여 공동의 이익을 강화·증대시켜 양 체제의 변화를 희망하였다. 동방 정책의 설계자이고 브란트의 가장 측근자인 에곤 바(Egon Bahr)가 내세운 「접촉을 통한 변화」(Wandel durch Annäherung)의 원칙은 장기적인 역사적 과정에서 자본주의와 소비에트식 사회주의 간의 「제3의 길」을 모색하려고 했다.

브란트가 말하는 긴장 완화의 의미를 좀 더 구체적으로 설명하면 첫째로 그것은 어떤 마술적인 말이 아니다. 그 개념 자체는 동 · 서 간의 긴장과 대립을 소멸시키는 것이다. 긴장 완화정책은 대립되는 목적과 이익의 평형 정책이다. 둘째로 긴장 완화란 자체 목적이 아니다. 그것은 지속적인 유럽의 평화질서를 위한 기초를 조성하는 이익을 평형할 수 있게 한다. 긴장 완화정책이란 현실 앞에서의 항복과 도주가 아니고 증가하는 공동이익과 공동협력의 영역을 발견하려고 하는 노력이다. 셋째로 긴장 완화란 한 총괄적인 기도이다. 물론 모든 문제는 한꺼번에 풀 수 없고, 가능한 한 적은 것부터 시작하지 않으면 안 된다. 그러나 항상 앞으로의 더 큰 문제해결을 위한 가능성을 모색하지 않으면 안 된다는 것이다.

이와 같은 브란트의 긴장 완화정책은 당시 미 · 소 간의 대결에서 협조로 가는 시대조류와 합류하게 되었고, 그 결과로 나타난 것이 1970년 체결된 모스크바조약과 바르샤바조약이다. 1971년에는 냉전의 섬으로 알려진 베를린에 관한 미국 · 소련 · 영국 · 프랑스 4대국의 협정이 체결되었고, 1972년에는 동 · 서독 간의 기본조약이 체결되었다. 또한 체코와의 관계 개선인 프라하조약도 1974년 체결되었고, 같은 해에 헝가리, 불가리아와의 외교관계도 수립되었다. 그리고 무엇보다도 1975년 헬싱키에서 동 · 서 35개국에 의하여 이루어진 유럽안보협력회의(Conference on Security and Cooperation in Europe; CSCE)는 전후 그 유례를 볼 수 없는 회의로서 유럽에서 긴장 완화의 절정을 이룩하였다. 유럽에서의 긴장 완화의 조성은 브란트의 동방 정책 없이는 불가능했다고 해도 과언이 아니다.

앞에서 언급한 것과 같이 브란트는 긴장 완화정책을 토대로 유럽평화질서의 조성을 장기적 목표로 삼았고, 그 속에서 언젠가는 독일인도 자결권을 행사하여 통일을 달성한다는 것이다. 그러면 유럽평화질서의 내용과 요소는 무엇인가? 그동안 내용 면에서 어떠한 변화 발전을 해왔는가? 필자는 브란트의 유럽평화질서의 내용과 요소를 네 가지로 요약하여 설명할까 한다.

■ 자유권과 자결권의 측면

브란트에 의하면 자유권에는 민족의 집단권 · 인권 · 자유왕래권 · 정보의 자유 등이 포함된다. 자결권은 가치척도의 기초가 되어야 하며, 모든 국가의 권리는 근본적으로 그의 정치적 · 경제적 · 사회적 · 문화적 질서를 스스로 결정하여야 한다는 것이다. 이와 같은 방법으로 독일의 특수이익도 모든 유럽국가의 이익과 결부된다는 것이다. 그에 의하면 유럽평화질서는 국경선을 평탄하게 하며, 새로운 형태의 공동협력을 가능케 한다는 것이다.

■ 사회정책적인 측면

유럽평화질서는 정치질서 면에서 볼 때 결코 중립적으로 될 수 없다는 것이다. 브란트가 이끌었던 사민당이 열망하는 것은 사회 정책적으로 볼 때 민주적 사회주의의 뜻에서 「점진적인 구조의 개조」 헤르베르트 베너(Herbert Wehner)를 끈질기게 추구하되, 우선은 서유럽공동체(브란트는 사회연방이라고도 말하였다)에서 하고 그다음에는 전 유럽에 확산시킨다는 것이다. 여기에서는 수렴이론이 전개되는데, 그 수렴점은 민주적 사회주의이기 때문에 사회주의와 공산주의가 아니고, 자본주의와 공산주의가 수렴되어야 한다는 것이다. 여기에서 말하는 민주적 사회주의란 사회민주주의와 동일시된다. 브란트에 의한 사회민주주의란 권위주의적이고 혹은 독재주의적인 집단주의와는 달리, 원칙적으로 자유, 정의 및 연대책임과 같은 기본가치 또는 인간적인 사회 및 세계의 비전을 지향하는 정치이념을 말한다.

■ 안보정책상의 측면

브란트가 그의 동방 정책을 처음 추진할 때 유럽의 안보 체제는 유럽평화질서의 전제로 두 가지 모델이 있었다. 동맹체제의 계속된 존재에서 출발하되 상호 특정한 관계를 마련하는 것과 그렇지 않으면 NATO 및 바르샤바조약기구를 단계적으로 해체하며 이에 대한 새로운 체제를 설립한다는 것이다. 브란트는 첫째 모델을 선호했고, 앞으로의 발전과정을 보면서 둘째 모델로도 갈 수 있다는 점진론적인 입장을 취한 것에 비하여, 그의 측근자인 바는 둘째 모델을 선호했다. 바는 1968년 외무성의 기획실장으로서 이에 대한 구체적인 안을 창출해냈는데 다음과 같이 세 가지로 분류된다.

첫 번째 구상은 조약기구에서 출발하되 군축 조치를 통하여 가능한 한 고도의 긴장 완화를 이룩한다는 것이고, 두 번째 구상은 양 동맹체제를 한데 묶어 공동체 기구를 만들며, 그 기구는 우선 이 목적을 위하여 합의된 군축 조치를 감시하고 궁극적으로는 제도적으로 양 동맹체제를 위한 상설기관(영속적인 유럽 안보 회의)으로 발전시킬 수 있다는 것이다. 세 번째 구상은 양 동맹체제를 동등한 권리를 가진 유럽 국가들의 하나의 새로운 안보 체제로 대신하고 그 존립은 초강대국들에 의해 보장되며, 그들은 회원국이 될 수 없다는 것이다. 여기에서 바는 두 번째 구상은 기존 동맹체제의 제도적인 유착으로 독일분단의 현상이 고정되기 때문에 받아들일 수 없었고, 세 번째 구상은 기존 동맹체제 대신 동·서독, 베네룩스 국가, 폴란드 및 체코로 형성되고 미·소가 보장하는 새로운 안보 체제는 독일통일을 위한 적절한 전제이기 때문에 3가지 구상 중 가장 선호했다.

그러나 세 번째 구상은 미국과 소련에 의해 수용되지 않았다. 그 이유는 미국의 경우를 보면 NATO의 해체는 유럽에서의 미국의 입장을 약화하며 미국의 갈등 통제의 도구를 침해한다는 것이고 소련의 경우를 보면 그들의 정치적 목표인 동독 및 오데르-나이세 경계선의 인정, NATO의 해체 및 미군의 철수 등을 이룩할 수 있는 이점도 있으나 그들의 동맹체제를 희생시키고 그들의 군대가 그들의 동맹 회원국에서 철퇴해야 하므로 결과적으로 동유럽에서 공산주의 정권의 종말을 가져온다는 것이다. 이처럼 미 · 소의 반대로 바는 첫 번째 구상으로 돌아가 총괄적으로 본질적인 긴장 완화 조치를 포착하려고 하였지만, 현실적으로 어려움을 당했다. 결국 바는 브란트와 같이 첫째의 기본모델에서 출발하지만 둘째의 기본모델로 갈 수 있는 과도기로서 계획을 세웠다. 유럽평화질서를 위한 초기 단계에서 서방 동맹체제의 고착은 서독의 동방 정책을 위한 전제가 되었다.

그러나 1970년대 말과 1980년대 초에 들어서 바는 새로운 안보 정책의 구상으로 「공동안보」(Gemeinsame Sicherheit)이론을 펴기 시작했다. 그는 1980년 12월 당시 스웨덴 수상이었던 올로프 팔메(Olof Palme)의 위탁을 받아 1982년 「공동안보」를 위한 〈팔메보고서〉를 작성했다. 이 보고서에서 그는 공포의 균형이론으로는 평화의 확보가 불확실하므로 그 대안으로 공동 안보이론의 필요성을 제기했다. 그 출발점은 원자전쟁 속에서는 누구도 승리할 수 없고, 오히려 인류의 멸망을 가져오기 때문에 이제 동 · 서 양측은 서로가 생존을 위하여는 안보를 대립 관계가 아니라, 공동관계에서 확보하지 않으며 안 된다는 것이다. 또한 오늘날 안보 문제는 단순한 군사적 문제만이 아니고 정치 · 경제 · 문화적 문제와 상호결부되며, 특히 국가의 국경선을 초월하는 경제위기, 환경오염, 핵전쟁의 방사능적 결과 등과 같은 위험과 위기에 대처하기 위해서는 인간의 안전 문제는 이제 더 이상 일방적으로 성취될 수 없다는 것이다.

이와 같은 공동안보는 그간 브란트와 바에 의하여 계속 옹호 · 추진되어왔고, 지금은 안보 문제에서의 유럽평화질서를 위한 사민당의 기본정책으로 수용되고 있다. 그러면 공동안보는 무엇을 뜻하는가? 또는 그것의 특징은 무엇일까? 팔메보고서에 이어 1980년대에 유럽, 특히 서독에서는 공동안보에 관한 열띤 학문적, 정치적 및 군사적 토의가 있었고, 여기에서 나타난 결과를 토대로 공동안보의 정의와 특징을 다음과 같이 요약할 수 있을 것이다.

첫째, 공동안보는 공포의 균형 독트린과 유사하게 전쟁을 군사적 수단으로 저지하고 또한 전쟁을 가능한 한 최저의 에스컬레이션 단계에서 유지하려고 한다는 것이다. 그러나 공동안보는 공포 독트린과는 달리 「구조적 불공격 능력」을 토대로 한 능률적인 군사적 저지를 감행한다는 것이다. 「구조적 불공격 능력」이란 넓은 의미에서 사회 정책 및 대외정책상 전쟁이 정치의 수단이 될 수 없다는 것이며 좁은 의미에서는 군사적인 조직, 무장 및 전략에 있어서 군사적 침략행위를 불가능하게 만드는 것이다. 그러나 현대적 방위 기술을 이용하여 혹시나 있을 군사적 공격에 대한 방위 능력을 배양한다는 것이다. 그리고 이 「구조적 불공격 능력」을 위해서는 상대국에 대한 적 대상을 완화하며 평화운동의 장려, 평화교육 그리고 일정한 지역을 설정하여 그곳으로부터의 중무기를 제거하는 것도 한 방법이라는 것이다. 또한 동 · 서 간의 평화적인 체제경쟁과 모든 분야에서의 상호 유익한 공동협력을 통하여 동 · 서의 군사적 대립을 완화할 수 있다는 것이다. 그리고 상호 간의 협조적 행위 형식(예를 들면 외교, 군비통제 회담, 군축조약 등)을 들 수 있고, 일방적인 군축을 통한 자체 제한도 감행할 용단이 필요하다는 것이다.

둘째, 공동안보는 중립성과 유사하게 기본적으로 분쟁을 평화적으로 조정하기를 원한다. 그러나 공동안보는 중립성과는 달리 전쟁 방지의 기구가 단지 민족국가에 국한해서 문제의 해결을 하지 않고 초국가적 · 초체제적 차원에서 해결하려고 하는 노력이다. 왜냐하면 핵전쟁은 국경선을 인식 못하기 때문이다.

셋째, 공동안보는 사회적 방위와 유사하게 무력 사용과 무력의 결과를 최소화하고 민간인들의 상호작용과 협력을 통하여 평화를 확보하기를 원한다는 것이다. 그러나 공동안보는 사회적 방위 개념과는 달리 군사적 병력이 완전히 포기될 수 있다는 데서 출발하지 않는다.

넷째, 공동안보는 평화공존과 유사하게 동 · 서(자본주의와 공산주의) 간의 전쟁을 피할 수 있다는 것으로 본다. 그러나 공동안보는 평화공존의 이론과는 달리 상대방의 체제를 극복하려는 목적을 갖지 않고 우선 체제 경쟁(예를 들면 수렴이론, 변화이론)의 문을 연다는 것이다.

다섯째, 공동안보는 집단안보 체제와 유사하게 위협체제를 극복하고 전쟁을 집단으로 공동으로 방지하기를 원한다. 그러나 공동안보는 집단안보 체제와는 달리 오로지 평화 상태의 실현에만 그 목표를 둔다는 것이다.

사회민주당이 표방하고 있는 목표는 유럽의 평화 질서를 통한 군사동맹 체제의 해체에 있다. 이런 의미에서 공동 안보이론은 앞으로의 유럽방위공동체를 형성하는 데 있어서 계속 논의의 대상이 될 것이며 또한 기초적 역할을 할 가능성이 크다. 그러나 문제의 해결은 미 · 소를 위시한 유럽국가들이 유럽 평화질서를 위해서 얼마만큼 국경을 초월하여 인류의 생존을 위한 공동평화를 모색하려고 하는가 하는 데 있다.

■ 무력 포기정책상의 측면

브란트의 동방 정책을 긴장 완화정책이라고도 했지만, 또한 무력 포기정책이라고도 하였다. 그는 이 무력 포기정책을 동방 정책의 수단으로 끝까지 일관성 있게 밀고 나갔다. 1968년 체코사태로 당시 기독교민주당과 사회민주당의 대연정(1966~69)을 이끌던 기독교민주당의 쿠르트 게오르그 키징거(Kurt Georg Kiesinger) 총리는 무력 포기에 관한 소련과의 협상을 단호히 거절했으나 당시 외무장관이었던 브란트는 이미 시작된 긴장 완화정책을 위한 다른 대안은 있을 수 없고, 그 방법 면에서 가능한 재검토의 필요성은 느끼나, 그 목표 자체에는 변화가 없음을 강조했다.

브란트는 평소 늘 유럽평화질서를 수반하는 동방 정책을 단기적 및 중기적이 아니라 예약할 수 없는 장기적 목표로 삼았기 때문에 체코사태로 그것을 중단할 수 없었다. 그러면 브란트가 그렇게 강조하고 무엇보다도 동방 정책의 수단으로 일관성 있게 추진해나간 무력 포기정책이란 구체적으로 무엇이며, 또한 왜 그는 국가 간의 통례로 되어 있는 불가침체결 대신에 굳이 동유럽국가들과 무력 포기협정을 체결하려고 했는가? 「무력 포기」라는 말은 브란트의 전유물은 아니다. 서독이 1949년 창설된 이래 평화는 서독 외교정책의 수단이었다. 특히 1966년 3월 루트비히 에르하르트(Ludwig Erhard) 총리의 평화 통첩에서 보았듯이 동독을 제외한 동유럽국가에 무력 포기선언의 교환을 정식 제안한 바 있고, 그 후 키징거 총리도 1966년 12월 그의 시정연설에서 한 걸음 더 나아가 무력 포기의 제안을 동독에까지 포함할 것을 제창하였다. 그러나 무력 포기정책은 브란트에 의하여 더 구체화하였고 그 결실을 보았다.

브란트가 불가침조약보다 무력 포기협정을 체결하려고 한 이유는 다음과 같은 네 가지 역사적 배경에서 찾을 수 있다.

첫째, 국가 간의 불가침조약은 빈번히 남용되어왔다는 사실이다. 19세기에는 전쟁은 불법적인 것이 아니었으며, 제1차대전 이후의 국제연맹도 전쟁을 제한하는 데 그쳤고, 1929년에 체결된 부전조약(不戰條約)은 역사상 전쟁의 금지를 천명한 효시였으나, 1930년대에서 1940년대에 체결된 불가침조약은 예외 없이 파기되었다. 그 사례를 보면 1932년에 체결된 소련과 폴란드 사이의 불가침조약은 1939년 소련과 독일이 각각 폴란드를 점령함으로써 파기되었다. 1939년에 체결된 독 · 소 불가침조약은 1941년에 독일이 소련에 대하여 전쟁을 개시함으로써 붕괴하였다. 특히 소련과 독일은 외교정책의 목표와 실행 방식상 차이가 허다하나 불가침조약 등의 전략 면에서는 공통점을 발견할 수 있는데, 그것은 불가침조약을 통한 지속적인 평화안정보다는 그동안 잠재적으로 구축했던 군사력을 이용, 현상 유지의 근본적 변혁에 이바지했다는 것을 알 수 있다.

둘째, 불가침조약이 함축하는 고전적 개념에는 한계가 있다는 것이다. 불가침조약은 항차 군사적인 차원의 무력 사용만을 안 한다는 것이다. 달리 말해서 외교적, 선전적 및 경제적 압력이나 제재는 가능하다는 것을 말하며 나아가 혁명을 목표로 하는 간접침략이 결코 불가능한 것만은 아니라는 말도 가능하다.

셋째, 불가침조약은 통례로 국가 간에 맺어온 것으로서 그 남용도 고려되었겠으나 동독과 국제법상의 조약을 맺음으로써 동독을 묵시적으로 인정하게 되는 결과를 두려워하기 때문이다.

넷째, 무력 포기정책은 유엔헌장 제2조 4항에 근거를 두고 있다. 이 조항에 따르면 무력의 사용은 물론 무력의 위협까지도 금지하였다. 전후 이 조항은 많은 국제조약에 원용되고 있으며, 1955년 NATO나 바르샤바조약기구가 다 같이 조약 제1조에서 이 유엔조항과 연계되어 무력 사용 및 무력 위협을 포기할 것을 의무화하였다.

당시 외무장관이었던 브란트는 1967년 5월 동경 「해외 통신클럽」에서 무력 포기에 관하여 다음과 같이 말하였다.

우리는 동독에 관해서도 독일의 문제해결을 부정적으로 선결하지 않고 해당국만의 의사와 일치하는 규정을 보류한 채 어떠한 형태에서도 무력 사용의 포기를 위한 준비가 되어 있다.

이에 덧붙여 그는 "만약 유럽에서 대결하고 있는 두 동맹체제가 무력 포기의 선언을 교환하고 따라서 각기 그들의 모든 동맹국이 이 선언의 파트너로서 결부된다면 우리는 그것을 의미 있는 것으로 간주한다. 이와 같은 방법으로 양 동맹체제의 「무력 포기의 망」이 유럽을 뒤덮게 될 것이고 그것은 세계평화와 국제적 공동협력의 안정에 영향을 끼칠 것이다"라고 강조하였다. 또한 브란트는 1969년 6월 레이캬비크에서 개최된 NATO 회담에서 동 · 서독 간의 무력 포기에 관한 구상을 더욱 발전시켰다. 즉 양독은 민족통일을 존중하고 평화적 결합을 추구해야 한다. 양독 교류상 발생하는 모든 문제에 무력 사용이나 혹은 무력의 위협을 포기하고 상대국의 사회적 구조를 무력으로 변경하려고 하는 여하한 시도를 해서는 안 된다는 것을 의무사항으로 해야 한다고 하였다.

이 무력 포기에 관한 논의는 앞에서 언급한 것과 같이 1960년대 동 · 서 긴장 완화의 틈을 타서 서독 정부가 「평화 통첩」(1966)에서 소련 및 기타 동유럽 국가에 대하여 무력 포기선언의 교환을 제의한 데서 비롯했다. 특히 1967년 2월과 1968년 7월간에 서독과 소련 정부 사이에는 이에 관한 서신, 통첩 및 각서 등을 통하여 열띤 교환이 있었다. 소련은 서독 정부에 무력 포기 협정체결의 전제조건으로 제2차대전 이후 생성한 국경선의 현실과 동독의 국제법상 인정을 요구해왔다. 좀 더 구체적으로 말하면 오데르-나이세 국경선과 양 독일 간 국경의 불변경은 유럽에서의 평화와 안보를 위한 주요 전제 중의 하나라고 하였고, 동독의 주권을 무조건 인정하며, 서베를린은 자치적 정치단위로서 서독이 이에 대한 권한을 포기할 것을 주장하였다. 그리고 1938년 9월 뮌헨협정은 강제로 체결된 것으로 처음부터 그 효력이 무효임을 강조하였고, 핵무기 소유를 포기할 것을 요구하였다.

브란트는 서독과 소련 간의 무력 포기를 위한 의견 교환이 체코사태로 실패로 돌아가자 1969년 7월 본에서 행한 한 기자회견에서 다음과 같이 그의 심정을 술회하였다.

국민과 국가의 생활에서 공포와 불신을 제거하는 것이 우선적이라 생각한다. 상호 간의 정중한 무력 사용 및 위협의 포기는 이와 같은 길을 향한 하나의 좋은 시초가 되리라 믿는다. 우리가 알고 또한 다른 사람들도 알아야 하겠지만 전 독일 국민은 무력과 위협이 영원히 국제관계에서 사라져야 할 소망 이외에는 다른 것을 갖고 있지 않다. 그리하여 우리는 소련, 폴란드, 헝가리, 체코, 루마니아 그리고 독일의 다른 땅(동독)에 대하여도 이 제안을 한 것이다.

무력 포기에 관한 양국의 입장을 조용히 음미해보면 서독은 국가 간의 신뢰 증진을 통한 긴 평화 과정에서 유럽의 현상과 독일분단의 극복을 평화적 교환(Peacefal Change)으로 이룩하려고 했다면, 소련의 대독 정책의 목표는 이와 반대로 서독과의 무력 포기협정을 통하여 중유럽의 현상 유지를 공고히 하는 데 있었다. 체코사태로 중단되었던 서독과 소련 간의 무력 포기에 관한 의견 교환은 1969년에 들어오면서 국내외 여건의 변화로 재개되었다. 미국에서는 리처드 닉슨(Richard Nixon), 헨리 키신저(Henry Kissinger) 팀의 등장으로 소련과의 긴장 완화정책을 추구하게 되었고, 소련은 -우수리(Ussuri) 국경선에서 첨예화된 중소분쟁, 체코침략 이후 「동방블록」에 있어서 모스크바의 주도권은 확립되고 안정되었으나 대외정책에서 고립, 서방세계의 기술적인 우월성으로 인한 서방 산업국가와의 더 개선된 경제 및 무역 관계의 소망, 영토적 · 정치적 현상을 보장하기 위한 목표 등으로- 서독과의 관계 개선의 필요성을 느꼈다.

다른 한편 서독에서는 사회민주당이 20년 만에 처음 직권함으로써 브란트가 총리가 되었고, 따라서 동방 정책을 더욱 적극적으로 추진하게 되었다. 이처럼 하여 소련의 서방 정책과 서독의 동방 정책 결과로 나타난 것이 1970년대 초의 동방 조약들이다. 이 모든 조약의 핵심 내용은 서독이 주장한 무력 포기 조항과 동방 국가들이 주장한 제2차 대전 이후 생성한 현실의 인정 등으로 되어 있다. 당시 야당인 기독교민주당 · 기독교사회당(Christlich-Soziale Union; CSU)은 현실인정은 독일의 분단을 고착화한다고 강력히 반대하였지만, 브란트와 바는 현실을 극복하기 위하여 현실을 인정할 수밖에 없다고 맞섰다. 20년이 지난 오늘날에 와서 냉전체제의 종식과 독일의 통일을 보노라면 브란트의 동방 정책이야말로 선견지명이 있었다고 볼 수 있다.

브란트는 그의 동방 정책으로 1971년 노벨평화상을 받았다. 그가 지난 1987년 23년 동안 지켜왔던 사회민주당 당수직을 떠날 때 행한 고별사도 멋있었지만, 아마도 그가 행한 평화에 관한 연설 중 가장 빛나는 것은 노벨평화상 수상

당시 오슬로(Oslo)에서 행한 연설이었다고 생각한다. 당시 제목은 「우리 시대에서의 평화정책」이었다. 여기에서 그는 평화정책의 기본 원칙을 다음과 같이 천명하였다.

전쟁은 정치의 수단이 되어서는 안 된다. 오늘날 국가이익은 평화를 위한 전체적 책임에서 분리될 수 없다. 모든 외교정책은 이 견해에 따르지 않으면 안 된다. 그것은 유럽 및 세계적 안보 정책의 수단으로 긴장을 완화하고 국경선을 초월해 대화를 촉진하는 것이다.

브란트는 오늘날 세계에서 평화의 화보야말로 실천적 이성의 명령이며, 평화정책은 이 시대의 참된 현실정치라고 강조하였다.

브란트에 의하면 평화는 그냥 오지 않는 것이며, 그것을 위하여 일하지 않으면 안 되고, 어느 정도까지는 조직될 수 있다는 것이다. 그것의 필요한 요소는 자기 위치의 명확성과 목표에 대한 적절한 평가, 상대방의 이익과 목표에 대한 적절한 평가, 공동이익의 영역을 마련하고, 그것을 양측의 이익을 위해 확대하는 것, 실제적 합의의 대상을 넘어 평화유지로의 공동 인식하여 그것을 다 같이 강화하려고 노력하는 도덕적 원동력 등이라는 것이다.

지금까지 브란트의 평화 사상과 그것을 토대로 한 그의 동방 정책을 간략히 설명하였지만, 그의 평화 사상의 구축에는 대체로 다음과 같은 세 가지 원천이 작용한 것으로 알려졌다.

첫째, 2천 년의 기독교적인 전통에 의한 윤리적 · 사회적 개념이 형성되었다는 것이다. 다시 말하면 「정당한 전쟁」의 가치 아래 탈선행위에도 불구하고 항시 이 세계에서의 평화를 달성하기 위한 새로운 노력과 시도가 있었다는 것이다.

둘째, 인도주의와 고전철학이다. 임마누엘 칸트(Immanuel Kant)의 입헌적인 국가연합론은 오늘날에도 시사하는 바가 크다는 것이다. 왜냐하면 인간은 언젠가는 모든 국민의 참된 법에 따라 뭉치든가 그렇지 않으면 수천 년에 걸쳐 이룩한 문명을 순식간에 파괴하든가 하는 선택 앞에 놓여있기 때문이라는 것이다. 브란트는 칸트의 조약정치를 선호하였고, "평화도 만들고 다듬어야 한다"라는 칸트의 말을 자주 강조했다. 조직된 평화는 전쟁과 군사적 압력의 부재만으로는 불충분하고 무엇인가 실제적인 것뿐만 아니라 새로운 도덕적 성질을 가진 능동적인 것으로 이해되어야 한다는 것이다.

셋째, 국내외에서 사회정의와 자유를 추구하는 사회민주주의이다. 그것은 도덕법칙이 시민뿐만 아니라 민족과 국가 간에도 적용되어야 한다는 것이다.

고르바초프의 평화사상

고르바초프는 1985년 3월 권좌에 올랐다. 아마도 전후 고르바초프처럼 세계정치의 중심인물이 되었던 사람도 없다. 그는 대내적으로는 더 많은 자유를 부여하려고 노력하였고, 대외적으로는 평화를 추구하였다. 오늘날 지구의 6분의 1을 차지하는 거대한 소련처럼 대내외정책의 관계가 밀접한 나라도 드물 것이다. 고르바초프의 개혁정책은 대내적으로 온갖 경제의 어려움으로 힐난한 비판을 받았다. 그러나 이와는 아주 반대로 외국에서는 최대의 인기를 독차지하였다. 사실상 고르바초프의 「신사고」를 바탕으로 한 외교정책의 분야처럼 성과를 거둔 것은 없었다. 또한 그처럼 동·서 간 전쟁의 위험을 축소한 사람도 없다.

지난 수십 년간 소련의 외교정책은 동·서 체제 간에 있어서 대결 정책을 표방해 왔다. 그러나 고르바초프는 대결이 아닌 협력의 기치를 들고 동·서 화해를 위한 일대 전환을 모색해왔다. 그는 아프가니스탄으로부터 소련군대를 철수시킴으로써 그곳에서의 전쟁을 종식했고, 이라크사태에서 본 것처럼 지역분쟁의 해결을 위하여 미국과 협조하였다. 오늘날 동·서 관계에 있어서 공포로부터 해방된 분위기를 조성한 것도 고르바초프의 「신사고」에 의한 것이다. 또한 동유럽에서의 민주화 과정도 마찬가지이다. 고르바초프의 사회주의 국가 간에서의 「제한된 주권」이라는 브레즈네프독트린으로부터의 이탈은 헝가리, 폴란드, 체코 및 동독에 있어서 자유 및 독립운동의 승리를 위한 전제가 되었다. 특히 자유와 평화 속에서의 독일의 통일은 고르바초프의 「신사고」를 바탕으로 한 그의 평화적인 서방 정책이 없이는 불가능했다. 그러면 세계, 특히 유럽의 변화를 가져온 그의 「신사고」란 무엇이며, 그 주요한 기본 요소들은 무엇인가?

소련의 전문가로 널리 알려진 독일의 보리스 메스너(Boris Meissner) 교수는 고르바초프의 「신사고「의 발전단계 과정을 1984~89년 초까지 세밀히 추적한 바 있다. 그 결과로 나타난 「신사고」란 대체로 세 가지로 설명되고 있다. 첫째로, 오늘날 세계는 복잡하고 모순 속에서도 너무나 밀접한 관계가 있으므로 인류의 생존을 위하여는 세계의 문제를 공동으로 풀 수밖에 없다는 것이고, 둘째는, 국제관계에서의 평화의 확보는 모든 국민의 자유로운 선택과 인권의 존중을 기초로 한 국제적 법질서의 일환에서 이루어져야 한다는 것이다. 셋째는 지역문제의 해결은 해당 지역의 통합을 목표로 한 모든 국가 간의 밀접한 협력을 통하여 달성되어야 한다는 것이다.

메스너 교수는 이와 같은 표상하에서 다음과 같은 세 가지 테제를 제시하였다. 첫째, 인간의 일반적 가치와 이익은 계급 조건적인 이익보다 앞선다는 것, 둘째, 외교정책에서의 국제법의 우선, 셋째, 한 「유럽 공통의 집」을 한 지역의 건축 구상으로 생각하였다는 것이다.

필자는 메스너 교수의 총괄적인 「신사고」의 정의를 머리에 그리면서 동방측에서 본 고르바초프의 데탕트 정치의 평화사상과 관련하여 더욱 쉽게 이해하려는 뜻에서 「신사고」의 요소를 다음과 같이 네 가지로 규정해보았다.

■ 새로운 안보 체제의 확립

고르바초프의 안보관의 출발점은 인류는 핵무기로 인한 자멸의 위험에 처해있으므로 그와 같은 대중 섬멸 수단은 2000년대까지는 완벽히 철폐되어야 한다는 주장이다. 핵 공포의 전략은 비도덕적이고, 무책임하며, 100퍼센트 안전적이 못 된다는 것이다. 또한 그것은 강요와 위협의 정치이며, 따라서 군비경쟁과 간장가열의 지속적인 원천이 된다는 것이다. 고르바초프의 안보관은 한마디로 표현하면 핵 시대에 있어서 초강대국 간의 전쟁은 누구도 이길 수 없으며, 따라서 군비축소를 통하여 공동의 평화를 모색해 보자는 데 있다고 할 수 있겠다.

고르바초프가 공동의 안보를 모색하자는 것은 군축을 통한 공동의 평화를 이룩하자는 것과 일맥상통한다. 그는 군사 정책상의 논의에서 「충족한 방위능력」의 개념을 정립하였고 심지어는 일방적 군축의 조치로 국제적 긴장 완화 과정을 촉진했다. 동 · 서 체제 간의 세력 관계는 얼마 전까지만 해도 군사적 · 계급 투쟁적 수단으로 그 변화를 가져오리라 믿었지만, 이제는 경제적 · 정치적 확신 능력 및 내적인 도덕력에 따라 보다 총괄적이고 보다 현실적으로 이해되어야 한다는 것이다. 안전보장은 단지 정치적 수단으로만 해결될 수 있다는 것이다.

그리하여 소련은 그간의 유엔에 대한 경시 풍조를 버리고 보다 총괄적인 평화 및 안보 체제의 사고를 갖게 됐다. 무력 사용이 아니고 유엔헌장과 국제재판소에 따른 정치적 · 법적 조처가 국제분쟁을 해결하여야 한다는 것이다. 이런 의미에서 볼 때 아프가니스탄에서의 소련군의 철수, 앙골라나 니카라과에 대한 개입 포기, 중국과의 경계선 문제에 대한 성의 표시, 그리고 최근에 볼 수 있는 이라크사태에 대한 미국과의 협력체제의 조성 등은 그 좋은 예라 할 수 있다. 고르바초프의 안보관은 총체적으로 보아 인류에 있어 평화로운 장래는 핵의 공포가 아니고, 이성과 선의, 의지의 균형 그리고 총괄적인 안보 체제의 확립으로 이루어질 수 있다는 것이다.

■ 평화공존의 수정

오늘날 평화공존이란 보통 다른 체제를 가진 국가 간의 평화적인 병존 관계를 말한다. 그간 소련 입장에서 본 평화공존이란 사회주의와 자본주의 간의 특별한 형태의 계급투쟁으로서 이해되어왔다. 그것은 궁극적으로 사회주의 및 공산주의의 구축 또는 제국주의의 제거를 위한 국제적 프롤레타리아의 투쟁과 사회의 혁명적 변혁 등을 위한 유리한 국제적 조건을 조성하는 것을 뜻한다. 니키타 흐루쇼프(Nikita Khrushchev)는 1950년대 후반기에 들어와서 핵 시대로 인한 자본주의와 사회주의 간의 전쟁의 불가피성을 포기하였지만, 이데올로기적 투쟁은 계속 옹호하였고, 제3세계에서의 민족의 해방을 위하여는 무력 사용도 서슴지 않았다. 그동안 소련은 동 · 서 간의 군사적 균형은 인정하였지만, 정치적 균형은 수용하려고 하지 않았다.

그러나 고르바초프는 탈이데올로기와 인간의 일반가치를 표방하여 평화공존을 계급투쟁의 특수한 형태로 더 이상 보지 않으려고 하였다. 특히 그의 신사고에 있어서 이전 평화공존의 개념과 가장 큰 차이점은 무엇보다도 어떠한 무력의 사용이나 위협도 완전히 금지되어야 한다는 데 있다.

고르바초프는 1986년 제27차 소련공산당 전당대회에서 평화공존에 관한 개념을 다음과 같이 확립했다.

전쟁의 포기, 분쟁 해결의 수단으로서의 무력 사용 및 위협의 포기와 협상을 통한 조정, 국내문제의 불간섭과 상대방의 정당한 이익의 고려, 운명을 스스로 결정할 수 있는 민족의 권리, 주권의 엄한 존중, 국가의 영토적 통합과 국경의 불가침, 완전한 동등권 및 상호이익을 토대로 한 공동협력, 일반적으로 인정된 국제법의 원칙과 규범 그리고 체결된 국제조약에서 결과된 양심적인 의무의 이행이다.

고르바초프는 평화공존의 뿌리를 곧잘 이데올로기와 사회질서의 차이에도 불구하고 국제간의 평화적인 발전을 전제로 하는 레닌의 대외적인 기본정책 구상에서 찾곤 했다. 우리가 고르바초프의 평화공존에 관한 견해를 설명하면서 주목하여야 할 것은 그가 비록 탈이데올로기나 인간의 일반적 가치를 강조한다고 하여 사회주의의 기본적 이념을 포기한 것은 아니라는 사실이다. 그는 단지 그동안 수십 년간 시대에 맞지 않게 고루하게 진행되어온 이데올로기적 교조주의에서 탈피하여 새로운 정책을 모색하고 싶었다. 여하튼 오늘날 평화공존은 어떠한 체제를 가졌던 모든 국가와 국민을 위하여 절대적으로 필요한 생존조건이 되었다. 이러한 조건하에서 고르바초프는 사회주의와 자본주의 간의 이데올로기적 투쟁이 아니고, 논쟁문화를 통한 선의의 체제경쟁을 하자는 것이다. 모든 문제는 무력 사용이나 위협이 아니고 평화적인 수단으로 해결하자는 것이다.

■ 자유로운 선택권

앞의 평화공존에 관한 설명에서 모든 국가는 그들의 운명을 스스로 결정할 권한을 갖는다고 했다. 또한 고르바초프는 그의 저서 〈페레스트로이카〉에서도 "이데올로기의 차이를 초월하는 것은 중요하다. 모든 국가는 그들 스스로 선택을 결정하여야 하며, 그리고 우리 모두 이와 같은 선택을 존중하지 않으면 안 된다. 이와 같은 이유에서 상호의존성에 부응하는 새로운 종류의 정치적 사고가 필요한 것이다"라고 천명했다. 여기에서 고르바초프가 말하는 자유로운 선택권은 서방세계의 국제법상에서 볼 때 민족자결권을 뜻한다고 볼 수 있다. 사실상 소련은 민족자결권을 강조한 1966년 12월 16일의 유엔 인권협정과

1975년 8월 1일의 유럽안보협력회의(CSCE)의 최종 의정서에 서명한 국가이다. 그런데 고르바초프가 민족자결권이라는 말을 사용하지 않고 자유로운 선택권이라는 어휘를 사용함으로써 서방 학자들에게는 그 개념에 대한 정확한 풀이를 못 했다. 혹자는 그것은 기존의 영토적 현상 유지의 조건하에서만 가능하지 않냐는 인상을 준다는 견해를 밝히기도 했다.

그러나 1989년과 1990년 동유럽과 동독의 변혁에서 나타난 것과 같이 고르바초프의 자유로운 선택권은 바로 민족자결권을 뜻했음을 입증했다. 소련군은 동유럽혁명의 와중에서도 1968년 프라하에서 행한 것과 같은 군사개입을 하지 않았다. 또한 동독의 평화혁명에서도 소련군은 1953년의 경우와는 달리 그들의 병영에 머물렀다. 여기에서 보여준 고르바초프의 태도는 그동안 동유럽에서 사회주의 국가 간의 결속을 다짐하기 위해서는 그들의 주권도 제한할 수 있다는 브레즈네프독트린을 완전히 철폐시킨 셈이다. 이런 의미에서 그는 유럽의 장래를 민족의 자결권의 토대 위에서 세우려고 했다고 볼 수 있다.

■ 유럽 공통의 집

고르바초프의 신사고를 생각할 때 「유럽 공통의 집」을 빼놓을 수 없다. 그가 말하는 「유럽 공통의 집」은 과거 샤를 드골(Charles de Gaulle) 대통령이 말했던 대서양에서 우랄까지의 지리적 공간을 뜻하는지 그렇지 않으면 블라디보스토크까지를 말하는지 분명치 않다. 소련 전체의 6분의 5가 아시아지역에 놓여있는데도 「아시아 공동의 집」이라는 말은 아직 한 적이 없다. 물론 소련은 아시아의 강대국으로서 중국과 일본과의 정상화 그리고 최근에는 한국과의 외교관계 수립을 통하여 동북아의 평화 정착을 위하여 노력하였다. 그런데 고르바초프는 어떤 이유로 유달리 유럽의 통합을 강조했을까? 그는 이런 통합 속에서 독일의 통일도 처음부터 그의 의도에 두었을까?

고르바초프는 우선 옛 러시아와 유럽과의 역사적 관련성을 강조했다. 그는 자기의 저서 〈페레스트로이카〉에서 "우리는 유럽인이다. 유럽과 옛 러시아는 기독교로 관련되었다"라고 강조했으며, 또한 르네상스, 계몽시대, 그리고 19세기와 20세기의 철학적 · 사회적 사상 등과 같은 공동의 역사와 문화를 가졌다고 강조했다. 그러나 유럽의 현실정치의 입장에서 볼 때 서방세계에서는 「유럽 공통의 집」의 개념 분석에서 소련이 두 가지의 목표를 가진 것으로 풀이했다. 첫째, 장기적인 목표로 서유럽을 미국으로부터 이탈시켜 소련으로의 접근을 유도한다는 것이다. 둘째, 유럽공동안보협력회의(CSCE)의 일환에서 유럽과 관련된 문제를 공동으로 취급하여 여러 국가 간의 더 밀접한 관계를 도모한다는 것이다.

「유럽 공통의 집」을 논할 때는 자연히 유럽의 중심지에 자리 잡고 있는 독일문제의 해결 없이는 그 타당성을 발견할 수 없다. 그런데 고르바초프는 처음부터 독일통일의 문제에 대하여는 극히 미온적인 태도였다. 당시 서독 대통령 리하르트 폰 바이체커(Richard von Weizsäcker)가 1987년 7월 소련 방문할 때 독일인의 변하지 않는 동질성의 기초 위에서 민족통일은 인간의 자유 속에서 이루어져야 한다고 하였지만, 고르바초프는 이에 대하여 그동안 분단은 현실이 되었으며 이 기초 위에서 조약이 체결되어 독일문제는 더 이상 그 문이 열린 것으로 관찰할 수 없음을 분명히 하였다. 그러나 그는 앞으로 100년 동안 무슨 변화가 있을지는 역사가 결정할 것이라고 덧붙였다.

또한 당시 서독 외상 한스디트리히 겐셔(Hans-Dietrich Genscher)는 소련 외상 에두아르드 셰바르드나제(Eduard Shevardnadze)가 1988년 1월 본 방문 시 바이체커 대통령의 통일에 관한 모스크바 발언을 다시 상기시키자 셰바르드나제는 이에 대하여 언급을 회피하였지만 다만 4대국 베를린협정의 일환에서 베를린을 위하여 아직 활용하지 않을 가능성이 있을 것이며, 독 · 소 조약의 강력한 가능성을 충분할 정도로 끌어냄으로써 양국 간의 관계에 있어 새로운 질적 향상을 도모할 것을 시사했다. 고르바초프가 1989년 6월 본 방문 시 당시 서독이 특별히 강조한 민족자결권이나 인권이 포함된 공동성명을 발표하였지만, 독일통일에 대하여는 일언반구도 없었다. 그런데 그는 1989년 6월 15일 본 방문의 결과에 대한 기자회견 석상에서 재미있는 발언을 하여 시선을 끌었다. 영국 텔레비전의 한 기자는 "베를린장벽이 존재하는 데도 당신이 추구하는 「유럽 공통의 집」이 가능한가"라는 질문을 했다. 그는 다음과 같이 대답했다.

> "우리는 유럽의 집을 민족의 이해관계 속에서 짓기 위해서는 그들의 선택, 그들의 전통 그리고 그들의 역사를 존중하며 또한 동등하고도 상호이익을 가져오는 공동협력을 위한 조건을 조성하면서 문제를 풀어야 할 것이다…. 베를린장벽은 구체적으로 고려된 상황에서 구축된 것이다. 그것은 어떤 나쁜 의도에서 이루어진 것이 아니다. 동독은 그들의 주권 행사 범위 내에서 결정한 것이다. 장벽은 그 붕괴의 전제조건이 조성되면 사라질 수 있다. 여기에서 나는 큰 문제가 없다고 본다."

그 후 5개월이 채 못된 1989년 11월 9일 베를린장벽이 사실상 무너진 것을 볼 때 당시 고르바초프는 그의 글라스노스트 정책으로 급격히 변화하고 있는 동유럽을 역사의 흐름 속에 맡겼는지 모른다. 이와 같은 것을 강력히 뒷받침하는 것은 그가 1990년 7월 코카서스에서 콜 서독 총리와의 회담에서 독일통일의 마지막 열쇠를 주면서 "모든 것은 흐른다. 따라서 시간도 흐른다"라고 했던 그리스 철학자 헤라클레이토스(Herakleitos)를 상기시키면서 그동안의 변화를 암시했다. 고르바초프가 1987년 7월 바이체커 대통령과의 대화 때만 해도 독일의 통일을 100년이라는 세월을 두고 길게 보았지만 2년 만에 그 역사적 변화를 본 셈이다.

대외정책에 있어 콜 총리의 브레인 역할을 했고, 직접 막후교섭에 나섰던 호르스트 텔츠치크(Horst Teltschick)는 고르바초프의 대독 정책에서의 변화를 궁지에 몰린 소련이 페레스트로이카 정책의 성공을 위하여는 독일의 분단보다는 독일을 통일시킴으로써 그 대가로 경제적 도움을 받는 것이 더 나을 것으로 판단했다는 것이다.

그동안 소련의 외교정책은 고취자로서의 고르바초프, 설계자로서의 알렉산드르 야코블레프(Alexander Yakovlev), 그리고 집행자로서의 셰바르드나제에 의한 삼두정치라 해도 과언이 아니다. 그들은 모두 주어진 현실의 냉철한 관찰에서 출발했다. 종합적으로 볼 때 신사고를 바탕으로 한 고르바초프의 외교정책의 뿌리는 두 가지 인식에 그 근거를 두고 있다. 하나는 핵 시대에 있어서 초강대국의 전생은 어느 편도 승리할 수 없다는 생각이다. 다른 하나는 세계문제(환경, 원자에너지 및 제3세계 등)는 한 국가, 한 민족 또는 한 정치적 블록에 의한 단독 해결은 불가능하다는 확신이다. 따라서 고르바초프에 의하면 국제적 협력은 인간생존의 문제라는 것이다. 여기에 덧붙이면 페레스트로이카는 엄청난 재정비용이 요구되며, 그것은 오로지 군비축소로부터 연출될 수 있다는 것이다.

셰바르드나제는 언젠가 군비 지출은 소련을 폐허화했다고 말한 바 있다. 그리하여 그는 소련이라는 나라를 구하기 위해서는 증기를 빼지 않으면 안 되는데, 그것은 외적 압력을 감소시키고 서방과는 타협하며, 아프가니스탄에서는 군대를 철수하며, 심지어는 동유럽을 포기하며, 급기야는 독일을 통일시킬 수도 있다는 것이다.

맺음말 : 평화공존과 독일통일

필자는 지금까지 브란트의 동방 정책을 뒷받침한 그의 평화 사상과 고르바초프의 평화적 서방 정책을 뒷받침한 신사고를 간단히 논의해보았다. 필자는 이 두 사람의 평화정책 결과로 나타난 것이 전후 최대의 사건인 유럽에서의 냉전의 종식과 독일의 통일이라 생각한다. 브란트와 고르바초프의 평화 사상을 논하다 보면 그 형식과 내용 면에서 너무나 많은 유사점을 발견한다. 형식 면에서 보면 비록 브란트가 그의 동방 정책에서 최종적인 목표를 독일통일에 두었고 또한 비록 고르바초프가 그의 서방 정책을 통해서 그의 목표를 우선적으로 국내적인 개혁정책의 성공에 둠으로써 국가적 이익 면에서 그 차이점을 보이고 있지만, 두 사람이 모두 「유럽의 평화 질서」와 「유럽 공통의 집」의 일환에서 그들의 목표를 달성하려고 하였다는 점에서 공통점을 나타내고 있다.

유럽평화구상을 위한 내용 면에서도 브란트와 고르바초프는 유사점을 드러내고 있다. 즉 브란트의 공동 안보이론이나 고르바초프의 안보관이나 그 차이점을 발견하기가 어려우며, 국제관계에 있어서 무력 사용과 위협의 포기를 꼭 같이 강조한 점에서도 견해의 일치를 보인다. 브란트가 민족자결권을 부르짖었고, 고르바초프가 체제의 자유로운 선택권을 선호해 어휘상 뉘앙스는 있을는지 모르지만, 내용 면에서는 대동소이하다. 또한 평화공존의 개념 풀이에서도 다른 체제가 존재하지만, 종전과는 달리 선의의 체제경쟁을 하자는 점에서도 두 사람은 같은 의견을 갖고 있다.

그동안 동·서 체제의 경쟁에서 동방 세계는 결국 서방세계에 졌다고 볼 수 있다. 브란트가 동방 정책을 시작하던 1960년대 말 서독에서는 동·서 산업사회가 가진 유사점을 고려해 수렴이론에 관한 논쟁이 활발히 전개된 적이 있다. 당시 수렴이론의 모델로서 다섯 가지가 있었는데, 그것은 첫째, 동방이 계속 「자본주의화」된다는 것이고 둘째, 서방이 계속 「공산화」된다는 것이고 셋째, 동·서가 「그 중간지점에서 만난다」라는 것이고 넷째, 동·서가 부분적으로는 수렴이 되지만 여전히 그 이질성은 존재한다는 것이며 다섯째, 동·서가 수렴이 되지만 그것이 비틀어나가서 전체주의 사회를 형성함으로써 부정적인 수렴이론으로 간주하였다.

이런 수렴이론의 모델로 볼 때 동유럽은 서유럽식의 자본주의사회로 흡수되었다고 볼 수 있다. 브란트는 그의 동방 정책을 실현하면서 늘 동·서의 관계를 어떻게 하면 적대관계에서 평화공존 관계로, 그리고 어떻게 하면 평화공존 관계에서 우호 관계로 유도하느냐에 관심을 두었다. 또한 동·서독 관계에서도 어떻게 하면 적대관계(Gegeneinander)를 병존 관계(Nebeneinander)로, 그리고 어떻게 하면 병존 관계를 공존공영 (Miteinander) 관계로 만드느냐 하는 데 있었다.

유럽에서의 냉전의 종식과 독일의 통일은 결국 그동안 동·서의 선의의 경쟁체제를 통한 평화공존의 결과라 볼 수 있다. 유럽은 1990년 11월 파리에서의 유럽안보협력회의의 최종문서에서 나타난 것처럼 같은 의미로서의 민주주의, 자유, 그리고 인권과 같은 기본가치를 토대로 한 새로운 평화 질서를 구축하였다. 통일된 독일의 콜 총리가 말한 바와 같이 「파리 헌장」은 아마도 모든 종류의 평화공존이론에 종지부를 찍을는지도 모른다.

독일통일에 있어서 교회의 역할[9]

서론 : 국가와 교회와의 관계

독일통일에 있어서 교회의 역할은 동·서독 교회 모두가 같이 노력하였지만, 결정적 역할을 한 것은 동독교회와 그 신도들이다. 왜냐하면 동독교회가 80년대 중반 이후부터 교회 반대 세력들을 위한 보호 장소로 활용하게 했고, 통일의 길을 열어준 평화혁명을 위한 출발점을 마련해 주었기 때문이다.

독일통일에 있어서 동독교회의 역할을 음미하다 보면 「사회주의 내에서의 교회」라는 표어를 발견하게 된다. 동독의 사회주의통일당 독재체제의 교회와 국가와의 관계에 대하여 위와 같이 흥미 있고 지능적인 표어를 쓴 것은 우리에게 관심의 대상이 되고, 독일통일에 있어서 교회의 역할이 무엇인지를 인식하는 데 많은 도움을 준다.

유럽 역사상 교회와 국가와의 관계는 기원후 3세기 콘스탄틴 대제의 그동안 교회에 대한 핍박이 아닌 관용의 정치 이후로 교회와 국가 간의 일치를 이루기도 하고 분리되기도 하였을 뿐만 아니라 때에 따라서는 종교가 세계적 권력을 지배하기도 하지만 중세 후기 토마스 폰 아퀴노(Thomas Aquinas), 단테(Dante Alighieri)와 같은 뜻있는 사람들의 노력으로 교회와 국가 간의 균형을 이루는 것이기도 했다. 근대의 헌법 국가는 법률상 신앙의 자유를 부여하였지

9 이영기. "독일통일에 있어서 교회의 역할". *기독교학술원 포럼*, vol.4, 2002, 64-83.

만, 여러 형태로 나타난 독재국가에 있어서는 교회와 국가 간의 갈등이 항상 산재했다. 그 극치를 이룬 것이 나치독일의 경우이다.

제2차 대전 후 독일은 동 · 서 냉전의 부산물로 분단되었다. 이교도적 이데올로기와 인간 경시의 나치 독재로부터 새로 태어난 서독은 교회와 국가와의 관계를 하나의 파트너십으로 보았다. 종교의 자유는 기본법에 의한 기본권으로 인정됐다. 그것은 무엇보다도 교회 사항에 관한 한 자결권, 공법상의 단체로서의 법적 지위. 일요일 보호, 예배의 자유 그리고 연방군에서 교목 활동의 자유를 보장받은 것이다. 교회와 국가 간의 상호독립과 자율성은 양자에 의하여 강조됐다. 그러나 양자 모두가 국민의 공동의 안녕을 위하는 이상 상호 간의 파트너 적인 협조가 요청되었다.

자유민주주의 국가로 새로이 출발한 서독과는 달리 동독은 1945년 이후 새로운 형태의 공산주의 독재체제로 돌입함으로써 이전의 나치 독재체제와 더불어 반세기 이상을 국민을 억압하는 국가로 전락했다. 사회주의통일당 독재정권은 헌법상 종교의 자유를 부여했음에도 불구하고 40년의 분단 기간 동안 교회로 하여금 공공 생활 형성의 영향을 줄 가능성을 주지 않았다. 동독 기독교인들은 2등급의 시민으로 간주하였다.

동독교회는 국가와의 관계에서 무신론, 국가의 성년 예식 그리고 악명이 높았던 「슈타지」(국가안전부)와의 끊임없는 갈등 관계에 있었다. 「사회주의 내에서의 교회」 형식은 그 개념의 모호성에도 불구하고 마치 집에서의 방이 보다 큰 한 단위의 구성 부분인 것과 같이 사회주의의 한 구성 부분임을 말하는 것이었다. 국가와 당은 교회를 사회주의 통합의 형식으로 이해했다. 동독 개신교연합(Bund Evangelischer Kirche in der DDR; BEK)은 1973년 종교 회의 결의에서 "우리는 사회주의 옆에 있는 것도 아니고, 사회주의를 반대하는 것도 아니고, 오로지 사회주의 안에 있다"라고 하였다. 1978년 3월 6일 국가와 교회 간의 협정이 호네커 총서기와 교회지도자 간에 이루어졌다. 그 요지는 국가가 정교의 명확한 분리에 따라 종교의 자유를 보장하는 대신에 교회는 사회주의 사회 내에서 신앙의 자유 속에서 만민과 국가 전체를 돕기 위해 최선을 다할 것을 다짐하는 것이었다.

그러나 이와 같은 동독 정권의 교회 정책은 이중적 전략으로서 하나는 교회를 사회주의 내에 묶어둠으로써 사회주의 체제의 안정화에 이바지하는 것이고 다른 하나는 장기적 안목에서 동독 사회에서의 비기독교화 정책을 그 목표로 삼았다. 그러나 동독 정권의 이중전략은 1980년대의 민주주의, 인권 및 환경보호와 같은 새로운 가치관의 도전에 직면하여 실패하고 말았다.

40년에 걸친 독일분단의 극복과 통일에 있어 교회의 역할을 논함에 있어 필자는 우선 독일의 분단에도 불구하고 어떻게 통일된 독일 개신교(Evangelische Kirche in Deutschland; EKD)가 존재할 수 있었으며, 그 후 이것이 어떤 이유로 상호분리되고, 또한 동 · 서 교회의 분리에도 불구하고 어떤 과정을 통해 상호 종교 교류가 가능했는지를 알아보고자 한다. 또한 동 · 서독 교회의 독일통일 문제에 대한 입장은 무엇이며, 어떻게 하여 동독교회와 반체제 세력과의 관계가 형성되었고, 저항운동으로 이어졌는지 관찰하고자 하며, 동독의 평화혁명은 무엇이고, 이로 인한 교회와 독일통일과의 관계는 어떠하며, 그리고 마지막으로 독일통일에 있어 교회의 역할이 갖는 의미가 무엇인지 음미해보고자 한다.

분단된 독일에서 통일된 독일 개신교(EKD)

1949년 가을 독일에서는 두 국가가 형성됨으로써 동 · 서독은 완전히 분단되었다. 이 분단은 과거 역사 속에서 나타난 단순한 영토적 분단이 아닌, 도저히 화합이 힘든 상이한 체제 위에 이루어졌다는 사실이다. 이와 같은 상황에서도 유일하게 분리되지 않은 것이 있으니, 그것은 1945년 헤센 지방의 트라이자

(Treysa)에서 설립된 독일개신교이다.

이 개신교는 1969년 동독의 독자적인 동독 개신교 연합이 설립될 때까지 24년간 하나의 통일 된 기구로 동 · 서독 간의 긴장 관계 속에서도 존립했다.

전후 동독에는 루터의 종교개혁의 영향으로 인구 1,640만 명 중 1,400만의 개신교 신도가 있었고 개신교가 독일통일에서도 주도적 역할을 해왔기 때문에 본 논문에서는 개신교를 중심으로 다루겠다.

전후 독일개신교는 나치 시절의 비기독교적 이데올로기, 교회분열, 비합법성 그리고 유대인 박해에 대한 무저항 등의 경험을 교훈 삼아 완전히 새로운 교회의 구축을 바랐다.

1945년 8월 트라이자에서의 교회 지도자 회의와 1948년 7월 아이제나흐(Eisenach)의 교회 회의에 의한 독일개신교의 설립목적은 두 가지로 그 하나는 나치주의에 의한 기독교 복음의 이데올로기적 날조에 대한 교회 투쟁의 유산을 앞으로도 확보하는 것이고, 다른 하나는 전승국의 기대에 맞게 독일 국민을 위한 사회적 기능으로서 독일의 민주적 혁신을 도모한다는 것이었다.

그러나 독일의 두 국가 형성에서 나타났듯이 서독은 자유민주주의 체제의 확립과 그 발전으로 세계에서 보기 드문 모범적인 민주주의 국가가 되었지만 동독은 처음부터 소련식의 전체주의 체제를 모방함으로써 동독 주민들의 반대에 부딪히게 되었다. 그 대표적인 예가 1953년 베를린 봉기이다. 독일에서 잘 알려진 오토 디벨리우스(Otto Dibelius) 감독은 동독 정권은 나치 정권을 연상케 하는 전체주의 국가이며 타락하고 부패한 정권이라고 비난하며 기독교인들의 국가에 대한 협조의무를 부인했다.

이에 대하여 동독 정권은 디벨리우스를 선두로 하는 반대 세력들을 공공연히 아데나워가 이끄는 서독의 군국주의, 복수주의 및 과격한 애국주의의 토대 위에 서 있는 자들이라고 전제하고, 그들은 그들의 범죄적 목적을 달성하기 위하여 교회를 제국주의 세력의 가장 강력한 법적 위치로 이용하였다고 강렬히 비난하였다. 그리하여 동독 정권에 의한 교회 정책의 목적은 교회지원 세력을 대중으로부터 고립시키는 것이었고, 그 반대로 교회 예식에 의한 성년식을 하는 자들에게는 학교 진학 과정에서 불이익을 의도적으로 주는가 하면 교회 밖에서의 교회 행사(교회의 날, 야외예배 등)는 동독교회 정책에 어긋나지 않는 조건에서만 허용했다.

또한 동독 정권은 독일개신교를 제국주의적 적대계급의 종교적 돌격대로 간주했고, 특히 1957년 아데나워 서독 정부가 독일개신교와 서독 연방군 내에서의 교목 활동에 관한 계약을 체결했을 때 이것을 적대적인 NATO 군사동맹의 파트너로 규정, 독일개신교를 「NATO-교회」라고 선전하기에 이르렀다.

동·서독 간의 긴장과 분단에도 불구하고 독일개신교는 1961년 베를린장벽이 구축될 때까지 조직적인 결합을 했으며 1968년 새로 제정된 동독 헌법과 그것을 바탕으로 한 동독 자체의 동독 개신교 연합이 1969년 설립될 때까지 법적인 통일을 유지해 왔다. 20년 이상에 걸친 독일개신교의 활동에는 디아코니아(diakonia)를 통한 봉사활동 전통적인 교회의 청년 활동 그리고 무엇보다도 평화를 위한 노력이 있었는데, 이러한 활동들은 훗날 통일을 위한 도움이 되었다.

분단된 독일에서 하나의 통일된 독일개신교가 20년 이상을 유지해 왔다는 사실만으로도 놀라울 만하며 이것은 독일개신교와 전 독일에서의 독자적인 기능을 유일하게 발휘할 수 있었던 유일무이의 조직체였다는 점에서 교회의 역할과 관련하여 높이 평가된다.

동독의 반통일 정책과 동·서독교회의 분리

독일의 통일은 40년간의 분단을 극복하고 1990년 10월 3일 정식으로 통일됐다. 동독의 통일정책은 크게 3가지로 분류된다. 첫 번째, 1민족 · 1국가설이고, 두 번째는 1민족 · 2국가설이고 세 번째는 2민족 · 2국가설이다.

1민족 · 1국가설은 초창기의 통일정책으로 소련의 팽창정책 뒷받침을 얻은 동독이 툭하면 독일인들도 스스로 한자리에 모여 통일논의를 하자고 적극적인 공세를 취하던 시절이다. 물론, 이것은 동독의 사회주의식 통일이다. 1민족 · 2국가설은 공존을 뜻한다. 1955년 소련공산당 총서기 흐루쇼프가 처음 발설한 것으로서 동 · 서독 국가의 공존을 뜻한다. 이것은 소련의 팽창정책에서 한 발짝 물러남으로써 최소한도 두 나라의 현상을 유지하자는 것이다. 동독의 국가연합이나, 베를린장벽의 구축은 이러한 이해관계에서 나온 것이다. 2민족 · 2국가설은 동독이 서독과의 체제경쟁에서 완전히 승리할 수 없는 상황에서 최소한 동독을 지키기 위해서는 반통일 정책으로 동 · 서독이 상호간의 외국으로 갈라서자는 것이다.

이와 같은 동독의 통일정책은 세 번에 걸쳐 제정된 헌법의 통일조항에서도 잘 나타나고 있다. 1949년 헌법 제1조에서는 "한 독일만이 있을 뿐이다"라고 기재하고 1908년 헌법 제1조에서는 "동독은 독일 민족의 한 사회주의 국가이다"라고 표시함으로써 서독식의 자본주의 국가와 구별한다는 점을 분명히 했다. 즉 독일에는 사회주의 국가와 자본주의 국가의 두 국가가 형성됐다는 것이다. 그런데 1974년 헌법 제1조에서는 "동독은 노동자 · 농민의 한 사회주의 국가이다"라고 함으로써 기존의 독일 민족이라는 말을 완전히 삭제했다. 이것은 동 · 서독 국가는 완전히 서로 다른 외국이라는 뜻이다. 1971년 집권한 동독의 호네커는 입버릇처럼 자주 동 · 서독 간의 관계는 마치 기름과 물 같아서 도저히 결합할 수 없는 것으로 간주했으며 그래도 독일통일을 말한다면 동독식의 사회주의 토대 위에서만 가능하다고 했다.

그러면 서독의 통일정책은 어떠했는가? 독일의 통일은 아테나워, 브란트 그리고 콜의 합작품이다. 아데나워는 통일의 기반을 닦았다. 그는 서방 정책에 있어서 미국을 위시한 서방과의 돈독한 관계를 유지했는데 그 결과로 나타난 것이 서유럽공동체와 NATO를 통한 안보의 확립이다. 대내적으로는 민주주의의 실현과 시장경제를 통한 경제발전을 도모했다. 아데나워는 서독이 정치, 경제, 사회 그리고 안보 면에서 동독을 능가하면 통일은 저절로 온다고 확신하고 힘의 정치를 구현하였다.

1969년 집권한 브란트는 아데나워의 기반을 토대로 동방 정책을 추진했다. 그것은 소련을 위시한 동유럽과의 관계를 정상화함으로써 전쟁을 방지하고 군축, 경제적 협력 그리고 인권의 존중과 인적 교류를 통하여 유럽의 평화 질서를 만들어 그 속에서 독일인들도 자결권을 통하여 평화적 통일을 이룩한다는 것이었다.

1983년에 정권한 콜은 브란트의 동방 정책을 이어받았다. 그러나 그는 자유를 통일정책의 핵심으로 삼고 철저한 상호주의 원칙을 고수했다. 즉, 동독에 경제적 지원을 하는 대신 그 대가로 활발한 인적교류를 이루어냈다. 브란트 시절의 인적 교류가 서독인들의 동독방문이었다면, 콜의 경우는 특히 동독인들의 서독방문을 가능하게 하였다. 동독인들의 더욱 많은 서독으로의 방문은 동독인들이 동 · 서독 체제를 몸소 체험으로 비교하게 함으로써 그들이 못살고 은폐된 생활을 하고 있음을 깨닫게 하였다.

위에서 살펴본 동 · 서독의 통일정책을 비교하자면 서독이 통일정책에서 공세적 입장인 데 반해 동독은 수세적 입장에서 반통일 정책을 시도했다고 할 수 있다.

동독의 서독과의 분리 정책은 동 · 서독교회의 분열을 가져왔다. 동독 개신교 연합의 설립에 찬반론이 있었지만 사회주의통일당 독재의 압력하에 강행됐다. 동독 정권은 동독의 교회를 통일된 독일개신교로부터 분리함으로써 그동안 늘 의심해 왔던 제국주의 세력의 동독교회 남용 대상을 제거할 수 있었고 또한 동독 정권은 교회를 대중조직단체처럼 지배할 수 있게 되었다.

동독 정권은 위와 같이 비록 동·서독 교회의 분리를 강행토록 하였지만 동독 개신교 연합의 기본규정 제4조4항에 따른 동·서독 교회 간의 파트너십의 관계는 그대로 유지토록 하였다.

동·서독교회 간의 교류와 통일문제

동·서독 교회 간의 교류는 1969년 동·서독 교회 간의 공식적인 분리에도 불구하고 지속됐다. 한 분단된 국가에서의 독일인들의 소속감을 특별히 가져다준 것은 동·서독 교회 간의 자매결연이었다. 그 수는 정확히 알려지지 않았지만 이것은 동·서독 간의 총괄적인 접촉망을 위한 순수한 기초적 기반을 닦았다는 점에서 여타 조직체보다 그 의미가 더 크다. 자매결연은 상이한 사회체제에도 불구하고 신앙 문제와 그리스도인의 역할에 관한 공동의 대화를 할 수 있는 계기를 마련해 주었다는 점에서 더욱 값있는 일이었다. 교회 간의 자매결연은 그 발전과정에서 교회 안에서의 인적 교류만이 아닌 교회의 공간을 뛰어넘어 많은 인간적 관계를 갖게 하였다.

동·서독 교회 간의 일치를 가져다준 것은 또한 「교회의 날」행사였다. 서독에서 개최되는 「교회의 날」에는 비록 그 수는 적지만 동독의 교회 대표들이 참석하였고 거꾸로 동독에서의 유사한 교회 행사에는 서독의 교회 대표들이 참석하였는데 특히 서독의 저명한 정치인들의 참여는 동독 사회에 영향을 주기에 충분했다. 동독에서는 1983년 루터 500주년 탄생기념 행사를 거행했다. 그것이 비록 루터의 유산을 정책적 및 국제적으로 도구화하려고 하였더라도 동·서독 기독교인들이 한자리에 모여 대화를 나눌 수 있다는 점에서 독일 전체적 사건으로 기억된다.

동·서독 교회 간의 교류에서 괄목할만한 것은 동독교회의 사회 봉사활동이다. 이것은 서독 개신교의 디아코니아와 가톨릭교의 카리타스(Caritas)의 재정적 지원으로 이루어졌다.

그 내용을 보면 개신교가 운영하는 병원 수는 48개이고, 가톨릭교회의 경우는 32개에 달했다. 이것은 동독 전체 병원의 7%에 해당한다. 이외에도 개신교는 330개의 구호원, 89개의 장애인 보호원, 326개의 탁아소 등을 경영했고 가톨릭교회는 39개의 탁아소, 17개의 장애인 보호원 그리고 140개의 유치원 등을 운영했다. 이 봉사활동에서 종사한 인원은 개신교가 16,500명, 가톨릭의 경우가 10,200명으로 도합 26,700명에 다다른다.

독일통일 전 1980년대 초를 기준으로 기독교적 후생시설은 재활원의 경우 동독 전체의 47%, 병원의 경우 7% 그리고 양로원 및 구호원의 경우 7.5%를 각각 차지하여 교회가 사회 봉사활동 분야에서 동독 전체의 10%를 차지한 셈이 된다.

동독교회에 의하여 운영되는 각종 후생시설은 동독 주민의 강한 환영의 대상이 되었다. 왜냐하면 서독교회의 지원으로 이루어진 시설은 대체로 동독국가에 의한 시설보다 월등히 나았기 때문이다. 그리하여 동독당국은 필요에 의하여 일면 교회의 봉사활동을 지지하면서도, 일면으로는 서독 체제의 감염 위험성에 따른 통제도 소홀히 하지 않았다.

그러면 서독교회의 동독교회로의 재정적 지원은 어떠했는가? 그 내역을 보면 개신교는 교회의 사회 봉사활동비로 1957년에서 1990년까지 14억 마르크를 지불했고, 특별히 건축비로 7억 마르크를 별도로 지불했다. 가톨릭교회는 1966년에서 1989년까지 6억3천 마르크를 지불했다.

자매결연을 위한 지원으로는 개신교가 18억 마르크를 지불하고 그 이외에도 인건비, 의약품, 건축자재, 섬유류, 기술 소비품 등을 위하여도 많은 금액을 지불해 총체적으로 개신교가 1957년에서 1990년까지 지불한 총액수는 85억 마르크에 달한다.

동·서독 관계에서 서독 개신교의 중재적 역할로 이루어진 활동으로 동독 정치범의 사건이 있다. 서독 정부는 인도적 차원에서 동독의 정치범을 사들이는 것으로서 그 중재적 역할을 개신교에게 일임하였다. 개신교는 그 중재적 활동으로 1964년에서 1989년까지 33,000명의 정치범을 34억 마르크를 지불하여 석방하고 그 가족 250,000명을 서독으로 이주시켰다. 이와 같은 인신 판매에서 동독 정권이 노린 것은 정치적 폭발물과 같은 정치범을 제거함으로써 동독 체제의 안정화에 이바지하자는 것이었고 이것을 통해 재정을 확보할 수 있다는 이중 책략에 기인했던 것이다. 여기에서 개신교의 디아코니아 복지 단체는 오로지 인도적 입장에서 서독 정부를 도왔던 것이지 일체의 정치적 행위는 없었다. 금전지불은 서독 정부가 했으며, 정치범 명단작성에도 교회는 일절 개입하지 않았다.

동·서독 교회 간의 교류에서도 모든 관계가 그러하듯이 늘 의견의 일치를 보인 것은 아니다. 특히 예민한 정치문제와 관련될 때는 긴장감도 감돌았다. 그 예를 들면 서독 개신교가 일반적으로 동독의 독재체제에 대한 강력한 비판을 한 데 반하여 동독 개신교와 서독의 기독교 좌파 세력은 그것을 해롭지 않은 것으로 받아들인다든지, 또는 동독의 「사회주의 내에서의 교회」에 관해서도 동독 개신교의 지도층은 현실에 순응한 데 비해 같은 동독 출신의 신학교수인 리하르트 슈뢰더(Richard Schröder)는 「사회주의 내에서의 교회」의 참뜻이 무엇인지를 의심했고 또 다른 튀링겐(Thüringen)주의 베르너 라이히(Werner Leich) 감독은 공공연히 그 참뜻이 내용적으로는 설명되지 않았다고 반박하였다.

동·서독 교회 간의 교류는 때에 따라서는 서로 간에 불일치와 심지어는 긴장 관계도 있었지만 대체로 그들의 지속적인 상호교류와 대화가 결국 독일 통일에 이바지하였다는 점에서는 공감한다.

그러면 분단된 독일에서의 동·서독 교회와 독일통일과의 관계는 어떠하였는가를 알아본다. 미하엘 벨커(Michael Welker) 조직신학 교수는 1994년 사회주의통일당 독재체제의 청산을 위한 한 청문회에서 이 문제에 관하여 잘 설명하였다. 그는 우선 동·서독 교회는 40년간의 분단 상황에서 그들의 독자적인 통일구상은 없었다고 본다. 왜냐하면 그것은 정치의 순수한 과업으로 보았기 때문이다. 그러나 그는 그때그때의 시대적 상황에 따라 통일에 관한 입장을 천명했다고 보고 그것을 다음 4가지로 설명한다.

첫째, 1961년 베를린장벽 구축까지의 기간으로 독일 민족의 정치적 통일을 원하는 시기이다. 이웃과의 평화와 독일 자체의 평화구축을 위해서는 독일은 완전한 국가적 통일이 필요하다는 것이다. 따라서 교회는 서독의 일방적 블록 가입, 재무장 또는 NATO로의 통합을 대체로 반대했다고 한다.

둘째, 1961년에서 1979, 1980년의 기간으로서 베를린장벽의 구축으로 인한 독일통일의 가능성이 희박해짐에 따라 우선 평화유지가 통일보다 중요하게 여겨졌으며, 따라서 분단의 아픔을 점진적으로 긴장 완화와 인적접촉의 가능성을 통하여 완화한다는 것이다. 동·서독 관계의 정상화와 동유럽국가와의 화해가 목표였다. 그리하여 독일개신교는 브란트의 동방 정책의 핵심인 「접촉을 통한 변화」정책을 환영했다.

다른 한편 개신교 동독연합은 안으로는 강력한 독일 분리 정책을 강행하고 밖으로는 긴장 완화정책을 표방하는 호네커의 이중전략을 반가워하지 않았고 그래서 서독교회와의 지속적인 교류를 원했다. 동독 개신교 연합은 동독에서 거부와 적응 사이의 어려운 균형감각을 갖고 조직적 및 법적 독자성을 유지하면서 동독 사회주의 사회로의 편입을 감수하여야만 했다.

셋째, 동·서 간의 군비경쟁이 다시 시작되던 80년대 초에서 베를린장벽의 붕괴 시까지의 기간으로 동·서독 교회는 통일보다 전 유럽적 통합과정에서의 동·서 간의 안보 파트너십과 군축 정책을 옹호했다. 1979년과 1985년 2회에 걸친 동·서독 교회의 공동성명은 이것을 위한 본보기였다. 이 시기에는 동·

서독 간의 공동안보의 이해관계로 체제의 대결보다는 평화, 정의, 자연보전, 남북문제 등이 거론됐으며 특히, 동독에서의 정의 문제가 비판적으로 취급되었다.

넷째, 동독의 종말을 가져온 시기로서 평화혁명에 의하여 이룩된 새로운 동독을 자유 시민의 사회적, 생태적 및 민주적 사회로 건설하려고 하였지만 대다수 동독 주민들은 빠른 통일을 원했기 때문에 결국 그것이 좌절됐다는 것이다.

필자는 지금까지 동 · 서독 교회 간의 교류와 동 · 서독 교회의 통일에 대한 입장을 간단히 설명했다. 이제 독일통일에 있어 교회의 역할이 어떻게 본격적으로 전개되었는지 구체적으로 논할까 한다.

동독에 있어서의 교회와 반대 세력

마르크스, 레닌주의에 의하면 공산주의 사회에는 반대 세력이 존재하지 않는다고 본다. 왜냐하면 그 사회는 하나의 사회주의 국가로서 반대계급이 없다고 보기 때문이다. 동독도 마찬가지다.

그러나 동독 역사는 늘 사회주의통일당 독재에 대한 거절, 반대, 저항의 역사로 점철되었다. 그것은 동독인들이 서독으로 피난 또는 이주한 숫자에서도 잘 나타나고 있다. 즉 1949년 10월 동독의 설립에서 1989년 11월 베를린장벽 붕괴까지 동독 전체 인구 1,640만 중에서 350만이 동독을 떠났으며, 800명이 경계선에서 목숨을 잃는가 하면 80만 명은 도주의 노력에서 실패하였다. 이와 같은 동독인들의 탈출은 사회주의통일당 독재의 불정당화 및 불안정화에 결정적 이바지한 셈이다.

동독교회는 전후 1945, 1946년의 부당한 토지개혁에 항의했고 동독설립 이후 1952, 1953년의 기독교 청년에 대한 억압과 1959, 1960년의 강제적인 농업의 협동화에 대하여 강력한 반대 입장을 표시했다.

그러나 1961년 베를린장벽구축 이후 동독은 체제의 안정화를 찾음에 따라 교회의 반항 기회는 축소되었다. 70년대의 동 · 서 긴장 완화 시대에 접어들면서 동독에서는 새로운 반대 세력의 움직임이 싹트고 발전하기 시작하였다.

1975년의 헬싱키 의정서, 1976년 오스카 브루세비츠(Oskar Brüsewitz) 목사의 분신자살, 가수 볼프 비어만(Wolf Biermann)의 국적 박탈, 1977년 라이너 쿤즈(Reiner Kunze) 시인의 문인협회에서의 축출, 1978년 학교 교과목으로의 군사학의 도입, 1979년 소련의 아프가니스탄 침공 그리고 1980년의 폴란드 자유노조 형성 등은 동독의 반대 세력에게 정치적 윤곽을 드러나게 하는 데 본질적으로 이바지하였다.

늘 반대 세력을 감시해오던 국가안전부의 추산에 의하면 1988년 6월 160개의 그룹이 있으며 그중 150개의 그룹은 교회의 그룹으로 보고 있다. 그러나 그 당시 상황을 잘 아는 전문가들에 의하면 80년대 전국적으로 활동했던 반대 세력의 그룹 수는 전체 약 300개로 추산하였다.

평화, 환경 보호 그리고 정의와 같은 큰 주제들은 동독 주민들에게 점진적으로 공동의 행동을 위한 단합의 장을 마련해 주었다. 1987년 올로프 팔메 평화행진은 국제적으로 새로운 관심의 대상이 되었고, 1985년 고르바초프의 등장은 동독에서의 새로운 자유의 바람을 일으켰다. 교회 지도층은 두 가지 방법으로 이 새로운 발전에 대처하였다. 하나는 교회의 일환에서 활동하는 그룹이 일정한 규율을 지키도록 노력하였으며, 다른 한편 이 그룹의 존재를 신학상 적극적으로 수용하기 위한 많은 노력을 기울였다.

80년대의 각종 사회운동(평화, 인권, 환경 보호, 민주주의, 여성 등)을 통한 반대 세력들이 형성되는 가운데 1987년 동베를린에서는 대대적인 「교회의 날」 행사가 열렸다. 이 행사는 1961년 이후 처음 동독의 수도에서 개최된 것으로 「밑으로부터의 교회의 날」로 기념된 사건이었다. 왜냐하면 이 행사는 교회의 자주적이고, 독자적인 책임하에 이루어졌으며, 그 표어도 "내가 너희와 함께 있으리라"(요한계시록 21 : 3)로 할 정도로 국가에 도전적이었기 때문이다. 이 행사에는 전적으로 다른 이해관계를 가진 많은 그룹의 집합체로 이루어진 사건이었다. 이와 같은 독립된 그룹들의 다양성에서 대표적인 반대그룹을 선정한다면 환경 보호, 평화 그리고 민주주의를 위한 그룹으로 그들의 활동 상황을 알아본다.

첫째, 환경 보호의 문제로서 동독에서는 이 문제를 다루는 것 자체가 터부시되었다. 동독은 효과적인 환경 보호를 위한 기술적 및 재정적 뒷받침이 없는 상태였다. 이와 같은 상황에서 생겨난 것이 「방주」 단체의 형성이며, 전체 300명의 회원을 가진 20개의 그룹으로 이루어졌다. 이 환경단체의 목적은 개신교의 일환에서 단체와 국가 간의 조정을 꾀하려는 것으로서, 그것은 환경과 관련된 사항을 비밀에 부치는 국가의 환경 정책에 대한 명확한 비판을 하는 것이고, 그러나 다른 한편으로는 국가기관과의 지속적인 협조를 통한 개선책을 마련하는 것이었다.

둘째는 평화의 문제로서 그것의 해결을 심도 있게 모색하는 의미에서 「구체적 평화」 단체를 형성했다. 평화의 주제는 일시적인 문제가 아니고 지속적인 것으로서 독일의 폐쇄된 사회를 여는 의미에서 수차례에 걸친 세미나 형식으로 진행됐다.

제1차 세미나는 1983년 베를린에서 열렸는데 37개의 평화 그룹에서 130명이 참석했다. 여기서는 평화와 관련하여 국가와의 갈등을 어떻게 해소할 것인가가 주요 논쟁이었고 이 세미나를 통하여 전국적 규모의 독립된 평화운동을 할 수 있는 출발점을 마련했다.

1986년 제4차 세미나에는 120개의 기초그룹에서 200명이 참석했다. 여기에서는 평화운동의 정치화가 반영되어 동독에서의 인권 문제, 학교에서의 기독교 아동 또는 외국인과 같은 소수인의 보호 문제 그리고 나아가서는 동독 사회의 구제 문제 등을 취급할 필요성을 공감했다.

제5차 세미나는 라이프치히(Leipzig)에서 열렸고 그 주제는 「세계적으로 생각하며 같이 나가자」였으며, 약 200개 그룹의 대표들이 참석했다. 여기에서 에어푸르트(Erfurt)의 하이노 팔케(Heino Falcke) 감독은 사회주의에 대한 원천적 반대는 하지 않았지만 사회주의 개선, 침략적 군사구조의 축소, 더 많은 공개성 그리고 원자에너지에 관한 공개토론을 위한 「신사고」를 촉구했다. 이 세미나의 최종 결의에서는 더 많은 민주주의에 대한 요구가 중심적 역할을 했다. 동독 정권은 이것을 「시민권적 요구」 및 「반혁명적 야망」이라고 비난했고 동독 개신교 연합 지도부도 이 결의를 받아들이지 않는 입장이었다.

1988년 코트부스(Cottbus)에서 개최된 제6차 세미나는 동독 정부와 점점 커지는 평화운동 주최 측과의 긴장 관계 속에서 열렸다. 동독 정부는 언론매체를 통하여 이 행사를 「반사회주의 그룹」에 의한 「사회주의 질서의 파괴」를 계획하는 것이라고 공격했다. 이에 대하여 주최 측은 다음과 같이 노골적인 반격을 가했다.

> "우리는 한 독재 속에서 살고 있다. 국가의 강요는 개개인의 사고와 행위 위에서 자행되고 있다. 우리는 우리들의 실패를 미리 방지하기 위하여 우선 우리 내에서의 민주적 사고방식을 발전시키지 않으면 안 된다."

1989년 그라이프스발트(Greifswald)의 평화를 위한 세미나에도 평화 그룹, 환경 보호 그룹, 여성 그룹, 인권 그룹, 반원자력 그룹, 이 지역의 교회지도자 등 200여 명의 대표가 모여들었다. 평화 세미나가 여러 그룹에 의하여 점점 정치화가 됨에 따라 교회는 그만큼 어려운 처지에 놓이게 되었다. 따라서 각 그룹과 그 회원들은 앞으로 어떻게 할 것인가라는 결정을 해야 할 지경에 이른 것이다. 즉 우리는 언제 교회의 「보호」에서 벗어날 수 있을 것인가? 우리는 앞으로 어디에서 내용 면에나 조직 면에 서 우리의 위치를 발견할 수 있을 것인가? 이제 어떤 정치적 연합이 요구되는가? 등에 관한 결정이다.

셋째 「연대교회 활동」으로서 1986년 전국적으로 많은 기초그룹에서 형성된 교회 활동 단체이다. 약 300명에 달하는 이 교회 단체는 개신교의 한 부분으로서 교회 안에서의 더 많은 「민주주의와 투명성」을 옹호하였고, 「국가에로의 지나치게 가까운 교회 직책자들에 대한 반대」의 입장을 취하는 것으로 이해됐다. 이 연대교회의 목적은 「해방과 민주주의」, 「인권의 실현」, 「사회의 환경 보호화」 그리고 「새로운 생활 태도의 추구」였다. 이 교회 단체는 1989년까지 모든 반대 활동에 참여하였고, 때에 따라서는 지도적 역할을 하였다. 1989년 5월 지방선거를 감시하는가 하면 또한 같은 해에 일어난 중국의 천안문 사건을 신랄하게 비판했다. 동독의 일체성을 더 이상 발견할 수 없다고 본 기독교 단체의 회원들은 1989년 가을 신정당이나 시민운동에 참여했다.

위에서 설명한 「교회의 날」과 병행하여 발전한 정의, 평화 및 자연의 보호를 위한 종교 회의는 교회와 각종 사회운동과의 관계에서 빠질 수 없는 획기적인 사건이다. 1983년부터 1989년 5월까지의 동안 3회에 걸친 종교 회의에는 개신교, 가톨릭교회 그리고 많은 자유 교회들이 참여하였다. 이 회의를 위한 준비과정에서 많은 제안이 쏟아졌는데 그것은 대체로 동독에서 나타난 사실대로의 사회주의 현실분석과 사회주의의 개혁에 관한 논의였다. 이것은 사실상 정치적 참여를 뜻하며, 많은 다른 반대 세력의 활동이 교회의 영역을 초월한 광범위한 결속하는 계기가 되었다. 수천 명 이상이 처음 동독에 대한 비판적 논의에 공공연히 참석할 수 있었다는 것은 놀라운 사실이며, 특히 1989년 제3차 회의가 2/3의 다수로 「동독에서의 더 많은 정의, 우리들의 과제, 우리들의 기대」에 관한 결의안을 통과시켰을 때 이것은 이미 동독 정권의 와해가 시작됐음을 알린 셈이다.

이상에서 설명한 것과 같이 80년대 초의 반대운동은 우선은 체제 내적인 반대운동으로 사회적 변두리에 머물렀지만, 국내외적, 시대적 변화에 따라 80년대 중반부터는 반대 세력들의 결집이 증폭되어 반대운동의 정치화가 이루어졌고 이것은 곧 저항 세력으로 확대되었다.

교회와 독일통일

브란트 동방 정책의 설계자였던 에곤 바는 독일통일은 고르바초프가 가능케 했고, 통일의 결정은 동독 주민들이 하였으며 통일의 성취는 콜이 통일의 대내외적 조건을 적절하게 조정한 결과라고 하였다.

이 3가지가 다 중요한 상호작용 역할을 하였지만 그중에서도 동독 주민들의 평화적 혁명이야말로 통일의 길을 결정적으로 열어주었다. 그러면 1989년 가을 평화혁명과 그 후 이어지는 통일과정에서 교회의 역할은 어떠하였는가?

교회는 반대 세력의 중심지 그리고 결정체로서 역사적인 역할을 하였다. 전국적으로 퍼져있는 교회에서의 평화 기도는 교회 지도층의 많은 유보에도 불구하고 공공연한 저항의 생식세포가 되었다. 또한 교회 안에서의 「비폭력」을 위한 훈련은 동독 독재정권의 몰락에 결정적 역할을 하였다. 호네커가 몰락 후 한 회고에서 교회가 정당의 「당사」가 되었다고 술회할 정도이다.

교회가 1989년 가을 주도적 역할을 할 수 있었던 것은 결코 우연이 아니다. 당시 교회는 동독 사회주의 체제에 결속되지 않은 유일한 사회적 대조직이었다. 그들은 전국적으로 유능한 사역자들을 확보하였고 활동을 위한 제반 시설 조건을 가지고 있었다. 중요한 교회들을 열거해보면 베를린에는 구세주 교회, 겟세마네 교회, 사마리아 교회, 소피엔 교회 등이 있었고, 월요데모(Wir sind das Volk)로 유명한 라이프치히에는 니콜라이 교회가 있다. 드레스덴(Dresden)에는 십자가 교회가 있었고, 로스토크(Rostock)에는 마리엔 교회가 있었다.

1989년 당시 동독에서는 개신교회의 수가 6,200개가 있었고, 4,000명의 성직자와 320만의 신도가 있었다. 가톨릭교회는 약 75만의 교인과 약 1,000명의 성직자를 갖고 있었고, 자유교회에 속한 신도들은 24만 명에 달한 것으로 추산되었다. 이것은 전체 동독 주민의 약 25%를 차지한 셈이다.

교회의 문은 교인이든 비기독교인이든 모두에게 활짝 열려있었고, 교회는 평화기도, 예배 및 토론의 장소가 되었다. 촛불의 상징적 힘은 거리로 나가 저항할 수 있는 용기를 주었다. 「우리는 민중이다」라는 구호를 외침으로써 밑으로부터의 혁명을 시사하였고, 그 후 「우리는 한 민중이다」라는 외침으로 통일의 신호를 주었다. 「비폭력」과 「촛불」 시위 앞에서는 동독 경찰도 그 진압에 있어서 속수무책이었다.

월요데모로 유명해진 라이프치히 시위에는 10월 첫 월요일인 2일에 2만 명, 그다음 월요일에는 7만 명, 셋째 월요일에는 20만 명, 넷째 월요일에는 36만 명 그리고 마지막 월요일인 10월 30일에는 57만 명이 참가하였다.

동독의 반정부시위는 라이프치히에서 드레스덴을 거쳐 전국으로 확산하였다. 결국 11월 4일에 동독 역사상 가장 큰 시위가 동베를린의 알렉산더 광장에서 벌어졌다. 여기에는 100만의 인파가 모여들었고, 그들은 「자유 선거」 그리고 「무제한의 민주주의」를 요구했다. 이날은 저항운동 승리의 날로 기록된다.

이 평화혁명의 결과로 18년간 집권했던 호네커는 10월 18일 모든 공직에서 물러났고, 1961년 구축했던 베를린장벽도 28년 만에 무너진 것이다.

이 장면을 본 서베를린 시장 발터 몸퍼(Walter Momper)는 "독일 민족은 세계에서 가장 행복한 국민"이라고 부르짖었다. 독실한 신자이며, 도덕 정치가로 잘 알려진 바이체커 대통령은 "자유의 물결을 영원히 사람의 힘으로 막을 수는 없다"라고 하면서 동독의 평화적 혁명을 자유의 승리로 풀이했다. 그는 3일 후 서베를린의 한 교회에서 동·서독 베를린 시민들이 가득 찬 가운데서 즉석 설교를 통해 "그리스도께서 우리로 자유롭게 하려고 자유를 주셨으니 그러므로 굳세게 서서 다시는 종의 멍에를 메지 말라(갈 5 : 1)"라는 사도바울의 말을 인용하여 동·서독 주민들의 결속을 촉구했다.

베를린장벽의 붕괴는 동·서독 간의 통일을 위한 열띤 논의를 불러일으켰다. 평화혁명에 참석했던 일반대중은 빠른 통일을 원한 데 반하여, 평화혁명을 지도했던 「신포럼」은 동독의 현실사회주의와 자본주의 간의 중간노선인 제3의 길을 원했다. 또한 많은 동·서독 교회의 지도자들도 빠른 영토적 통일을 반대하는 입장이었다. 동독 개신교 연합의 부회장이었던 만프레트 슈톨페(Manfred Stolpe)는 통일의 개념은 역사적으로 옳지도 않을 뿐만 아니라 평화에 위협적이라고 하였고, 에어푸르트의 하이노 팔케 감독은 개신교 종교회에서 동독 1,600만의 일체성을 파괴하는 것은 위험한 것이며, 따라서 통일과정은 민족 정서의 흐름을 감안하여 서서히 하여야 한다고 하였다. 비텐베르크(Wittenberg)의 프리드리히 쇼를레머(Friedrich Schorlemmer) 목사는 심지어 1989년의 국민운동은 하나의 참된 혁명이라고 볼 수 있지만, 그러나 그것은 결국 매수된 결과가 아니냐고 통일에 대한 비판을 가하였다.

서독 개신교 회장인 마틴 크루제(Martin Kruse) 감독은 통일논의에 대한 자제를 촉구했고, 종교 회의 의장인 위르겐 슈무데(Jurgen Schmude)는 빠른 국가적 통일을 위한 교회의 참여를 반대한다는 입장을 표명했다. 이 밖에 많은 종교 지도자들도 정도의 차이는 있지만 비슷한 태도였다.

그러나 각종 설문조사에서 나타난 사실은 교회의 지도층과는 달리 일반 평신도들은 독일통일을 위한 빠른 속도를 재촉했으며, 비기독교인들보다도 더 강력하게 통일의 의지를 표명했다. 또한 그들은 벌써 통일독일의 시민임을 자처하고, 심지어는 통일 후에도 NATO의 회원국으로 계속 남을 것을 주장했다.

독일통일에 있어서 교회의 역할을 논함에 있어 결코 잊을 수 없는 것은 동독 정권의 몰락 이후 1990년 3월 18일 동독에서의 자유 선거가 벌어질 때까지의 과도기적 업무를 수행하기 위한 「원탁회의」의 설립과 그곳에서의 교회의 중재 · 조정 역할이다. 이 「원탁회의」의 구성은 동독 과도기 내각과 각종 시민 단체 측의 동수로 이루어졌고, 교회가 그 중간적 사회자 역할을 하였다. 비록 짧은 몇 달간의 일이었지만 동독의 청산 문제, 「슈타지」의 해체 문제, 일상생활을 위한 행정개혁 문제 그리고 무엇보다도 신정부 수립을 위한 선거법 제정 문제 등 많은 안건 등을 토의하고, 그 처방을 제시했다.

교회의 중재 · 조정적 역할을 할 수 있었던 것은 교회가 정부, 단체 및 국민에게서 도덕적 신뢰성을 인정받을 수 있었기 때문이다. 교회는 교회대로 이 「원탁회의」에 참여하게 된 것은, 먼저 신학적 이유이다. "최선의 국가를 구하라(렘 29 : 7)"라든가, 평화를 만들 소임(마 5 : 9)을 중재적 역할을 통하여 실천할 수 있다는 데서 비롯됐다. 다음으로는 직접적인 신학적 이유는 아니더라도 당시 긴급한 상황으로 보아 교회의 도움이 요청된다는 것이고, 마지막으로는 교육적 동기로 「원탁회의」를 「민주주의 초등학교」로 산훈련을 할 수 있었다는 이유에서이다.

독일통일은 여러 가지 국내 · 외적 조건에 의하여 이루어졌지만, 결정적인 것은 서독 헌법전문에서 시사하듯 독일인들 스스로가 그들의 자결권을 통하여 독일의 통일과 자유를 쟁취하였다는 점이다. 독일의 국가적 통일은 1969년 분리됐던 동 · 서독 교회의 통일도 자연스럽게 이루어지게 했다.

결론 : 독일통일에 있어서의 교회 역할의 의미

위에서 설명한 것과 같이 독일통일에서의 교회의 역할은 괄목할 만한 것이었다. 서독교회의 지원으로 동독교회의 봉사활동은 동독 정부에게도 높은 인정을 받았으며, 특히 동독인들에게는 환영의 대상이 되었다.

동 · 서독의 40년간의 긴장된 분단 속에서도 자매결연, 「교회의 날」, 종교회의 등을 통한 동 · 서독 교회 간의 지속적인 교류와 접촉은 독일인들의 종속감을 가져다주었고 이것은 결국 독일통일에 이바지한 셈이다. 평화를 위한 책임이 기독교적 신앙과 교회 행위의 중심적 요소라고 생각할 때 동 · 서독 교회는 평화를 위한 지대한 노력을 했다. 베를린장벽구축 이후 통일의 길이 요원할 때는 통일보다는 평화 정착을 주장했다.

1969년 동 · 서독 교회의 분리 이후 동독교회는 독자적인 평화를 위해 노력하였고, 이것은 80년에 들어오면서 민주주의 인권 자연보호를 위한 각종 독립적 반대 세력을 위한 생식세포가 되었다. 평화 자연 및 인권의 보호는 개별적이 아닌 상호관계 속에서 실현될 수 있고 특히 인권 보호의 중시는 평화의 기본전제로 보았다.

평화혁명 때 동독교회는 반대 및 저항 세력의 중심지 및 결정체의 역할을 하였고 이것은 동독의 사회주의통일당의 몰락에 결정적으로 이바지하였다. 그 후 교회 대표자들은 독일통일을 위한 원탁회의에서도 주도적 역할을 했다.

전체적으로 보아 동독의 사회주의통일당 독재는 「사회주의 내에서의 교회」라는 표어 아래 교회를 도구화하면서 동독 사회의 비기독교화 정책을 실현하려고 노력하였지만 결국 교회와의 싸움에서 패배한 셈이다.

독일의 유명한 주간지 「슈피겔」의 발행인 루돌프 아우그슈타인(Rudolf Augstein)이 예수 탄생 2,000년 기념 특집에서 말한 것과 같이 국가와 교회와의 싸움에서 나폴레옹도, 히틀러도 그리고 호네커도 이기지 못하였다고 하였다. 종교를 탄압하는 국가는 결국 망한다는 역사적 교훈이라고 할 수 있다.

동독인의 동독 탈출, 민주혁명 그리고 독일통일[10]

서론 : 사회주의 진영의 와해

동독에서의 민주혁명과 1990년 독일통일은 독일과 유럽에서 뿐만 아니라 전 세계사적 의미에서도 획기적인 사건이다. 그동안 세계 3분의 1을 지배했던 소련제국이 1917년 볼세비키 혁명 후, 74년 만에 그의 종말을 가지고 오리라고는 누구도 예측 못했다. 1985년 소련에서의 고르바초프의 등장은 소련과 동유럽에서의 일대 변화를 가져온 셈이다. 소련의 지속적인 경제적 위기는 1980년대 중반기에 들어오면서 그 치유 방법을 못 찾을 정도로 심각했다. 서방세계와 비교할 때 소련 경제는 비생산적이고, 기술적으로는 후진적이었다. 엄청난 경제적 실책, 미국과의 군비경쟁에서의 뒷걸음, 부패, 지하경제 그리고 조직법 등은 소련 파멸의 위험 지경까지 미치게 됐다. 고르바초프는 이 중대한 위기를 모면하는 조치로 개혁 개방 정책을 선포했다. 경제 및 사회의 급진적인 재조정(Perestroika)과 정치, 경제, 사회 전반적인 문제해결을 위한 자유토론(Glasnost)은 사회주의체제의 강화를 위한 목적과는 달리 소련 몰락에 작용하게 된 것이다.

소련에서 일어난 일련의 사건들은 동유럽국가들에 있어서 개혁 공산주의자들과 저항 세력들을 고무시켰다.

폴란드에서는 꾸준하고 지속적인 저항운동이 전개된다. 1976년 야체크 쿠

---

10 이영기. *동독의 민주혁명과 북한 주민들의 탈북현상*. 명지대 독일 및 유럽연구센터, 북한구원운동, 2007.

론(Jacek Kuron)은 「노동자보호위원회」를 설립했고, 1978년 폴란드 출신으로 요한 바오로 2세(Ioannes Paulus PP. II)가 교황으로 추대되고, 그 후, 그의 폴란드 방문은 새로운 종교적 각성 운동을 불러일으킨다. 레흐 바웬사는 1980년 9월 독립노조를 결성, 지속적인 자유노조 활동을 전개한다. 1989년 2월에서 4월까지의 원탁회의에서 폴란드 공산당은 독립노조의 합법화를 인정했고, 1989년 6월에는 의회 선거가 실시됐다. 동년 8월 가톨릭 언론인 타데우시 마조비에츠키(Tadeusz Mazowiecki)가 동유럽에서는 처음 비공산계 수상이 선출됐다. 1989년 11월 폴란드 공산당중앙위원회는 「프롤레타리아 독재」 및 「프롤레타리아 국제주의」 개념을 삭제하고 의회 민주주의를 국가 형태로 설립할 것을 제의했다. 1990년 12월 7일 Walesa는 대통령으로 선출됐다. 헝가리는 소수 엘리트에 의한 변혁을 단행했다. 고르바초프 등장 이전에 이미 헝가리에서는 개혁 공산주의자들의 노력이 있었다. 예를 들면 가격정책의 세계시장 수준으로의 적응(1980년), 세계 통화 기금 및 세계은행으로의 가입(1982년) 그리고 은행제도의 개혁(1987년) 등, 또한 그로스 카로이(Grósz Károly) 하에서의 조세제도의 개혁과 정치제도의 개방 등이다.

재미있는 사실은 위로부터의 개혁정책과 나란히 밑으로부터의 개혁운동이다. 1987~1988년 이후, 단계적인 개혁을 토대로 기존 정권과 반대 세력 간의 변혁과정이 상호 타협하여 체제변화가 평화적 및 신속하게 실천화되었고, 인권, 집회 결사의 자유 및 언론의 자유 등이 법적으로 보장되었다는 사실이다.

체코에서는 유럽안보협력회의 의정서의 일환에서 바츨라프 하벨(Vaclav Havel)의 77 헌장에 따른 시민권운동이 전개됐다. 1989년 10월 말 이후, 프라하와 브르노에서는 데모가 발생하였고, 1989년 11월 7일에는 정치범의 석방과 공산주의 지배의 종말을 요구하는 시위로까지 고조됐다. 경찰의 강경 진압은 학생 시위로 하여금 대중 저항으로 번졌고, 이것은 결국 기존 정부의 전향을 유도한 셈이다. 11월 19일 체코 공산당중앙위원회는 「대화」를 제안했다. 「부드러운 혁명」은 빠른 정치체제의 변혁에 작용하게 되어, 많은 관찰자는 체코의 혁명은 일종의 국민축제라고 말하였다. 11월 20일과 24일 정치국과 중앙위원회는 각각 물러났고, 1989년 12월 29일 새로 형성된 의회에서 하벨이 만장일치로 당선됐다. 1989년 11월 28일에는 알렉산드르 둡체크(Alexander Dubček)는 의회 의장에 선출됐다.

유럽 현대사 교수인 미하엘 겔러(Michael Gehler)는 1989년 동유럽의 와해 움직임에 관한 논문에서 폴란드의 혁명을 「오래 지속되고 잘 진척되지 않는 혁명」으로, 헝가리의 혁명을 「신속하고, 조용하고, 그리고 타협적인 혁명」으로, 체코의 혁명을 「국가 분리를 수반한 부드러운 혁명」으로, 루마니아의 경우는 「뒤늦은 폭력의 혁명」으로 각각 규정하는가 하면, 동독의 혁명은 「독일통일을 위한 마지막 작업으로의 혁명」으로 평가하였다.

동독으로부터의 대량 탈출

1980년대에 들어오면서 동독인들에게도 가치관의 변화가 일어났고, 특히 1985년 고르바초프의 등장은 동독에서의 새로운 자유의 바람을 일으켰다. 민주주의, 인권 및 환경 보호 같은 가치가 그 의미를 얻게 되고, 많은 독립된 평화, 인권, 여성 및 환경 보호 그룹들이 생성하게 됐다. 80년대 초의 반대운동은 우선은 체제 내적 반대운동으로 사회적 변두리에 머물렀지만, 80년대 중반부터는 국내외적, 시대적 변화에 따라 반대 세력들의 결집이 증폭되어 반대운동의 정치화가 이루어졌고, 이것은 곧 저항 세력으로 확대되었다.

1989년은 동독 민주혁명의 해로 일련의 사건들이 발생했다. 호네커는 1월 베를린장벽을 「반파시스트적 보호 장벽」이라 하면서 유럽을 안정시키고 평화를 확보했다면서, 앞으로도 그 장벽은 50년 내지 100년은 더 존재할 것이라

선언했다. 이것은 많은 동독인에게 동독에서의 장래를 기약할 수 없게 했고, 동독 탈출의 실마리를 제공한 셈이 된다.

5월 7일 실시된 지방선거는 예전과 같이 조작된 부정선거로 인식되자 항의 시위가 일어났고, 6월 4일 중국 천안문사태에 대한 동독 정부의 지지 성명은 동독 국민의 격분을 자아냈다.

5월 2일 동유럽국가 중 어느 나라보다도 서유럽으로의 접근을 강력하게 시도 했던 헝가리는 오스트리아와의 국경선을 서서히 열기 시작했다. 이것은 1945년 이후 처음 「철의 장막」의 원칙이 흔들린 셈이고, 일대 혁명적 사건이라고 볼 수 있다.

이와 같은 일련의 사건의 배경하에서 동독인들의 탈출이 급속히 시작되었고, 여름, 가을로 접어들면서 대량 탈출로 증대됐다. 특히 헝가리 외상 호른 줄러(Horn Gyula)가 1989년 9월 11일 오스트리아와의 국경선을 공식적으로 열자, 수 시간 내에 12,000명의 동독인이 서독으로 이주했다.

1989년 동독인들의 서독으로의 탈출 수는 343,854명에 달하고, 1월에 4,627명으로 시작, 5월, 6월, 7월 각각 만 명 이상으로 증가했고, 8월에는 20,955명, 9월에는 33,255명, 10월에는 57,024명 그리고 베를린장벽이 무너진 11월에는 133,429명으로 증가했다.

동독인들의 서독으로의 탈출로를 보면 8월과 9월에는 헝가리 서쪽 국경선을 이용했고, 9월에서 10월에는 프라하와 바르샤바 주재 서독 대사관을 활용했다. 프라하 대사관에서 있었던 극적인 장면을 소개할까 한다. 대사관에서는 9월 마지막 주에 최소한 3,500명의 많은 동독인이 득실거렸다. 그들의 생활은 이루 말할 수 없을 정도로 어려웠다. 그러나 그들에게도 구원의 날이 찾아왔다. 9월 30일 서독의 외무장관 겐셔가 대사관 발코니 위에 나타났다.

"우리는 오늘 여러분께 전달할 말이 있어 왔습니다. 여러분의 이주…." 라는 말이 떨어지자 이것을 듣고 있던 사람들은 일제히 환호성을 올리며 서로 껴안고 어쩔 줄을 몰랐다. 나도 이 광경을 TV로 보았지만 정말 극적인 장면이었다. 그 동독인들은 그 후 폴란드에서 그리고 프라하에서 특별 열차로 동독 땅을 통과하며 서독으로 갔다. 그들이 동독을 통과할 때 많은 젊은 사람들이 목숨을 걸고 달리는 열차를 잡아타기도 하였다. 그렇지 못한 사람들은 촛불을 들고 「우리를 잊지 마라」고 기도했다.

마르크스 · 레닌주의에 의하면 공산주의 사회에는 반대 세력이 존재하지 않는다고 한다. 왜냐하면 그 사회는 하나의 사회주의 국가로서 반대계급이 없다고 보기 때문이다. 동독의 경우도 마찬가지다.

그러나 동독 역사는 늘 사회주의통일당 독재에 대한 거절, 반대, 저항의 역사로 점철되었다. 그것은 동독인들이 서독으로 피난 또는 이주한 숫자에서도 잘 나타나고 있다. 즉, 1945년 10월 동독의 설립에서 1989년 11월 베를린장벽 붕괴까지 동독 전체 인구 1,640만 중에서 350만이 동독을 떠났으며, 800명은 도주의 노력에서 실패하였다. 이와 같은 동독인들의 탈출은 사회주의통일당 독재의 불정당화 및 불안정화에 결정적으로 이바지한 셈이다.

동독 민주혁명의 발단과 그 발전과정

위와 같은 동독인들의 서독으로의 탈출 현상은 동독당국을 당황하게 하였고 동독에 남아있는 사람들에게는 동요와 흥분을 자아냈다. 그들도 떠나느냐 남아있느냐의 갈림길에서 갈등했다. 9월에서 11월까지 계속된 동독의 민주혁명은 「우리는 여기에서 머물련다」 또는 「우리는 국민이다. (Wir sind das Volk)」를 거처 마지막에는 「우리는 한 국민이다(Wir sind ein Volk)」에 도달하여 독일통일의 길을 열었던 것이다. 동독인들의 대량 탈출이야말로 동독혁명의 사실상 발단과 도화선이 되었고 전제가 되었다.

반정부시위는 베를린, 라이프치히, 드레스덴, 마그데부르크, 로스토크, 슈베린(Schwerin)과 같은 큰 도시는 물론, 전국의 중소 도시로까지 확대됐다. 통계에 의하면 1989년 8월에서 1990년 4월까지 10회 이상의 시위를 한 도시가 79개로 나타나고 있다.

동독 전 지역에서 특히 라이프치히의 월요데모와 11월 4일의 동베를린 시위는 18년 집권한 호네커의 퇴임, 장벽의 붕괴 그리고 동독의 몰락에 결정적 역할을 했다.

호네커는 1989년 11월 7일 동독 창설 40주년을 기념하기 위하여 대대적인 행사를 개최함으로써 그의 생애의 절정을 이룩하려 했으나 그 반대로 이날은 그에게 최악의 날이 되었다. 이 행사에 고르바초프도 참석했다. 그러나 고르바초프의 발언은 동독의 시위자들에게는 용기를 준 반면에 호네커에게는 일격을 가했다.

"개혁에 뒤지는 자는 스스로 생명을 잃는 벌을 받게 될 것이다."

동베를린에서 열리는 40년 기념행사가 불행하게 끝난 지 이틀 후인 10월 9일에는 라이프치히에서 대대적인 시위가 벌어졌다. 그것은 1953년 6월 봉기 이후 최대 규모의 시위였으며 무엇보다도 최초의 반정부시위였다. 여기 모인 7만의 군중이「우리는 국민이다.」라고 외쳤다. 이날은 동독 정권의 종말을 알리는 한 상징적인 날로서 기억됐다. 이날 호네커는 중국식 해결책을 강구하도록 지시했으나 밑에서 명령을 거부하였다 한다. 우려하던 소련군의 개입도 없었다. 고르바초프의 평화적인 서방 정책은 브레즈네프 독트린(Brezhnev Doctrine)을 고수하지 않았다. 이날 시위는 비폭력시위였다. 라이프치히의 인권위원회는 군중들에게 절대로 폭력을 사용하지 말 것, 경찰의 저지선을 뚫지 말고 일정한 간격을 둘 것을 지시했다. 그리고 인명이나 기물에 손대지 말 것을 아울러 당부했다. 라이프치히에서는 그 후 매주 월요일마다 정기적으로 시위가 벌어져 사람들은 그것을 「월요시위」라고 불렀다. 니콜라이 교회에서의 평화기도 후 시작되는 라이프치히 시위에서는 10월 첫 월요일인 2일에 2만 명, 그다음 월요일에는 7만 명 셋째 월요일에는 20만 명, 넷째 월요일에는 36만 명, 그리고 마지막 월요일인 10월 30일에는 57만 명이 참가했다.

동독의 반정부시위는 라이프치히에서 드레스덴을 거쳐 전국으로 확산됐다. 결국 11월 4일에는 동독 역사상 가장 큰 시위가 동베를린의 알렉산더 광장에서 벌어졌다. 여기에는 100만의 인파가 모여들었다. 그들은 「자유언론」, 「자유 선거」 그리고 「무제한의 민주주의」를 요구했다. 이 시위는 4시간이나 계속됐다. 이날은 저항운동 승리의 날로 기록됐다. 이곳에서는 어떠한 폭력행위도 일어나지 않았다. 함성을 반복했다. 그것은 그야말로 감격스러운 장면이었다. 그런데 대중은 역사 속에서 얼마나 많은 독재자에 의해 무시당하고 농락당해 왔는가. 목적을 위해 수단을 가리지 말라고 했던 니콜로 마키아벨리(Niccolò Machiavelli)는 "대중은 한낱 바보에 지나지 않는다"고했다. 프랑스 사회학자 귀스타브 르 봉(Gustave Le Bon)은 그의 유명한 군중심리학에서 군중은 사회적 동물과 같아 이성보다는 감정에 의해 지배된다고 했다. 또한 그는 군중은 본능적이고 공격적이고 경솔하고 동요하기 쉬운 여자 같아서 쉽게 유혹될 수 있다고 했다. 그래서 그 「여자」는 「강력한 남자」를 사랑하고 싶어 한다.

그러나 과연 그렇게 하나가 됐던 동독 국민을 바보로 볼 수 있을 것인가? 또한 그들을 감정에 치우친 「여자」와 비교하고 단순히 통제의 대상으로만 볼 수 있을 것인가. 그들은 비록 즉흥적이고 비조직적이 있지만 한 마음으로 자유와 정치참여를 부르짖었다. 동독의 민주혁명은 프랑스혁명이나, 러시아혁명처럼 강력한 지도자를 필요로 하지 않았다. 대중 스스로가 이성적이고 성숙한 자기 지배 능력을 갖추고 있었다.

대중시위의 중심에는 동독의 민주적 변혁, 복수정당제, 반대 세력의 허용,

경제적 개혁, 자유 선거 및 여행의 자유에 대한 갈망이 서 있었다. 「우리는 국민이다.」라는 울부짖음은 사회주의통일당 국가로부터의 사회적 해방과 일당제도의 총체적 요구의 거절을 위한 상징이 되었다.

베를린장벽의 붕괴와 콜의 통일 10개 조항

이 동독의 민주혁명 결과로 18년간 집권했던 호네커는 10월 18일 모든 공직에서 물러나지 않을 수 없었다. 그의 후임으로 에곤 크렌츠(Egon Krenz)가 들어왔으나 많은 사람은 그의 정부를 과도기적 정부로밖에 생각하지 않았다. 동독 국민은 여전히 프라하와 바르샤바에 있는 서독대사관을 통하여 서독으로 이주하고 있었다. 동독 정권은 무엇인가 결단을 내리지 않으면 안 되었다.

크렌츠는 11월 6일 누구든지 연 30일 동안 여행할 수 있는 새로운 「여행법률안」을 고안했다. 같은 날 라이프치히 시위대는 「무제한의 법률안」을 요구했다. 11월 7일 빌리 슈토프(Willi Stoph) 수상이 이끌던 동독 정부는 물러났고, 동베를린에서는 수천 명이 사회주의통일당 중앙위 앞에서 시위를 벌였다. 그 다음 날인 11월 8일에 공산주의 사회에서는 사상 처음으로 전 인원의 정치국원이 물러났다. 중앙위는 새로운 정치국원을 선출했고 한스 모드로(Hans Modrow)를 신임수상으로 추대했다. 전후 동독의 정계를 좌우하던 원로급 정치국원들은 모두 물러난 셈이다.

드디어 1989년 11월 9일 베를린장벽이 무너지는 역사적인 날이 왔다. 동독의 TV는 정치국원 귄터 샤보프스키(Günter Schabowski)의 기자회견을 생중계했다. 그는 저녁 7시가 채 안된 시간에 다음과 같은 중대 성명을 발표했다. “외국으로의 개인 여행은 어떠한 조건 -여행 동기 및 친척관계의 증명- 없이도 신청될 수 있다” 언제부터 여행 허가가 시행되는지에 대한 기자의 끈질긴 질문에

"여행 허가는 곧 시행될 것이다."라고 했다. 이 방송을 들은 수천 명의 동베를린 시민들이 그날 저녁에 서베를린으로 넘어가는 통과지점으로 모여들었다. 경비병들은 이 인파에 항복하여 밤 10시에 문을 열고 서베를린으로 통과하도록 했다. 수백 명의 시민이 역사의 한 자리를 차지하려는 듯 베를린장벽에 기어 올라가기도 했다. 서베를린 시민들도 거꾸로 방해받지 않고 동베를린으로 넘어가 산책할 수 있었다. 마치 중세의 유물같이 추한 몰골로 28년간 지탱되어 온 베를린장벽은 드디어 무너졌다. 그동안 분단의 상징이면서 또한 독일통일의 희망이었던 브란덴부르크문이 열렸을 때 동 · 서독인들은 감격의 눈물을 흘리며 서로 얼싸안고 춤을 추었다. 감정의 파도 속에서 서독 연방 의회 의원들은 즉흥적으로 일어나 애국가를 합창했다. 서베를린 시장 발터 몸퍼는 "독일 민족은 세계에서 가장 행복한 국민"이라고 부르짖었다. 베를린 시장으로 있으면서 베를린장벽의 구축을 직접 목격했던 브란트 전 수상은 "앞으로의 동 · 서독 관계는 자유 속에서의 새로운 관계를 맺어야 한다."라면서 "같은 민족에 속한 우리는 같이 살아야 한다."라는 유명한 말을 남겼다. 도덕 정치가로 잘 알려진 바이체커 대통령은 "자유의 물결은 영원히 사람의 힘으로 막을 수는 없다"라고 하면서 동독의 민주혁명을 자유 속의 승리로 풀이했다. 겐셔 외무장관은 "독일을 위한 통합, 권리 그리고 자유의 시대"가 왔음을 강조했고 콜 수상은 "자유로운 독일 조국", "자유로운 유럽통합"을 부르짖었다.

베를린장벽의 붕괴는 평화적인 방법으로 동독 정권의 종말로 이어지고 독일통일을 위한 출발점을 마련한 셈이다.

동독의 시위 군중은 89년 11월 후반기부터는 그전의 「우리는 국민이다」라는 구호에서 「우리는 한 국민이다」라는 통일의 신호를 던지기 시작했다.

이와 같은 상황에서 11월 28일 독일 의회에서 콜은 신속하게 새로운 통일의 구상으로 10개 조항을 발표함으로써 통일의 방향을 분명히 제시했다. 이 과정에서 주목할 것은 그는 같은 연정 파트너인 자민당에 속한 외무장관과도 사전협의가 없었으며 또한 제2차 대전 전승국과도 사전 조율 없이 그야말로 독자적인 결정으로 이루어졌다는 사실이다. 콜은 1996년 〈나는 독일통일을 원했다〉라는 회고록에서 그때 만약 연합국들과의 사전협의를 했더라면 무산되었을 것이라고 했다.

그러면 이 통일 10개 조항 프로그램은 무엇인가. 그 내용을 좀 더 구체적으로 살펴보면 동독을 위한 「신속한 구체적 지원」으로부터 시작하여 동 · 서독 간의 계약공동체와 그 후 「국가연합구조」를 거쳐 궁극적인 「한 독일 연방국의 형태」로까지 간다는 내용이다. 독일통일이 언제 올지 누구도 장담할 수 없지만, 그것은 독일 민족이 원한다면 분명히 올 것으로 보았다. 이 통일을 위한 절대적 전제조건으로 동독에서의 자유 선거를 통한 합법적 민주 정부의 설립이다. 이렇게 되면 동 · 서독 간의 여러 전독기구(상설 협의체로서의 공동 정부위원회, 공동의 전문위원회, 공동의 의회 형태)가 형성될 수 있다는 것이다. 이처럼 통일정책이 성공적 결과를 가져온다면 독일 국민은 드디어 한 자유로운 유럽 안에서 자유로운 자결권을 통하여 그의 통일을 이룩할 수 있다는 것이다.

콜의 10개 조항 발표에 대한 국내외 반응은 다양하게 나타났다. 우선 국내적 반응은 같은 연정에 속한 자민당은 적극적인 찬성을 표명한 데 반하여 녹색당은 기본적인 반대 입장을 표명했다. 야당인 사민당의 경우는 조심스러운 입장을 보였다. 사민당 원내는 조심스러운 찬성을 보이면서도 독일과 폴란드 간의 국경선의 결속된 인정이 없다고 비난했다. 사민당의 지도층에서는 「통일」이라는 용어 사용에 조심스러웠으며 1990년 총선 시 사민당의 총리 후보였던 오스카르 라퐁텐(Oskar Lafontaine)은 통일의 성급함을 경고했고 국가적 통일뿐만 아니라 사회적 통일에도 의심을 나타냈다.

대외적인 반응을 보면 독일과의 2차 대전을 경험한 영국과 프랑스는 독일의 통일을 만류하는 입장이며 심지어 파리에서는 누가 베를린을 위하여 책임지고 있는 것을 독일인들은 상기하라고까지 했다. 소련의 고르바초프는 콜의 제안에 불만을 표시하면서 서방세계에서의 「동독의 주권」을 제안하려고 하는 어떤 노력도 소련에 의해서 거절될 것이라고 했다. 그에 의하면 동독의 안정과 유럽 대륙의 안정은 아주 긴밀한 관계에 있다는 것이다.

위의 영국, 프랑스, 소련과의 입장과는 달리 미국은 콜의 통일정책에 전폭적인 지지를 아끼지 않았다. 사전협의 없이 이루어진 데 대하여는 약간 섭섭함을 표시하였지만, 부시 대통령과 베이커 국무장관은 콜의 행보에 원칙적인 일치를 표명했다. 다만 독일이 통일되더라도 서방 동맹에 계속적으로 머물 것을 전제로 했다. 콜에게 부시는 독일통일의 길목에서 가장 중요한 파트너였다. 두 사람은 상호 간 정치적 가치평가에서뿐만 아니라 아주 깊은 인간적 정서면에서도 공감대를 갖고 있었다. 콜은 부시는 독일인들을 위하여 한 큰 행운이었다고 회고하였다. 부시는 한 나라가 분단되어서는 안 되며 그것을 범죄로써 간주했다.

콜이 그의 통일 10개 조항을 선포할 때 만해도 독일통일은 빨라도 3년 내지 4년은 걸릴 것으로 생각했다. 그런데 1989년 12월 20일 동독의 드레스덴 방문에서 동독 주민들의 열광적인 환영과 통일의 열망을 체감한 후 그는 자기의 통일정책을 조속히 실천에 옮길 것을 결심, 진행했다. 그의 명확한 통일 방향과 구체적인 통일방안은 동독 주민들로 하여금 통일을 위한 용기를 북돋아 주었다.

동독의 자유 선거와 독일통일

동독 주민들은 베를린장벽 붕괴 이후에도 시위는 계속됐고 동독의 옛 구조들은 와해되어갔다. 12월 6일 사회주의통일당 정치국은 그의 종말을 고했고 주석격인 크렌츠도 물러났다. 모드로 수상이 동독을 살려보려고 노력하였지만, 동독 주민의 다수는 통일을 원했다. 한 설문조사에 의하면 89년 11월 말

동독 주민의 50%가 독일통일을 원했고 1990년 1월 말에는 약 80%로 상승했다. 같은 시기에 서독에서는 70% 이상이 통일을 원했다.

이러한 상황에서 형성된 것이 「원탁회의」이다. 그 구성은 옛 정부 정당, 노조, 교회, 시민단체 및 새로운 정당 등의 대표들이었다. 「원탁회의」는 1990년 3월 18일 동독에서의 자유 선거가 실시될 때까지의 과도기적 업무를 수행했다. 비록 짧은 몇 달간의 일이었지만 동독의 청산 문제, 「슈타지」의 해체 문제, 일상생활을 위한 행정개혁 문제 그리고 무엇보다는 신정부 수립을 위한 선거법 제정 문제 등 많은 안건 등을 토의하고 그 처방을 제시했다.

동독에서 처음 실시되는 자유 선거전에는 24개의 정당 및 정치단체가 참가했다. 그들은 자연히 서독의 정당제도에 부합할 수밖에 없었다. 기민당, 독일 사회연합, 민주 변혁당은 독일연합으로 합쳤다. 독일연합은 서독의 기민당과 밀접한 관계를 갖게 됐고, 자민연합은 서독의 자민당과 연계됐다. 사민당은 서독의 사민당과 연계를 갖고 사회주의통일당 후신인 독일 민주사회당(Partei des Demokratischen Sozialismus; PDS)은 새로운 당명으로 변신했다. 이것 외에는 군소정당의 난립 현상으로 나타냈다.

선거전 중심적 관심사는 통일문제였다. 선거일 직전 설문조사에 의하면 동독인의 90% 이상이 독일통일과 단일화폐의 도입을 원했다. 독일연합은 불안한 세계정세를 고려할 때 독일통일은 신속히 이루어져야 하며, 따라서 서독 기본법 제23조에 따른 가입을 촉구했다. 자민연합도 같은 입장이었다. 이에 비해 사민당은 독일통일을 원하지만, 기본법 146조에 따른 전독헌법의 제정 이후 실천한다는 점진적 통일을 선호했다. 시민운동단체로 연합한 90동맹은 「원탁회의」에 의한 단계적 통일을 주장했다. 이 선거전에서 재미있는 사실은 서독의 정당들이 그들의 자매정당들을 조직, 재정 및 유세 면에서 열심히 지원했다. 특히 서독의 저명한 정치인들이 총동원됐다. 콜은 독일연합을, 브란트는 사민당을 그리고 겐셔는 자민연합을 위하여 각각 유세에 나갔다. 겐셔의 경우는 할레(Halle)가 자기 고향 관계로 많은 득표율을 얻는 데 이바지했다.

90년 3월 18일 선거 결과는 놀라웠다. 총투표율은 93.4%에 달하고 사민당이 득세하리라고 예측했던 것과는 달리 독일연합이 48%의 득표율을 차지했다. 이에 비해 사민당은 21.9%에 그쳤다. 자민당은 5.3%, 민사당은 16.4% 그리고 90동맹은 2.9%를 각각 차지했다. 사민당의 패배는 3가지로 요약되는데 첫째, 점진적 통일, 둘째, 서독 사민당의 용어 사용에는 「민주적 사회주의」라는 개념 정립에서 오는 「사회주의」 언급은 그동안 겪었던 현실사회주의가 무엇이라는 것을 체험했던 동독인들에게는 혐오감을 자아냈다. 셋째, 서독 사민당 당원 간의 호칭에서 「동무」라는 단어도 동독 사회주의통일당 당원 간의 사용과 똑같은 데서도 증오감을 느꼈다. 또한 이번 선거를 통하여 재미있는 사실은 노동자의 50%가 독일연합에 그들의 표를 던지고 전통적인 노동당인 사민당에게는 22%밖에 불과했다. 그동안 동독은 노동자, 농민의 국가라고 선전하고 자랑하였지만, 오히려 노동자들이 앞장서 반기를 든 셈이다. 또한 주목할 만한 사실은 민사당이 동베를린에서는 34%의 득표율을 올림으로써 동독에서의 핵심 세력의 고장임을 입증한 셈이고 그리하여 혹자는 동베를린을 동독에서의 한 「붉은 섬」으로 간주하기도 하였다.

선거의 결과는 급속한 독일통일을 의미하는 것이었고 기민당의 로타어 데메지에르(Lothar de Maizière) 당수는 사민당과 대연정을 설립, 새 동독 정부의 총리가 됐다. 그의 신정부는 90년 7월 1일 서독 정부와 「화폐, 경제 및 사회통합에 관한 조약」을 체결했고, 같은 해 8월 31일에는 양독 간의 통일조약을 마무리했다. 이것은 어디까지나 합의에 따라 이루어진 것이다. 당시 동독과 직접 협상을 벌였던 볼프강 쇼이블레(Wolfgang Schäuble)는 독일통일은 동독의 서독으로의 「품위 속에서의 가입」(Beitritt in Wiirde)으로 풀이했다. 엄밀한 의미에서 우리가 흔히 이야기하는 것처럼 서독이 동독을 흡수한 것이 아니고 동독 정부 및 그 주민들의 압도적 찬성으로 서독으로 들어온 것이다. 이것은 어디까지나 그들 자유의사의 결정임을 알아야 한다. 독일통일의 외적 조건도 2(서독 · 동독)+4(미 · 소 · 영 · 프) 회담을 통하여 90년 9월 12일 「독일 종결 규정에 관한 조약」이 서명됨으로써 충족됐다. 우리가 이와 관련하여 주목할 것은 이 조약이 평화조약을 대체했다는 사실과 통일된 독일은 NATO 회원국으로 계속 남을 수 있다는 것이다.

독일은 1990년 10월 3일 45년 만에 분단을 극복하고 통일이 되었다. 이날 도덕 정치가로 널리 알려진 바이체커 대통령은 독일통일의 의의를 다음과 같이 말했다.

> "우리의 통일은 누구에게도 강요한 것이 아니고, 평화적인 합의에 따라 이루어졌다. 그것은 모든 국민의 자유와 우리 대륙의 새로운 평화 질서를 목표로 하는 전 유럽사적 과정의 부분이다."

결론 : 자유의 승리로서의 독일통일

지금까지 필자는 동독 민주혁명의 원인, 여건 조성 그리고 급속한 극적 변화 과정을 살피고 어떻게 독일통일을 이룩하였는지를 관찰했다.

1989년 사건은 2차 대전 이후의 역사 발전과정에서 1953년의 동독봉기, 1956년의 헝가리 의거, 1968년의 프라하의 봄, 1981년 이후 폴란드의 노조 운동 그리고 1989년 헝가리의 국경선 개방, 동독인들의 대거 탈출, 동독 민주혁명 등과 일맥상통한다. 동독과 동유럽에서의 변화를 가져오는 데 결정적 역할을 한 것은 의심의 여지 없이 고르바초프가 개혁과 그의 개방정치의 기치를 들고 평화적인 서방 정책을 표방하는 데 있다. 특히 동독에서의 그의 불간섭정책은 동독혁명이 평화롭고, 민주적으로 흘러가는 데 도움이 됐고, 결과적으로는 독일통일의 길을 열어주는 역할을 한 셈이다.

동독과 동유럽혁명에는 공통점과 차이점이 있다. 우선 차이점을 설명하면, 폴란드와 헝가리의 경우는 거리의 압력 「밑으로부터」과 제도의 개혁 「위로부터」으로서의 혼합형의 혁명이라고 한다면, 동독의 경우는 밑으로부터의 혁명이라고 볼 수 있다. 동독과 체코의 경우는 강력한 민족적 차원을 수반한 민주혁명이지만, 그 결과는 동독의 경우는 서독과의 통일을 유도했지만, 체코슬로바키아 연방국은 체코와 슬로바키아가 둘로 갈라지는 결과를 낳았다. 폴란드와 체코의 경우는 바웬사와 하벨 같은 지도자를 갖고 있었지만, 동독의 경우는 그런 인물이 없다. 또한 동독의 경우는 폴란드의 노조 운동과 같은 강력한 조직체가 없었고, 또한 체코의 77헌장과 같은 지식인의 강령도 없었다. 동독의 경우는 산발적이긴 하지만 개신교의 비호하에 평화, 환경 및 3세계 그룹이 주동적으로 활동했다. 동독교회는 반대 및 저항 세력의 중심지 및 결정체의 역할을 하였고, 이것은 동독의 몰락에 결정적으로 이바지하였다. 그 후 교회 대표자들은 독일통일을 위한 원탁회의에서도 주도적 역할을 했다.

공통점은 저항운동의 중심적 관심사는 자유와 국민주권의 요구였다. 「현실사회주의 체제」의 자체 모순과 취약성에서 나타난 부자유와 경제적 파탄은 자연히 자유민주주의 체제와 시장경제의 도입을 통한 서방세계로의 접근을 시도하게 된 것이다.

전체적으로 보아 동독 및 동유럽의 민주혁명은 스탈린식 전체주의 체제로부터의 자체 해방을 뜻하며, 특히 동독의 경우는 동독인들의 탈출로 시작된 혁명을 독일의 자유 통일로 연결하게 했다는 점에서 획기적인 역사적 사건이 됐다. 독일 및 유럽분단의 극복은 더 이상의 전쟁을 구조적으로 할 수 없도록 하고, 히틀러의 독재 그리고 스탈린식의 독재를 허용하지 않는 새로운 유럽을 낳은 셈이다. 유럽에서는 냉전이 종식됐지만, 한반도에는 그의 잔재가 아직 남아있다. 그것을 없애는 방법은 오로지 동독의 경우와 같이 북한의 민주화를 통한 자체 해방과 남북한의 자유 통일로만 가능하다.

동독 몰락 부른 비밀경찰 「슈타지(Stasi)」[11]

지난 40년간 동독의 비밀경찰(국가안전부, 일명 「슈타지」)은 동독 국민을 감시하고 고문하고 도청하고 인권을 짓밟은 악명높은 기관이었다. 1990년 3월 18일 실시된 자유 선거 이후에도 당선된 의원들의 일부가 과거의 슈타지와의 관련설로 물의를 일으킨 바 있다. 슈타지는 결국 해체과정에 있다.

과연 「슈타지」의 정체는 무엇인가? 최근 서독의 주간지 〈슈피겔〉은 3회에 걸쳐 슈타지의 정체를 「당의 방패와 검」이라는 제목으로 샅샅이 파헤쳤다. 여기서는 중요하다고 생각하는 부분들만 발췌, 소개한다.

1989년 10월 18일 호네커를 무너뜨리고 사회주의통일당(구 공산당)의 당서기로 발탁된 에곤 크렌츠는 "과거의 비밀경찰 기관은 전체 사회를 관리했고 동독 시민들을 감시했다"라고 실토한 바 있다. 또한 그는 "슈타지야말로 국가 안에 존재하는 국가였다"고 말했다.

최근 밝혀진 자료에 의하면 슈타지는 나치의 비밀경찰 기관과 맞먹는 것이었다.

- 8만 5,000명의 정식 정보원과 10만 9,000명의 비공식 인원을 갖고 있다. 그것은 17만 3,100명에 이르는 인민군과 함께 동독 최대의 국가기관이다.
- 거대한 무기 창고를 소유하고 있었다. 즉 12만 4,593정의 권총, 7만 6,592정의 자동권총, 3,611정의 소총, 766정의 중기관총, 3,537문의 대전차포 등

---

11 이영기. "동독 몰락 부른 비밀경찰 '슈타지(Stasi)'". *독일통일의 해부*, 국제언론문화사, 1989.

이다. 슈타지는 인민군 다음가는 강력한 무기 소유 기관이었다.

- 방대한 부동산을 소유하고 있었다. 즉 2,037개소의 건물 · 주택 또는 토지 등을 갖고 있었는데, 그중 베를린에만 652개소가 있었다. 2,058개의 침대를 갖춘 24개의 휴양소는 슈타지 직원들이 휴가를 즐기는 곳이기도 했다.
- 동베를린의 리히텐베르크 지역에 자리 잡은 슈타지 중앙본부는 3,000개의 방을 소유하고 있었다. 이 밖에도 동베를린에는 슈타지가 일할 수 있는 1,000개의 방을 갖고 있다.
- 슈타지 중앙본부에는 동독 시민의 3분의 1인 약 500만 명의 신분이 컴퓨터에 기록, 저장되어 있었다. 믿을 수 없을 정도로 세세히 우편물과 전화가 통제됐다. 많은 도시에서는 배달된 편지마다 개봉됐고, 전화도청이 다반사로 이뤄졌다. 달갑지 않은 사람들의 카드는 늘 새로운 정보로 가득하게 마련이었다. 슈타지는 연간 36억 동독 마르크를 사용했다. 슈타지는 공화국을 위한 것이 아니라 당과 그 지도층의 통치를 위한 것이었다. 슈타지는 국가의 안전을 도모하기보다는 공산당 독재체제의 유지에 이바지했다. 그것은 의회에 아무런 책임을 지지 않았고 오로지 당에만 책임졌다. 슈타지 장관은 당중앙위원회 위원이기도 했다.

슈타지 정보원들은 헌법에도 선서하지 않았다. 그들은 당과 정부가 부여하는 임무라면 무조건 수행했다. 지난번 슈타지 해체작업을 맡았던 하인즈 엥겔하르트(Heinz Engelhardt)에 의하면 슈타지는 늘 사회주의통일당을 위한 「당의 방패와 검」이었다는 것이다.

「슈퍼당국」인 슈타지는 의회의 어떠한 통제도 받지 않았다. 물론 동독 헌법상 인민을 대표한다는 인민의회는 1950년 2월 8일 「국가안전부(슈타지) 설치에 관한 법률」을 수정 없이 통과시켰다. 그러나 이 법률엔 이 기관의 임무 · 구성 및 권한에 관해선 일언반구 언급이 없다. 모든 것은 그 후 당 간부들이 그들

체제의 유지를 위해 편리하도록 이용했을 뿐이다.

누가 군에 입대한다든가, 공장장이 되기를 원한다든가 또는 대학에 입학하려 할 때는 언제나 슈타지가 뒤에서 조정, 결정했다. 슈타지가 반대하고는 되는 일이 없었다.

슈타지는 모든 수단을 동원하여 해당자의 인적 또는 직업 상황을 철저히 조사했다. 끄나풀이나 밀고자로 일컬어지는 「비공식 정보요원」은 세무원 · 급사 · 군인 또는 여호와의 증인 등으로 나타나기도 했다. 또한 비공식 정보요원들은 여행 안내자 · 가정부 또는 차장 · 스튜어디스로 위장해 여행자들과 동독 시민들을 감시했다. 심지어 감옥에서도 안전하지 않았다. 동료 죄수에 대한 정보만 잘 제공해주면 석방될 수도 있었다.

슈타지의 비밀 활동은 음악 세계에까지 침투했다. 저명한 음악인들도 이에 끼어들어 음악에 관한 정보보다는 서독으로의 도피희망자 명단을 제공했다.

슈타지 중앙본부 신원 자료실 컴퓨터에 수록된 500만 명 속에는 유아나 어린이들, 그리고 노인까지 포함되어 있었다.

지난 10년간 슈타지는 그 힘의 한계를 알 수 없을 지경이었다. 사회주의적 성취에 대한 신뢰도가 낮아지면 낮아질수록 국민 불만에 대한 당 간부들의 두려움은 더욱 커졌고 그럴수록 그들은 그들의 안전장치를 제한 없이 강화했다. 비공식 정보요원들은 사회의 구석구석까지 침투해 사람들을 감시했다.

슈타지의 끄나풀들은 100개 사항에 달하는 신상 명세서를 작성, 상부에 보고하곤 했다. 그 구체적인 내용엔 예컨대, 노동에 대한 태도에서 돈만을 위해 일하는지, 일에 있어서 전문성은 얼마나 보유하고 있는지, 급작스러운 어려움에는 어떻게 대처하는지 등이 기술됐다. 또한 직장생활에서 권위를 가졌는지, 갖고 있다면 무엇에 근거하는지, 또는 비밀보호 유지를 위한 태도(예를 들면 침묵성 · 책임 의식 · 신중성 · 무관심 · 말 많음 · 신고 의무의 무시 등)는 어떤지를 기록했다.

이들은 조사대상자들의 취미를 추적했으며 독서 취향까지도 기재했다. 그들은 「특수한 지식과 능력」(예를 들면 외국어 실력, 통신 기술 등)에 관해 조사했고 또한 소련 및 여타 사회주의 국가들에 대한 태도 등도 샅샅이 기록했다.

공식적 의견과 사적 의견의 차이도 기록됐으며, 주택의 크기와 상황, 그 내부구조 또는 수상한 사람과의 관계, 자본주의 국가에 사는 친척과 친지들과의 접촉사항도 기재됐다. 접촉하면 개인적인지, 편지 교환인지, 그리고 얼마나 종종 하는지 등이 기록됐다.

성격 평가에 관한 것도 매우 큰 비중을 차지했다. 예를 들면 자연적이다 · 재치 있다 · 꾸밈없다 · 융통성 있다 · 우매하다 · 민첩하다 · 거침없다 · 조용하다 · 팽팽하다 · 유연성 있다 · 신경질적이다 · 서투르다 · 재치 없다 · 변덕스럽다 · 모났다 · 점잔뺀다 · 오만하다 · 풀 죽어 있다 등 이었다.

의견 개진에서는 유창한지, 말을 더듬는지, 지루한지, 그리고 표현 방법이 선택적인지, 장황한지, 전투적인지를 추적했다. 또한 감정과 기분, 이해력에 관한 것, 반응 능력(침착한지, 둔감한지)과 판단력(냉정한지, 무비판적인지, 쉽게 믿는지)에 관한 것들도 관심의 대상이 됐다.

기억력 테스트도 이들의 중요한 작업 과제였다. 즉 기억력이 좋은지, 불완전한지, 건망증이 심한지를 조사했고, 특히 성행위에 관해 큰 관심을 두었다. 이에 관한 6개 항목에는 다음과 같은 것들이 채워져 있다. 즉, 본능적이다, 방해받지 않는다, 절제 없다, 지배적이다, 통제받지 않는다, 자랑스러워한다. 등

슈타지는 우편물 조사도 엄청날 정도로 실시해 왔다. 게라 지역(道) 중앙우체국의 경우, 이 조사를 위해 아늑한 방이 마련돼 있었는데, 주로 서방세계로 가는 수천 통의 편지들이 세탁물 바구니 같은 것으로 운반됐다. 슈타지는 우선 분류작업을 하고 그다음에 수증기로 편지를 개봉해 읽고 평가했다. 이처럼 해서 얻어진 블랙리스트는 주로 다른 사상을 가진 사람, 서독으로의 이주희망자, 동성연애자 및 극우세력들에 대한 강력한 통제 수단으로 이용됐다. 한 전직

요원은 "방은 6개월마다 새로 벽지를 바르지 않을 수 없었다"라고 회상하면서 편지를 다 읽으면「기술과」담당이 그것을 다시 봉했으며, 훼손된 편지는 버려졌다고 술회했다.

편지 안에 돈이 들어 있으면 동독법에 따라 반환돼야 했지만, 그것은 화폐별로 분리돼 2주에 한 번씩 슈타지 베를린 중앙본부로 이송됐다. 잘펠트(saalfeld) 출신인 전 슈타지 직원은 이처럼 "1주에 서독 돈 4,000마르크를 수집할 수 있었다"고 털어놨다.

슈타지는 특별한 전화도청 장치를 갖고 있었다. 200명의 요원으로 구성된 전화도청팀은 당 고위 간부들과 밀접한 관계가 있었다. 도청본부는 베를린의 리히텐베르크 지역에 있는 외부와 밀폐 차단된 건물이었다. 이 도청 장치로 소비되는 경비는 엄청났지만 "돈은 전혀 문제가 되지 않았다"라고 전 슈타지 통신기술자는 말하였다.

전화도청은 전국의 도(道) 단위로 운영됐으며 정기적으로 베를린 중앙본부에 보고됐다. 슈타지 장관인 에리히 밀케(Erich Mielke)가 휴가를 가든 사냥하러 가든 축구 구경을 가든 전화도청은 끊임없이 진행됐다. 때에 따라선 슈타지의 차관급인 베르너 그로스만(Werner Grossman), 게르하르트 나이버(Gerhard Neiber), 루돌프 미탁(Rudolf Mittag), 볼프강 슈바니츠(Wolfgang Schwanitz) 등이 장관보다 더 고급 정보를 입수하기도 했다. 과장급들이 모여 업무 사항을 숙의하기는 딴 곳과 마찬가지였는데 때로는 정보가 장관보다 식당에서 더 빨리 입수되기도 했다.

국내에서 일어나는 모든 일은 슈타지 거물에 의해 거의 빈틈없이 발각되게 마련이었다. 외국인들과 여행자, 학생과 군인, 경찰관들과 음악인, 예술인과 교인들, 이 모든 직업 집단들은 이 거대 기관에 의해 포착되게 마련이었고 대부분의 공공건물 또한 마찬가지였다. 코스페다(Cospeda)의 나폴레옹 기념비가 있는 음식점에서 한 카메라 공장에서 근무하는 직원이 규칙적으로 외국인 손

님을 만나고 있었는데 지난 1월 말 벽과 변소에서 소형 도청기가 발견됐다. 외국인이 드나드는 큰 호텔에는 아주 완벽한 도청기들이 장치되어 있다.

슈타지는 특히 체제에 부정적인 인사들에 대해 감시기구의 모든 힘을 동원해 추적했다.

로베르트 하브만(Robert Havemann), 볼프 비어만, 슈테판 하임(Stefan heym), 또는 볼프강 템플린(Wolfgang Templin) 등과 같은 체제 비판가들은 수개월간씩 도청됐고, 그들의 서신들은 개봉됐으며 모든 방문자는 기록되고 검토됐다. 슈타지의 비공식 요원들은 그들과 그들의 친지들을 탐지했고, 그들의 일거수일투족을 촬영했으며 그들이 어디를 가나 추적했다. 로베르트 하브만의 경우 슈타지의 감시는 그의 장례식에까지 뻗쳐 그날 나타난 친척 · 친지들이 모두 기록되고 그 후 개별적으로 철저히 추적됐다고 한 슈타지의 전 직원이 폭로했다. 템플린의 경우 그들은 교묘한 우편엽서를 통해 심리적으로 괴롭히기도 했다.

밀케가 거느렸던 슈타지는 이런 방법으로 비밀을 파헤치는 것만으로 만족하지 않았다. 여기저기 공공연히 나타나 공포를 유발, 반대파들에게 불안을 주며 정치적 친구들로부터 고립시켰다. 그다음으론 그들의 도덕성을 하나하나 파괴해 항복하게 만들기나 지속적인 압력을 가해 서방으로 달아나도록 했다.

슈타지는 정치적 반대 세력을 탐지하면 그때그때 사정에 따라 온갖 무력과 책략으로 그들을 탄압하는 데 주저하지 않았다. 그들이 가장 좋아하는 억압 수단은 조직적인 집 수색이었다. 집 수색의 좋은 점은 훗날 공식적인 검찰의 수색을 위한 증거자료가 발견될 수도 있기 때문이었다.

집을 수색할 때는 교묘하게 그 집 식구들이 집을 떠나 밖에 있도록 유도했다. 예를 들면 연금자는 건강 문제로 의사를 방문토록 하고, 노동자는 공장의 당서기에게 출두토록 하며 학생인 경우는 특별히 교사의 감독 아래에 학교에 더 머물도록 하는 수법을 썼다.

이같이 모든 조치가 취해졌을 때 슈타지 제8과에 속하는 최소 6인조 특수팀

이 집으로 침입, 수색했다. 국가 위임 하에 자행되는 이 침입자들의 작업은 옷장 · 장롱 · 책장 등을 뒤지기 전에 즉석 사진기로 모든 책과 손수건 또는 모든 옷가지 등의 위치를 찍었다. 왜냐하면 수색 후 모든 것을 마치 아무 일도 일어나지 않은 것처럼 제자리에 놓으려고 했기 때문이다. 그들은 정치적으로 혐의가 있는 것이라면 모두 찾으려고 했다. 서방 신문, 서방 화폐, 서방과의 편지 내왕, 정부 비판적인 팸플릿과 서한 등이었다.

집 수색에서 얻어진 모든 정보는 자세히 검토되어 슈타지 문서실에 저장됐다. 충분한 혐의가 드러날 때면 같은 슈타지 요원들이 며칠 후 다시 집 앞에 나타났는데, 이번에는 검찰청의 수사관을 동행하는 공식적인 「방문」이 되는 것이다.

이렇게 붙잡혀온 사람들에겐 심문이 시작된다. 동독에서는 육체적 고문은 자행되지 않았다. 왜냐하면 전국의 도청이나 군청에는 잘 훈련받은 심문 요원들이 배치돼 있었는데 그들은 고문의 위협 없이도 결국 듣기 원하는 모든 진술을 얻어낼 수 있었기 때문이다. 이때 수사관이 사용하는 방법은 피감금자를 완전히 의지할 곳 없는 상태로 만들어 진술토록 한다는 것이다. 그 좋은 예로 "너는 한 푼의 가치도 없는 녀석이야! 그리고 모든 것은 끝장이야."하는 수법을 사용하기도 했다고 한 경험자는 술회했다.

무엇보다도 가장 중요한 방법은 피감금자에게 어떠한 법률이나 변호사 친구나 친척도 그가 정확한 진술을 할 때까지는 언제까지나 때에 따라서는 수년간도 국가 안전상 붙잡아 두는 것을 막을 수 없다는 점을 분명히 하는데 있었다.

심문관은 육체적 고문보다 심리적 고문을 가했다. 포츠담 지역의 한 슈타지 지부 녹음자료에 따르면 피감금자는 묵비권을 행사할 수 없고 스스로 선별한 변호사와 상의할 수도 없으며 무제한의 구류로 말미암아 수일 내에 완전히 방향 감각을 상실하도록 했다.

이 방법이 사람을 얼마나 괴롭히는지는 오데르강가의 프랑크푸르트에 있는 금속제조업 공장장이었던 호르스트 레만의 체험담을 들으면 잘 알 수 있다. 그는 경영을 위한 투자가 잘못돼 감시기관의 눈에 「죄지은 것」으로 낙인이 찍혔다. 1985년 가을 그는 측근 동료의 밀고로 그곳 슈타지 심문관 앞에 끌려갔다. 그는 11개월 동안이나 심문관에게 심리적 고통을 당해야만 했다. 그는 밤과 주말에는 3평 크기의 창문 없는 골방에서 지내야만 했고, 낮에는 슈타지 요원들이 서로 번갈아 가면서 심문했다. 그들은 그에게 항상 같은 질문을 던졌고 또한 끊임없이 굴욕감을 안겨주었다.

4개월이 지난 후 교묘한 위협기법은 더 심해졌다. 그들은 "건강상 6개월 이상을 버틸 수 없으니 알아서 하라"고 위협했다. 그들은 또 "당신에게는 생명이 달렸지만, 우리에게는 직업에 불과하다"라면서 구류기간을 배로 늘리겠다고 위협했다.

레만은 저항력을 점점 잃게 되었고 "그곳에서 풀려나오기 위해서는 허위자백서에 서명하지 않을 수 없었다"라고 술회하였다. 그는 이어 "11개월 동안 매일 심문을 당하다 보면 구타하지 않아도 그럴 수밖에 없게 된다"라고 말했다.

위와 같은 사례는 동독 통치 40년간, 특히 지난 10년간 얼마든지 찾을 수 있으며, 따라서 국민 간엔 일단 슈타지의 손에 걸려들면 그곳에서 헤어날 길이 없다는 것이 상식화됐다.

슈타지 조직의 최정상엔 슈타지 장관이 있다. 전 장관이었던 밀케는 그의 재임 시절, 마치 중세의 제후와 같이 군림했다. 그를 볼 수 있는 사람은 선별된 그의 고문과 측근자들 몇몇뿐이었다. 중요한 모든 사건은 구체적으로 작성된 서류로 그에게 제출됐다. 그의 측근들은 기발한 아이디어가 있어도 이를 건의할 수 없었다. 왜냐하면 밀케는 우상의 존재로 남기를 원했으며 활력적인 어떤 상상도 모두 억압됐기 때문이다. 슈타지 과장급들까지도 비판적인 말을 하고 싶어도 금지되었다.

슈타지의 제1과는 인민군 및 국경 경비군을 담당했다. 그들은 모든 군복 착용자를 주의 깊게 관찰했다. 신병은 이미 징병검사 과정에서 공화국 남부지방 또는 서독과의 경계선, 어느 쪽에 배치할 것인가가 결정됐다. 만약 한 군인이 슈타지에 의해 의심을 받게 되면 그는 아무런 이유 없이 동독 내부 지방으로 재배치되곤 했다.

제2과는 간첩 방어 전문이다. 즉 밖에서 오는 모든 것, 특히 서방 기자들을 담당했다. 그들의 현지 사무실은 지속해서 감시되고 도청됐다. 이 사실은 서독의 한 기자가 사무실에 있는 전홧줄에 걸려 넘어지면서 그만 그 줄이 끊어지자 증명되었다. 그는 수리공을 부르지도 않았는데 조금 후 수리공이 나타나 고장 수리 위탁을 받았다면서 고치고 갔다.

또 다른 예로, 서독의 주간지 〈슈피겔〉의 슈바르츠 기자는 지속적인 감시하에 있었다. 하루는 그가 사무실을 나선 지 얼마 안 되어 전화번호 메모지를 책상에 놓고 온 것을 알고 사무실로 되돌아갔으나 그것이 보이지 않았다. 그가 수 시간 후 다시 돌아왔을 때 그 메모지는 그 자리에 놓여 있었다.

제3과는 전화의 비밀내용과 동·서독 간의 전화 통화를 담당했다. 공식 발표로는 그 같은 업무는 정지됐고 도청 장치도 해체됐다지만 전문가들 견해로는 1990년 2월까지도 도청하였다는 것이다.

제7과는 내무성과 경찰 부서를 담당했다. 제7과의 명령은 즉시 시행됐다. 1989년 11월 동독혁명 당시 내무장관 프리드리히 디켈(Friedrich Dickel)도 혁명을 주도했던 「신광장」이 금지되고 반대 세력들의 활동이 헌법에 대한 적대행위로 간주했다는 사실을 라디오 보도에서 듣고 비로소 알 정도였다. 제7과는 1989년 10월 7일의 시위를 전국적으로 잔인하게 진압하는 책임을 맡고 있었다. 또한 그 후 서독으로의 이주를 가능케 한 여행법률안 제정도 제7과가 담당했다.

한편 제8과는 전국적으로 관찰·수색 및 체포의 임무를 띤 특수부대 역할을 했다. 그들은 TV 화면으로 서독과 서베를린 간의 전체 통로를 관찰했다. 통로의 모든 주차장은 카메라로 감시됐다. 동독 차가 우연히 서독 차와 나란히 주차돼도 그것은 「비밀 접촉 혐의」로 촬영됐다. 훗날 동독 차의 그 기사가 혹시라도 외국 여행하려 한다든가 새로운 직장을 얻으려 할 때는 지장을 받게 마련이었다. 이 통로를 감시하기 위해 많은 비공식 요원들이 배치되고 있었는데, 그들은 대부분 주유소에서 급유하는 사람, 급사 또는 교통순경으로 위장 활동했다. 그들의 정보는 제8과의 지부가 있는 미헨도르프(Michendorf) 음식점으로 모였다.

제9과는 조사과로서, 고유 임무를 초월한 형사 문제까지도 다루었다. 왜냐하면 바르샤바조약기구 가맹국들의 정보요원은 동독 시민들을 감시하려 하지 않았기 때문에 헝가리·체코 및 루마니아의 휴가 지역엔 9과에 속하는 대량의 첩보원들이 항시 주둔, 동독 시민들의 서방 휴가자들과의 접촉과 있을지도 모를 도피계획을 저지하는 데 주력했다.

제18과는 경제 담당과로서 밀케 제국의 핵심부서로 간주했다. 여기에서는 콤비나트 공장장의 정치적 신뢰도가 검토됐고 모든 경영행위가 공화국에 충성하는 것인지 아닌지도 조사됐다. 항변하는 자는 제18과에 의해 기록됐고 필요시에는 소리 없이 사라지게 했다. 이 같은 과정에서 장래가 유망했던 많은 전문경영인이 희생당하기도 했다.

슈타지의 브레인은 제20과로서 다른 사상을 가진 사람들을 담당했다. 이 과는 다음과 같은 엄격한 원칙에 따라 행동했다.

- 모든 사람을 일단 안전에 대한 잠재적 위험인물로 볼 것.
- 안전을 위해 모든 것을 알지 않으면 안 된다.
- 안전은 법에 우선한다.

주로 당과 대중조직을 감시했던 그들은 「정치 이데올로기적 전환」과 「정치적 지하활동」에 대한 투쟁의 책임을 맡았다.

그들은 그들의 스파이부대를 동원해 교회 및 각종 청년단체, 스포츠 단체, 병원, 젊은 극우단체 등의 활동을 약화시키는 데 노력했다.

그러나 당 지도부는 스파이만으로 불충분하다고 생각했다. 그들은 동독 국민이 대중 집회와 봉기에 참여함에 따라 걱정이 더해갔다. 따라서 슈타지는 80년대 중반부터는 시위 진압에 박차를 가했다. 한 슈타지 직원은 "지도층에서는 공공연히 두려움이 증가하고 있었다"라고 말했다.

도시나 국가의 축제가 있다던가, 또는 기독교인들의 집회나 신문사의 축제가 있을 때는 슈타지 요원들이 잠입했다. 특히 서독의 축구팀이 이웃 나라, 예를 들어 체코에서 시합이라도 할 때면 동독 팬들은 그곳으로 몰려갔는데 동독 관객 속에는 언제나 수십 명의 슈타지 요원들이 섞여 있었다. 그들은 서독 깃발을 흔들며 승리에 도취해 서독국가를 부르는 사람들을 일일이 체크했다.

80년대 중반에 들어오면서 사회주의통일당이 안전에 관한 히스테리가 높아지자 슈타지 기구 내에서도 신경이 점점 날카로워졌다. 이데올로기 교육을 빈번히 시행하였고 서독에 대한 적대성이 한층 강조됐다. 그러나 슈타지 내부 부서 간의 협조는 금이 가기 시작했다. 한 예로 이전에는 관찰 사진이 중앙본부에서 일률적으로 만들어지고 확대됐는데, 이 무렵에 도 단위에서도 별도의 자체 실험실에서 만들어졌다.

모든 사람이 국가 및 당의 잠재적 적이라는 선언은 내부 동료들에게도 적용됐다. 이리하여 많은 사람이 이 기구의 희생물이 되기도 했다. 국민에 대한 감시체제의 압력이 커지게 되자 슈타지는 자체 내의 수상한 동료들과 간부에까지 협박 · 공갈을 가했다. 20년간 이 기관에서 근무한바 있던 호르스트 레만은 우리들은 "사람 사냥과 체포에 관해 철저히 훈련받았으며, 무조건 복종의 교육을 받았다"라고 실토했다.

슈타지 직원들은 집에서조차 그들의 활동 사항을 말할 수 없게 돼 있었다. 가까운 친척은 물론 아내에게까지도 말할 수 없었다. 레만은 "그것이 정신분열증을 일으키게 하여 우리는 정상적인 생활을 할 수 없었다"라고 말했다.

슈타지의 고위 관리들은 모든 면에서 가능한 한 당의 변절자, 훼방꾼 또는 서방 첩보원 등에 대한 감시를 철저히 했다. 사람들이 무서워하는 슈타지의 「간부훈련과」는 안전에 대한 심사를 강화했다. 달갑게 여겨지지 않는 요원들은 반대 세력과 같이 관찰 대상이 되었고 그들과 그 가족들은 압박을 받았다.

특별히 혐의가 있는 사람은 수일 동안 슈타지 조사실에서 조사받았다. 이전의 한 간부는 "간부훈련과는 나치의 게슈타포처럼 행동했다"라고 술회하였다.

슈타지 요원들은 규칙적으로 적대계급에 대한 의식이 있는지를 테스트 당했다. 예를 들면 우체국의 감시 대상 우편물이나 소포 중에 직속상관이 일부러 국가에 적대적인 내용을 담은 고의적인 편지를 섞는 경우다. 만약 이 편지가 발견되지 않고 그냥 넘어가 버릴 때 그 감시원은 훈계 · 감봉 조치를 받거나 승진이 금지됐다.

슈타지는 요원들이 서방세계에 물들지 않도록 신중한 조치들도 취했다. 관광단이나 콤비나트 대표단이 서독이나 네덜란드 또는 여타 자본주의 국가로 여행 갈 때, 대체로 슈타지 요원들은 TV 카메라에 노출되지 않도록 조심해야 했다. 만일 서방 TV에 잡히면 요원으로선 끝장이었다. 밀고자는 어디에나 있었다.

슈타지가 직원을 채용할 때는 철저한 심사를 거쳐 선발했다. 신원 조회에선 이데올로기적 확고성과 「절대적 신뢰성」을 입증할 수 있고 서독에 친척이나 친지가 없는 사람만이 통과되었다.

새로 채용된 슈타지 요원은 의무사항으로서 향후 활동에 대한 일체의 비밀 유지와 당의 위임업무를 충실히 이행할 영원한 준비 태세를 맹세했다. 그는 모든 인적 사항의 변화와 친척에 관한 것을 신고하며 간부 정책상의 요구에 따라 친구와 결혼상대자를 선택하며 계획된 결혼의 결정도 결혼일까지 비밀로 할 것을 서약했다.

정보요원의 순종성은 위협, 규율 및 상호통제 때문에 강요되지만 또한 특권이 부여됨으로써 이뤄졌다. 우선 슈타지 요원들의 월급이 2,000마르크인데, 그것은 동독 시민들 월급의 평균 이상이었다. 지위가 올라가면 올라갈수록 당에 충성한 대가가 지급됐다.

업무 실장만 돼도 기사가 딸린 승용차가 지급됐다. 간부급들은 자체 휴양소에서 휴가를 즐길 수 있었다. 일반직원들이 8년마다 한 번씩 평범한 슈타지 휴양지에서 휴가를 취할 수 있는 데 비해 지도급 인사들은 매년 한 번씩 호텔 수준의 휴양소에서 여가를 즐길 수 있었다.

또한 그들은 슈타지가 부여하는 별장을 가질 수 있었고, 베를린의 뮈겔 호수에는 늘 요트와 모터보트가 준비돼 있었다. 그들은 당의 간부들과 마찬가지로 서방 물건들을 저렴한 가격으로 살 수 있는 특권도 누리고 있었다.

80년도 중반부터 슈타지의 군사적 성격은 더욱 두드러지었다. 슈타지가 「군사적 기관」으로 이해됐기 때문에 모든 슈타지 요원은 직장에 「야전 유니폼」을 넣는 옷장과 야전용 완전군장을 갖추게 돼 있었다. 직장마다 무기고가 설치됐고, 그 안에는 권총·소총 등이 탄약과 함께 비치됐다. 또한 규칙적인 전쟁연습이 시행됐다. 전 슈타지 장교 한 명은 3, 4일 동안 심한 훈련을 받았는데 동베를린의 경우 슈타지 가족까지도 참여했었다고 술회했다. 처음에는 텐트에서 침식했지만, 얼마 안 가서 막사에 묵으면서 남녀 모두 긴급사태에 대비한 훈련을 받았다.

한 슈타지 장교의 보고에 따르면, 이 군사훈련이 실전을 방불케 해 여자들은 공포로 울부짖었다고 한다. 즉 그들은 지도급 간부들이 적들은 베를린 코앞에 이미 와 있으며, 슈타지 요원 부인과 자녀들은 이미 안전을 위해 소련으로 비행 수송됐다고 상황 설명할 때 몸 둘 바를 몰랐다고 한다.

한스 모드로가 동독 정부의 수반이 되면서 슈타지 기구가 해체되는 과정에서도 한때의 활동 요원들은 아직도 그들에 의한 희생자들보다 더 강력하게 행세했다. 모드로는 초창기에 이 기구의 해체 후 발생한 실업자들을 위해 3년간 보조비를 지불토록 결정했다.

동독 사민당 당수인 이브라힘 뵈메(Ibrahim Böhme)는 이전의 슈타지 요원들에 대하여 일종의 명예 회복을 위한 변호를 했고따라서 단순한 체제의 조수 노릇을 한 사람에게는 전후의 비(非)나치화와 같은 명예 회복 조처를 해줄 것을 촉구했다.

그러나 이 같은 제의는 분명히 시기상조다. 아직도 슈타지 독재의 희생자인 시민들은 용서할 위치에 있지 않다. 아직도 과거의 극복이 민주주의로의 새로운 출발에 대한 인식보다 우선한다. 곧 치를 선거 이후의 정세를 조망하는 정치인들만이 이 문제를 인식할 따름이다. 동독 기민당 당수 메지에르는 선거 이후 슈타지 요원들에 대한 사면은 불가피하다면서 "우리는 마녀를 쫓듯 그들을 사냥할 수 없다"라고 말했다.

그러나 희생자들은 권리를 찾고 있으며, 그들은 동독 역사상 처음 시민의 권리를 가질 수 있는 기회를 맛보고 있다. 물론 당시의 불안정한 사회상태로 봐서는 사법절차를 통한 손해배상을 받는 것이 아직 일렀다. 우선의 과제는 어떻게 슈타지의 권력 남용이 진실로 영구히 제거될 수 있으며, 어떻게 그 요원들이 처리되고 또한 제반 서류는 어떻게 악용됨이 없이 저장되는가 또는 소각될 수 있는지를 해명하는 데 있다.

그러나 1989년 12월 14일 이후부터 모드로 정부가 관료주의적이고 공포 분위기를 조성하는 거대한 정보부를 해체한다고 밝혔지만, 그것은 동독혁명의 가장 까다롭고도 위험한 부분이었다.

1989년 12월 이후 전국의 도 및 군 단위에서 밀케 제국의 폭정의 아성을 넘어뜨린 후 약 100개 시민위원회 및 통제단체가 구성되기 시작했다. 그 후 그들은 쉴 새 없이 슈타지에 대한 동독 국민의 분노를 모았으며 희생자에 대해서는 명예 회복을, 책임자에 대해서는 처벌을 가할 것을 요구했다.

동독 시민들의 불만으로써 여전히 해결되지 않고 있는 것은 「감시 국가」 시절의 산더미 같은 서류를 어떻게 처리하느냐 하는 데 있다. 오래전부터 많은 도시에서는 수백 명의 시민이 슈타지에 당한 심리적 테러에 대한 명예 회복과 손해배상을 받기 위해 법정을 찾고 있다. 법무부 장관인 커트 윈셰(Kurt Wünsche)는 앞으로 동독 법정이 처리할 그 같은 건수는 4만 건 이상 될 것이라고 추산하였다. 기민당 당수 메지에르도 산더미 같은 문서의 파기를 반대하는 이유로 희생자는 손해배상권을 가져야 한다는 데 두었다.

그러나 이 문제를 어떻게 처리할지는 지금까지 누구도 모른다. 밀케 제국이 남긴 서류들은 시민위원회와 검찰청 간에 아주 다른 의미로 받아들여짐으로써 혼란을 빚고 있다.

슈타지 감독관인 벤들러는 많은 서류를 군 및 도 정보지부에서 중앙본부로 옮겨 봉인한 것은 「큰 바보짓」이었다고 말하였다. 그는 옛 질서가 뒤죽박죽이 된 곳에서 증빙서류는 실제로 파기된 것으로 간주할 수 있고, 어떤 문서계원도 서류정리를 더 이상 할 수 없는 것으로 보고 있다. 그래서 시민위원회는 많은 지역에서 이를 위해 구체적으로 문서전문가들의 조언을 구하였다.

서독 정부는 1989년 2월 1일 이전 슈타지 요원들에 대한 연금법의 개정을 단행했다. 그것은 동독에서의 「정치적 억압체제」에 현저히 이바지한 슈타지 요원이 서독으로 이주할 때 서독이 부여하는 연금의 혜택을 못 받는다는 것이다. 이 같은 서독 정부의 결정에 원인이 있는지는 모르지만, 옛 슈타지 요원들의 서방으로의 쇄도 현상은 나타나지 않았다. 대략 50명 정도의 사람이 서독으로 넘어와 서독의 헌법보호기관에 들러 그들의 과거 활동 사항을 전했을 뿐이었다.

아직도 소수이긴 하지만 옛 위치에 머물러 있는 사람들이 있다. 그들은 주로 비공식 요원들로서 공공행정기관이나 외교 업무에 종사하였다. 지난 평화혁명의 변화에도 불구하고 그 후 동독대사나 영사들의 교체는 한 건도 이뤄지지 않았다. 5명의 외교관 중 4명이 슈타지를 위해 일한다는 것은 이미 알려진 사실이었다.

전 슈타지 장관이었던 밀케가 의회 조사위원회 앞에서 말한 바와 같이 자기의 행위에 대해 아무런 죄의식을 느끼지 않으며 자기가 행한 모든 처사는 헌법에 따랐을 뿐이었다고 할 때, 그의 옛 부하들로부터 과연 어떤 말을 기대할 수 있을 것인가?

그들 대부분은 이제 동독에서 다른 직업을 구하였다. 소수의 전 슈타지 요원들은 1989년 시위군중들이 힘차게 요구한 것과 같이 생산직으로도 스며들고 있다. 또한 다른 사람들은 기사나 음료수 가게 경영 또는 청소작업 같은 일에 종사하였다. 외국에서 슈타지 요원으로 활약했던 사람 중엔 서독정보부의 자매회사에서 무보수로 일하기도 한다.

군사 면에선 이렇게 간단히 설명할 수 있다. 인민군이 있는 곳엔 어디에나 슈타지 요원들을 군복 차림으로 배치했고 그들은 슈타지로부터 명령받았다. 군부대에서 정보요원들은 「VO」로 통칭하였다. 1989년 1월 26일 동독의 국방부 장관 호프만이 각 부대에 하달한 지시사항에서 보여주듯 아직도 슈타지 장교들이 군복을 착용하고 활동하였다는 인상을 주고 있다. 다른 점이 있다면 그들은 이제 새로운 상전에 보고하였다는 사실이다.

프라이부르크의 숲속은 일반인들이 아무리 들어가고 싶어도 못 들어가는 곳이다. 정복 차림의 동독 세관원들이 이곳 출입을 막고 있다. 큰 문은 들어오고 나가는 화물차와 출입 자격이 부여된 자 만을 위해 열려진다.

약 4㎢ 크기의 이 삼림지대는 서독으로 향하는 고속도로 옆에 있으며, 동베를린으로부터 동남쪽으로 8km 떨어진 곳이다. 이 지역은 오랫동안 「출입 금지지역」으로서 동독 시민에게는 터부시되었다. 감시병이 24시간 쉬지 않고 이

지역을 삼엄하게 지켰었다.

이 같은 삼엄한 감시에는 그럴 만한 이유가 있었다. 1989년 11월 혁명으로 인한 변화 후에도 비밀 유지의 필요성이 상존한다. 왜냐하면 「프라이부르크」라는 대상물은 사회주의통일당 및 슈타지의 제국에서 가장 까다롭고도 가장 비밀스러운 곳으로 여겨졌기 때문이었다. 여기에는 슈타지가 강탈한 물건들을 저장하는 추잡한 창고가 숨어 있었다. 여기에는 서독으로 도망가거나 체포된 동독 시민들이 남긴 가구 · 장식품 · 구두와 옷 · 라디오 · 녹음기 · 전축 · TV 수상기 등이 쌓여 있었다.

또 이 숲속에서는 동 · 서독 관계에 있어 파렴치한 일들이 벌어졌다. 즉 1984년 이후 동독에 잘못 발송된 서독의 모든 소포는 되돌려지지 않고 여기 프라이부르크로 송부돼 약탈당했는데 이는 어느 시대에도 없었던 최대 규모로 조직된 국가의 우편물 강탈행위였다.

편지와 소포의 통제는 슈타지 제국의 주요 업무가 돼 있었다. 동베를린에서만도 잠정적 또는 확정적 반체제인사들의 우편물을 감시하기 위해 600명의 슈타지 요원들이 일했다.

모든 도시, 모든 주, 모든 기차역, 모든 우체국에서 「코드명 M」(수신 및 발신 서신과 우편물 전면거사가 있어)에 의해 우편물을 감정했다.

베를린의 중앙역에는 우편물 통제 요원들이 한 건물의 전 층을 사용했다. 어디서나 우편물의 검열 방법은 같았다. 즉 우편물은 운반기에 의해 방 한가운데에서 흘러나왔고 감정가들은 그것을 일일이 지켜보며 취사선택했다. 한 편지 및 소포 감시원은 4,000명의 주소를 알 정도로 훈련돼 있었다. 그는 그가 아는 주소나 이름을 발견하면 즉시 그 우편물을 끄집어냈다. 특히 슈타지 직원들은 「불온서적」에 대해 신경을 곤두세웠다. 헨리히(Henrich)의 〈후견국가〉라든가 크리스타 볼프(Christa Wolf)의 〈방해사건〉같은 서적들이 나타날 때는 즉시 상부에 보고하지 않으면 안 됐다.

그러나 프라이부르크에서는 우편물은 개봉 이후 다시 봉할 필요가 없었다. 왜냐하면 그곳에서 탈취되기 때문이었다. 그 양을 수치로 표시한다는 것은 어렵다. 언젠가 동독검찰청 부청장인 로터 로이터는 지난 3년간 우편물에서 탈취한 현금은 650만 마르크에 달한다고 말했다. 그러나 슈타지가 소포에서 약탈한 물적 가치에 대해선 밝히지 않았다.

슈타지는 이런 방법으로 얻은 소득의 큰 부분을 서독에서의 「간첩 활동」을 위해 썼다. 적대계급에 대한 투쟁이 적대계급의 돈으로 뒷받침된 셈이다. 사실상 슈타지에 의해 얼마나 도둑질 당했는지 그 윤곽만 예측할 뿐 구체적 내용은 알 수 없다. 목격자들은 길이 150m, 높이 20m의 거대한 창고가 단지 중간창고로 사용되었음에도 약탈물을 저장하기엔 부족했다고 술회하였다. 특히 크리스마스나 부활절 바로 전주에는 소포의 홍수가 밀어닥쳐 임시보조원까지 채용할 정도였다. 당시에 이에 관계한 한 직원은 우편물이 폭주할 때는 창고 위까지 꽉 찼으며, "우리는 더 이상 어찌할 바를 몰랐다"라고 회상하였다.

동독의 우체국들은 1972년 이후 이미, 서독으로부터 잘못 배달된 모든 소포에 대해 슈타지의 통제를 받도록 하라는 지시를 받았다. 그 이유는, 스파이 근무과는 서독 물품의 흐름에 관한 전반적 상황을 알 필요가 있다는 것이었다. 우편물 통제를 담당한 M과와는 별도로 프라이부르크에 M-4를 설치하여 주재토록 했다.

슈타지 요원들이 서독 소포를 탐색하면 할수록 그들 상사의 욕망은 더욱 커갔다. 이 국가 괴물은, 처음 몇 년간은 개별적으로 선별 취득했다. 그러나 1984년 이후부터는 잘못 배달된 우편물로 간주하는 것은 모두 약탈했다. 그런데 실은 소포 중 3분의 1은 잘못 배달된 것이 아니고 정기적인 우편물이었다고 슈타지의 전 보조원은 말하였다.

프라이부르크 들어온 모든 우편물은 우선 뢴트겐사진으로 촬영되고 그다음은 「분해실」로 옮겨져, 그곳에서 상품별로 분류돼 상품장에 진열됐다. 두꺼운

포장지는 화장실용 휴지로 재생산되었다.

M-4는 이 같은 도적 행위를 은폐하고 서독이 불신하지 않도록 잘못 배달된 우편물의 약 5%(대개 값싼 물건들)를 서독으로 되돌려 보냈다.

본의 체신부는 속수무책이었다. 한 관계자는 "체계적인 부당이익을 취하였다는 사실은 오래전부터 우리도 알고 있다. 그러나 그쪽 속사정을 일일이 안다는 것은 여간 어렵지 않다"라고 피력했었다.

본 정부는 계속 동·서독 간의 우편물에 관한 협상에서 이 문제를 들고 나왔다. 즉 동독으로 보내는 2,000만 건의 소포 가운데서 약 20만 건의 소포가 배달되지 않는다는 것이었다. 그러나 동독의 체신부는 이에 대해 아무런 대답이 없었다.

프라이부르크에 흘러들어오는 물건 중에는 좋은 것도 많았다. 그것들은 원격 조정할 수 있는 컬러TV에서부터 비디오 레코더, 장난감, 이탈리아제 구두에서 가정용 장식품에 이르기까지 다양했다. 또한 사회주의통일당의 고령 당간부들을 위한 의료보급품도 거의 예외 없이 훔친 물건들로 충당했다.

정치국원들이 살고 있는 반드리츠에서의 요구는 항상 최우선적으로 받아들여졌다. 전 인민의회 의장이었던 호르스트 진더만(Horst Sindermann)의 집 지하실에서는 수 개의 컬러TV와 비디오, 그리고 두 개의 값비싼 스테레오 음향기기를 발견할 수 있었다.

슈타지의 중간 및 고급 간부들도 이 약탈물에서 이익을 볼 수 있었다. 그들은 프라이부르크에서 보낸 상품을 파는 특별상점에서 서독 마르크 대 동독 마르크의 1 : 1 환율로 서독 상품을 살 수 있었다.

그러나 슈타지 부하직원들은 초콜릿 하나 또는 10마르크짜리 지폐 하나 건드릴 수가 없었다. 그들은 그들의 상관으로부터 진짜 슈타지 정보요원은 "돈을 위해서가 아니고 그것의 의식을 위해 일해야 한다"라고 들어왔다.

프라이부르크의 나무 사이와 주차장에는 1989년 여름 서독으로 도피한 많은 동독 사람들이 남긴 2,000대의 승용차가 아직도 서 있다. 이 승용차들을 수송해 오기에는 큰 노력이 필요했다. 수백 명의 슈타지 요원들은 버스로 프라하와 부다페스트로 갔다. 그곳에서 그들은 부분적으로 이미 타이어가 다 떨어져 나간 자동차들을 다시 정비해 동독으로 몰고 올 수 있었다. 어떤 차들은 좌석이 없는가 하면 타이어가 펑크 난 차들도 많았다. 위의 차들을 동베를린으로 재 수송해 왔지만, 이들에 대한 처분은 그렇게 간단하지 않았다. 밀케 시대 같으면 공을 세운 슈타지 동료 간에 적당히 배분하면 간단히 해결될 수 있었지만 이제 그런 시대는 지났다.

슈타지의 파산 관리자 하인츠 엥겔하르트는 "드디어 그것은 전 동독 시민들의 사유재산으로 단순히 팔 수 없다는 사실"을 배운 셈이라고 말했다. 국가안전부(슈타지)는 이제야 참말로 과거와 같은 막강한 힘을 더 이상 발휘할 수 없게 됐다.

내가 본 통합 와중의 동독[12]

서독에서는 여름철만 되면 거의 누구나 가족을 동반하고 휴가를 즐기기 위하여 동서남북으로 뻗어나간다. 그들은 마치 휴가만을 위하여 사는 것 같은 인상을 준다. 그들은 1년 중 휴가를 가장 행복한 나날로 생각한다. 그들은 이날을 기다리고, 이날을 위하여 저축도 한다.

1990년 여름에는 특히 동유럽으로 많은 사람이 발길을 옮겼다. 그것은 틀림없이 일대 변혁을 겪은 그곳의 새로운 모습들을 보기 위한 마음의 발로일 것이다. 베를린장벽이 무너지고 동서 경계선이 활짝 열리면서 서독 사람들은 물밀듯이 동독을 방문하거나 여행길에 나섰다. 이곳 서점에서는 그동안 볼 수 없었던 동독에 관한 여행안내서가 상상할 수 없을 만큼 부쩍 늘었다.

1990년 여름에 필자도 동독을 여행했다. 나의 동독 여행의 근본 목적은 한가한 휴가를 즐기기 위해서가 아니고 40년간을 이어온 동독은 어떠한 나라였던가를 많은 곳을 다니면서 눈으로 보고 싶었다.

애당초 서독의 북쪽에 있는 함부르크에서 동독의 남쪽에 있는 드레스덴까지 배를 타고 엘베(Elbe)강을 따라가면서 주위의 도시들을 보려고 했다. 엘베강 일부는 동·서독의 경계선도 되었기 때문에 배를 타고 마치 분단의 경계선을 지우는 듯한 심정을 맛보고 싶었다. 그런데 이 엘베강 유람선은 1990년 6월부터 운항하기로 되었는데, 준비 부족으로 그만 다음 해로 연기됐다. 하는 수 없이 자동차를 이용하기로 했다. 내가 살고 있는 함부르크를 본부로 삼고 세

---

12 이영기, "내가 본 통합 와중의 동독". *독일통일의 해부*, 국제언론문화사, 1989.

번에 걸쳐 동독 여행을 감행하기로 했다.

내가 다녀온 곳은 동독 북쪽에 있는 슈베린, 동독 중심에 있는 동베를린과 포츠담, 그리고 동독 남쪽에 있는 비텐베르크, 라이프치히, 드레스덴 등지였다.

동독 여행의 첫날을 7월 1일로 정했다. 목적지는 서독 함부르크에 서약 100km 되는 지점인 슈베린이었다. 자동차로 달리면 대략 두 시간 거리였다. 내가 7월 1일로 출발 날짜를 정한 것은 바로 이날이 동 · 서독 화폐통합이 시행되고 동 · 서독 경계선이 완전히 철폐되는 날이었기 때문이었다. 그리고 슈베린을 택한 것은 이곳이 함부르크에서 가장 가까운 곳이었기 때문이다.

7월 1일 아침 7시에 나는 아내와 함께 자동차로 슈베린을 향해 달렸다. 경계선 지역에 접어들면서 나는 긴장했다. 정말로 경계선이 완전히 철폐됐을까 하고 의심을 했기 때문이다. 나는 경계선을 향해 천천히 차를 몰았다. 아니나 다를까 1년 전만 해도 삼엄하게 지켜 섰던 경비초소에는 아무도 없었다. 아무런 조사 없이 그냥 통과할 수 있었다.

우리 부부는 경계선을 자유롭게 통과하여 동독 땅으로 들어오면서 환호성을 질렀다. "세상에 이럴 수가 있느냐"며 그동안 동 · 서독의 분단과 통일에 관한 얘기로 꽃을 피웠다. 우리는 언제 남북을 자유롭게 통과할 수 있을지 모르는 형편이니 새삼 독일의 통일이 부러웠다.

경계선에서 30분 정도 걸려 나는 슈베린에 도착했다. 슈베린은 인구가 겨우 13만 명인 작은 도시이다. 도시 중심지는 화려한 맛이 약간 있으나 그 외에는 집들이 낡고 남루하기 짝이 없었다. 좀 잘 산다는 중형 아파트도 우리나라와는 비교가 안 될 정도로 초라했다. 또한 공장의 기계는 녹슬었고 시설은 전반적으로 낙후돼 있었다.

7월 1일 단행된 동 · 서독 간 화폐통합은 동독에서도 서독 마르크가 유일한 지불수단으로 된다는 것을 뜻한다. 나는 일부러라도 서독 돈을 빨리 쓰고 싶었다. 점심도 사 먹고, 맥주와 커피도 마셨다. 정말로 동독 돈은 자취를 감춘 것이다. 점심 값은 서독보다 좀 쌌지만, 맥주나 커피 값은 훨씬 비쌌다. 그러나 동·서독은 돈이 하나가 되고 경계선이 없어졌으니 통일이 된 것이나 마찬가지라 생각했다.

슈베린에는 12세기에 지었다는 대성당과 400년의 역사를 자랑하는 웅장하고도 화려한 성(城)이 있다. 연간 50만의 관광객이 이곳을 찾는다고 한다. 슈베린은, 옛날에는 대공작국으로 부귀영화를 누리던 곳이기도 하다. 위에서 말한 이 슈베린 성은 공작이 살던 곳으로 폴란드식의 르네상스형 건물이다. 큰 호숫가에 자리를 잡아 자연과 잘 조화를 이루었다. 마치 동화에서나 볼 수 있는 화려하고 찬란한 성이었다.

빼놓을 수 없는 한가지 점은 이곳에는 많은 소련군이 아직도 주둔하였다는 사실이다. 동독 전역에는 38만 명의 소련군이 있다. 슈베린은 경계선에서 가까운 지대라 많은 소련군이 있음을 직감할 수가 있었다. 그런데 그들의 표정은 그리 밝은 편이 아니었다. 그들은 대체로 사기가 죽은 듯이 보였으며, 어디에서도 군인다운 기상을 발견할 수 없었다. 동독 국민은 소련군이 하루빨리 떠나주기를 바라고 있다.

우리는 슈베린의 이곳저곳을 더 돌아보고 오후 5시경에 함부르크를 향하여 달렸다. 동독의 자연은 서독의 자연 못지않게 아름다웠지만, 농촌은 어딘가 초라하고 빈곤하다는 인상이었다. 동독에는 약 4,000개의 농업생산협동조합이 있다. 한 협동조합은 약 350세대로 형성된다. 그들은 이 협동조합에서 집단으로 일하고 그 대가로 매월 임금을 받으며 살아왔다. 그러나 이들 농업생산협동조합은 대체로 파산 직전에 놓였다 한다. 왜냐하면 그들의 농산물은 저질이어서 새로운 시장경제 체제에서 도저히 가격경쟁이 안 되기 때문이다.

두 번째 방문지는 포츠담과 동베를린이었다. 7월 10일과 11일 이틀에 걸쳐 갔다 오기로 했다. 주말로 잡지 않고 평일을 잡은 것은 많은 사람을 피하기 위해서였다. 이번에는 마침 방학 중인 나의 아들(고등학생)과 동행하기로 했다.

7월 10일 우리는 새벽 5시경에 함부르크를 떠났다. 함부르크에서 포츠담까지는 대략 280km이다. 우리는 약 한 시간 후에 옛 동·서독 경계선을 넘었다. 함부르크와 베를린 간은 고속도로가 놓여 있다. 이 도로는 80년대 초 서독의 자본으로 닦은 것인데, 서독인들은 이 도로를 서베를린으로 가기 위한 통로로 사용할 수 있었다.

7월이라 도로 옆에는 황금물결의 밀밭이 줄지어 있었고 이따금 나타나는 목장에는 많은 소가 여유 있게 풀을 뜯는 모습을 볼 수 있었다. 우리가 포츠담시에 도착했을 때는 오전 10시 반쯤 되었다. 빨리 달리면 3시간이 소요되는 거리였지만 우리는 도중에 아침 식사도 하고 커피를 마시며 자연 감상도 하였기 때문에 좀 늦게 닿은 셈이다.

포츠담도 다른 도시들과 마찬가지로 집들이 보잘것 없었지만, 호수가 많고 잔디가 많은 이곳의 자연환경이 장관이었다. 그리고 바로 베를린 교외에 있어 얼마 후에는 그야말로 금싸라기 땅으로 변할 것으로 생각된다.

13만 8,000명의 인구를 가진 비교적 작은 포츠담은 두 가지 역사적 유적지로 유명하다. 하나는 상수시(Sanssouci) 궁전이고, 또 하나는 이곳이 전후에 포츠담회담이 개최된 장소라는 점이다. 나는 오래전부터 이 역사적 도시를 보려는 꿈을 꾸어왔다. 그러나 포츠담은 동독 내에 있으므로 그 실현이 불가능했었다.

나는 먼저 유명한 상수시를 찾았다. 상수시는 프랑스어로 「근심이 없다」라는 뜻이다. 상수시는 프로이센의 가장 아름다운 유산으로 프리드리히(Friedrich) 대왕이 특별 명령하여 1746년경에 지어진 것이다. 그 무렵은 로코코 풍의 건축양식이 유행하던 때였다.

프리드리히 2세의 시대는 군사·정신 양면에서 프로이센의 절정기였다. 프로이센의 수도 베를린에서 가까운, 상수시 궁전은 프리드리히 2세의 두 번째 거처였다. 프리드리히 대왕은 주로 여름철이면 이곳에 들러 바깥 세계와 만남을 끊고 측근들과 좌담하며 음악을 즐겼다. 상수시는 로코코 형식의 비교적 작은 건물이다. 살롱 형식으로 된 방은 겨우 12개 정도다. 그러나 그 장식은 어느 궁전에 견주어도 지지 않을 만큼 화려했다. 약 45분가량 안내받았는데, 가장 인상적인 방은 프리드리히 2세가 직접 음악을 작곡하고 피리를 불던 음악실과 프랑스에서 온 계몽사상가 볼테르(Voltaire)가 묵었던 방이었다. 프리드리히 2세는 당시 계몽사상가로 명성을 떨치던 볼테르를 특별 초대하여 살롱과 상수시 앞에 전개되는 포도 정원에서 정치 및 철학을 논했다 한다.

프리드리히는 포도를 극히 좋아해 궁전 앞에 6층계의 포도 테라스를 만들었다. 이곳의 경치는 그야말로 아름다운 한 폭의 그림이다. 연간 200만 명이 이것을 보기 위하여 찾아든다고 한다. 통독 후엔 더 많은 인파가 몰릴 것이 뻔하다.

상수시를 4시간 정도 돌아보고 포츠담회담이 열렸던 장소로 발길을 돌렸다. 국제정치를 연구하는 한 사람으로서 필자는 상수시보다도 포츠담회담 장소에 더 관심을 가졌었다. 왜냐하면 그것은 독일분단의 출발점을 의미했고 한국분단과도 무관하지 않기 때문이다.

포츠담회담은 1945년 7월 16일 큰 정원 안에 자리 잡은 세칠리엔 궁전(Schloss Cecilienhof)에서 열렸다. 알다시피 미국의 트루먼, 영국의 처칠, 그리고 소련의 스탈린이 모여 전후처리 문제를 논의하기 위한 회담이었다. 회담은 8월 2일까지 16일간이나 이어졌다.

176개의 방이 있는 세칠리엔은 독일의 마지막 황제 빌헬름 2세의 맏아들인 황태자가 1913년에 지은 이후 1945년까지 살던 곳이다. 회담 장소는 호수가 바라보이는 1층의 방 가운데 5개가 사용되었다. 그것은 하나의 회담실과 응접실, 각국이 사용한 별도의 업무실로 구분되어 있었다. 방들은 우리나라 초등학교 교실 정도의 비교적 작은 크기였다.

이 회담에서 독일의 비군사화, 비나치화, 배상 문제 및 경계선 설정 문제 등이 논의됐다. 또한 미 · 영 · 소 정상들은 다시는 독일이 세계평화를 위협할 수 없도록 하는 데 합의했다. 그리고 독일을 여러 개로 쪼개 새로 만들 것인가를 놓고 입씨름하였지만 합의를 보지 못했다. 스탈린은 전쟁 중 독일을 3개국으로 나눌 것을 생각했지만 포츠담회담에서는 태도를 바꾸었다.

옥신각신한 끝에 합의한 것이 그 후에 나타났듯이 미 · 영 · 프 · 소 4대국의 독일에 대한 군사점령 정치였다. 이 회담에서 스탈린은 트루먼에게 "소련은 일본에 대해 참전할 준비가 되어 있다."라고 통보 한 바 있고 세 정상이 회담하는 동안 3개국의 군 참모들은 별도로 군사작전에 관한 논의를 하였다.

우리도 그 후 안 사실이지만 한국도 이러한 와중에서 미 · 소 양국의 군사점령 정치에 들어가게 된 것이다. 포츠담회담을 엄밀히 살펴보면 독일이나 한국을 국제법상 분단한다는 이야기는 없다. 어디까지나 임시적인 군사점령이었다. 그런데도 양국이 분단된 것은 그 후 동서냉전의 산물이라고밖에 볼 수 없다.

세칠리엔은 호텔로 사용되고 있으며 「포츠담회담」의 덕을 톡톡히 보고 있다. 많은 여행객이 찾기 때문이다. 이 호텔의 메뉴에는 트루먼 · 처칠 · 스탈린이 즐기던 음식들을 별도로 마련하였다. 한 번쯤 이 호텔에 투숙하면서 포츠담회담의 이모저모를 생각할 필요가 있을 듯하다.

나는 세칠리엔을 두 시간 정도 돌아보고 오후 5시경 서베를린으로 향했다. 포츠담에서 서베를린으로 가려면 글리니케(Glinicke) 다리를 넘어야 한다. 얼마 전까지만 해도 이 다리는 동서의 스파이들이 서로 교환되던 유명한 다리였다. 물론 나는 아무런 조사를 받지 않고 이 다리를 건넜다. 그래도 마치 영화의 한 장면에 출연한 주인공이 된 듯한 느낌이었다. 서베를린에서는 친구 집에서 하루를 쉬었다. 우리는 베를린의 전망에 관한 이야기로 많은 시간을 보냈다.

7월 12일 베를린의 아침은 쾌청하여 산책하기에 안성맞춤이었다. 아침을 간단히 먹고 동베를린으로 향했다. 베를린과 통일의 상징인 브란덴부르크 문 근처에 차를 세우고 직접 도보로 문을 통과하여 동베를린으로 가기로 했다. 이제 이 문도 아무런 검문 없이 통과할 수 있었다. 모두 자유롭게 오가는 것을 보면서 감회에 잠기지 않을 수가 없었다.

이 문에서 이어지는 동베를린의 중심가 「운터 덴 린덴」(Unter den Linden)은 그렇게 붐비지 않았다. 1989년 12월 중순 내가 이곳을 잠깐 방문했을 때는 평일인데도 사람들이 붐볐고 브란덴부르크 문을 넘기 위해 받는 여권 조사 때문에 줄을 서야만 했다.

무엇보다도 1989년과 다른 점은, 7월 1일부터 단행된 화폐통합으로 상점에 가득 쌓인 서독 상품이었다. 그러나 일반적으로 서베를린보다 가격이 비쌌다. 그래서 동베를린 사람들이 물건을 사기 위하여 서베를린으로 오는 기현상을 빚기도 했다.

동독의 상점은 아직도 국영 상점과 협동조합 형식의 상점으로 크게 나뉜다. 이들은 서독 상품을 독점적으로 구입해 비싸게 팔기 때문에 이 같은 모순을 낳기도 한다. 서독과 가격이 같아지려면 동독에도 빨리 가격경쟁이 정상화돼야 한다는 것을 느꼈다. 가격은 서독보다 비싸고 임금과 월급은 옛날과 별 차이가 없으니 불만을 터뜨릴 수밖에 없다.

동독에서 가장 심각한 문제는 실업자의 증가다. 7월 초에 8만 명이던 것이 한 달이 지나자 22만 3,000명으로 늘었다. 앞으로도 계속 증가할 추세다. 공장은 낡고 기계는 녹이 슬었으니 시장경제 체제에서 살아남을 길이 없다. 실업률에서 보듯 화폐통합 이후 동독의 경제 사정은 그리 좋지 않았다.

서독 사민당의 수상 후보 라퐁텐은 최근 동독과의 화폐통합 및 경제통합을 너무 빨리하였다고 콜 수상을 비난하고 나섰고, 그 대가로 서독은 너무나 많은 돈을 지불하게 될 것이라고 했다. 그는 앞으로 수년간 서독은 동독에 연 1,000억 마르크(당시 약 700억 달러)를 지불하여야만 될 것이라고 꼬집고 있다. 그것은 너무 비싸다는 것이다.

이곳 동베를린 중심가에는 모든 것이 거의 다 있다. 정부청사 · 국회 · 시청 · 대학 · 백화점 · 호텔 · 교회 · 박물관 등이 모두 여기에 있다. 나는 그중에서도 훔볼트 대학을 찾았다. 왜냐하면 이곳은 앞으로 동서가 만나는 곳으로 일대 논쟁문화가 전개될 가능성이 있기 때문이다.

학교 정문 앞에는 훔볼트 동상이 늠름하게 서 있었다. 그는 19세기 초의 유명한 독일의 교육자로서 학문의 자유와 진리의 탐구를 부르짖었다. 그의 교육이념은 전 세계로 뻗어나갔다. 이 대학은 1810년 프리드리히 빌헬름(Friedrich Wilhelm) 대학으로 세워진 이후 나치 말까지 이어졌다. 1946년에 「베를린 대학」으로 다시 문을 바꾸어 오늘에 이르고 있다.

이 대학 중앙현관 담벼락에는 마르크스의 「포이어바흐(Feuerbach)에 관한 테제」가 큰 글씨로 쓰여 있었다. “지금까지 철학자들은 세계를 단지 풀이만 했다. 그러나 앞으로는 세계를 어떻게 바꾸느냐에 있다”라는 문구였다. 지난 40년 동안 이 대학에서 무엇을 주로 가르쳤는지를 짐작할 수 있었다.

훔볼트 대학은 그 크기가 웅대하였으나 내부는 이루 말할 수 없을 정도로 낡았다. 마침 학생들이 데모하고 있었다. 이 대학 여직원에게 물었더니 생활비를 330마르크에서 500마르크로 인상해 달라는 요구라 했다. 물론 그들은 수업료를 안 낸다. 그러나 생활비를 일률적으로 인상 요구하는 것은 이해가 안 됐다. 서독 대학생들도 수업료를 내지 않고 공부하지만 생활비는 각자 조달한다.

정문을 나오면서 앞으로 이 대학에서도 많은 변화가 있어야 하겠다고 생각했다. 히틀러 시대에는 나치 유니폼을 입고 입학식을 하던 대학, 그리고 전후에는 일방적으로 마르크스-레닌주의에 대해서만 강의하던 대학이 아니었던가. 일당 독재 하에서의 학문이 과연 진정한 학문이 될 수 있겠는가. 그것은 기본적으로 훔볼트의 교육이념에 위배된 것이었다. 그러나 베를린이 하나가 되어 서베를린의 자유 대학과 통합이 된다면 그야말로 새롭고 자유로운 학문의 전당이 될 것이라고 확신했다.

나는 3시경 시 중심가에 있는 시청 지하 식당에서 점심을 먹고 다시 브란덴부르크 문 쪽으로 향했다. 많은 행상이 문 근처에서 베를린장벽과 관련한 기념품들을 팔고 있었다. 벽의 돌덩어리며 동독 경비병이 입었던 모자 및 복장이며 그림엽서 등이 주종을 이루고 있었다. 나는 돌덩어리 하나를 1마르크 주고 샀다. 그림엽서도 몇 장 샀다.

함부르크로 떠나기 전 이 문에서 동베를린과 서베를린 양쪽을 번갈아 보았다. 한없이 넓고 한없이 긴 거리, 통일된 후 베를린이 다시 통일 독일의 수도가 되면 이 거리는 정치 · 경제 및 문화의 중심지가 될 것이다.

오후 5시경 베를린을 떠나 올 때와는 달리 빠른 속도로 함부르크로 달렸다. 4시간 반 만에 집에 도착할 수 있었다.

세 번째의 동독 여행은 7월 21일에서 23일까지 3일간에 걸쳐 이루어졌다. 이번에는 아내와 같이 갔다. 행선지는 비텐베르크 · 라이프치히 · 드레스덴과 그 주위를 돌아보는 것이다. 동독의 남쪽 지방이다.

7월 21일 새벽 5시, 나는 베를린으로 가는 고속도로로 들어섰다. 옛 경계선을 넘어 자동차로 30분 거리에 있는 루트비히슬루스트(Ludwigslust)에서 우회전, 마그데부르크(Magdeburg) 시가 있는 남쪽으로 달렸다. 도로는 그리 좋지 않았다.

가는 도중에 가끔 나타나는 자그마한 도시들은 건물들이 낡고 사람이 거의 없어 죽은 도시 같았다. 상점도 제대로 없는 것을 보고 그들은 무엇을 사 먹고 사는지 의심이 들 정도였다. 그러나 자연은 아름답고 평야로 계속 이어져 농업지대임을 알 수가 있었다. 도로 사정이 나빠 인구 29만 명의 도시 마그데부르크에 도착하였을 때는 정오가 되었다. 함부르크에서 무려 7시간이 걸려 도착한 셈이다.

첫 목적지가 마틴 루터가 살았던 비텐베르크였기 때문에 쉬지 않고 그곳으로 계속 달렸다. 길은 시골길로 먼저보다 더 나빴다. 그러나 많은 삼림지대가 있어 더위를 식혀 주었다. 우리는 시원한 숲속에 앉아 점심으로 김밥을 먹었다. 꿀맛이었다. 우리는 2시간 정도 더 달려서 인구 5만 4,000명의 비텐베르크 시에 도착했다. 쓸쓸하고 한가한 도시였다. 중심지에 들어서니 여행객들이 가끔 눈에 띄었다.

이곳을 찾는 사람들은 순전히 마르틴 루터의 역사적 발자취를 더듬기 위한 것이었다. 나도 마찬가지였다. 이곳에는 루터가 종교개혁을 위하여 그 유명한 「95개 조항」을 발표한 성교회가 있고 그리고 그가 살았던 「루터의 집」이 있다.

아니나 다를까 성교회 문에 그의 95개 조항이 아로새겨져 있었다. 그는 이 95개 조항을 발표해 종교 및 사회개혁가로 일약 유명한 사람이 됐다. 알다시피 16세기 초 교황 레오 10세는 로마에 있는 베드로 성당 건축비를 조달하기 위하여 면죄부를 팔고 있었다. 이 면죄부를 사면 그동안 지은 죄를 씻고 천당으로 갈 수 있다는 것이다.

재미있는 것은 면죄부마다 가격이 다른 점이다. 가장 비싼 면죄부는 12두카트(Ducat)나 했다. 그것을 사는 사람은 짐승과 같은 불륜의 죄를 지은 자들로서 그 짓을 용서받으려면 그만한 대가를 지불하여야 했다. 가장 싼 가격은 부모를 살해한 죄로써 불과 1두카트밖에 안 됐다. 그런가 하면 도둑질한 자는 9두카트를 내야 했고, 많은 여자와 관계를 맺은 플레이보이들은 6두카트를 내야 했다.

우리는 여기서 재미있는 사실을 발견하게 된다. 도둑질한 사람은 9두카트란 비싼 가격을 지불한 반면 부모를 죽인 사람은 겨우 1두카트를 지불한다는 사실이다. 지금도 비슷하지만, 당시에도 부모를 살해하는 사람은 거의 없고, 어떤 형태로든 도둑질은 많았다고 생각할 때, 도둑질을 한 사람에게 가격이 높게 부과된 이유를 짐작할 수 있다. 결국 종교의 이름으로 돈을 많이 거둬들이기 위한 책략이었음을 쉽게 알 수 있다.

1517년 10월 30일 루터는 95개 조항을 교회 문에 붙였다. 죄의 사함은 면죄부를 통해서가 아니라 오로지 인류의 죄를 위하여 십자가에 못 박힌 예수를 믿음으로서 가능하다고 강력히 주장하고 나선 것이다. 교회 지을 돈이 있으면 그것으로 가난한 자들을 도우라고 소리쳤다.

95개 조항은 전 독일로 전파됐다. 교황은 루터를 이단자로 몰았고 이어 그를 파문했다. 그러나 루터는 굽히지 않고 종교개혁을 단행했으며, 그 여파는 프로테스탄트 주의로 오늘날까지 이어지고 있다.

성교회에서 약 300미터 떨어진 곳에 루터의 집이 있다. 그곳은 수도원으로 종교개혁 후 그가 살았던 곳이다. 지금은 그를 기념하기 위하여 박물관으로 사용되고 있다. 여기에는 그가 입었던 옷이며 가족과 함께 살던 방, 그 부인의 결혼반지, 그가 번역한 성경 등 갖가지 유물들이 있다. 자세히 보려면 두 시간은 걸린다. 여기서 가장 큰 인상을 받은 것은 그의 응접실이다. 늘 수많은 사람이 모여 토론을 자유롭게 벌였다는 곳이다. 흔히 수도원이라면 엄숙하고 조용한 곳으로만 생각하지만 루터의 수도원은 대화의 광장이었다.

나는 조용한 비텐베르크를 떠나면서 어느 사회에서나 개혁하지 않고는 그 사회의 발전이 없다는 것을 생각해보았다. 루터는 종교 차원을 넘어서 우리에게 늘 개혁 정신을 일깨워 주고 있는 위대한 인물임을 다시 깨달았다.

다음 행선지는 라이프치히였다. 비텐베르크에서 약 70km 떨어진 곳이다. 1시간 정도 달려서 라이프치히에 도착하니 오후 5시가 되었다. 이곳에 오려고 한 목적은 이 도시가 동독 제2의 도시(인구 54만 7,000명)이고 유명한 산업박람회가 개최되는 곳인데다가 특히 이곳이 1989년 「동독 평화혁명」을 일으킨 산실이었기 때문이다. 특히 니콜라이(Nikolai) 교회는 그 중심지였다. 호텔에 여장을 푼 우리는 중심가를 구경하기로 했다.

이곳 중심가는 서독의 어느 한 도시를 보는 것과 같이 화려했다. 이미 서독의 값진 물건들이 상점들마다 채워져 있었다. 밤거리는 주로 서독 여행객들로 붐볐다. 나는 니콜라이 교회가 어디 있는가를 물었다. 니콜라이 교회는 다행히 가까이에 있었다. 첫 예배 시간은 아침 9시 반이었다. 나는 평화혁명에 중요한 역할을 한 마리우스(Magirius) 목사를 만나 이야기하고 싶었다.

7월 22일은 일요일이었다. 나는 아내와 같이 그 교회를 찾았다. 마침 마기리우스 목사가 설교하고 있었다. 평화에 관한 것이었다. 설교가 끝난 후 그와 잠깐 만났지만, 그는 다음 11시 예배에 들어가야 해서 시간이 없었다. 그리하여 나는 또 다른 목사인 슈트라이허(Streicher) 목사와 교회 앞에서 동독의 평화혁명에 관하여 이야기를 나누었다.

나는 우선 이 교회가 어떻게 평화혁명의 산실이 되었으며 마기리우스 목사의 역할이 얼마나 컸는가를 물었다. 잠자코 듣고 있던 슈트라이허 목사는 "평화혁명은 어떤 특정한 교회와 인물에 의해 이루어진 것은 아니다"라고 말했다.

이곳의 니콜라이 교회, 드레스덴의 십자가 교회, 동베를린의 겟세마네 교회 등이 다 함께했다는 얘기였다. 그러면서 그는 라이프치히가 신호탄 역할을 하지 않았겠느냐고 말하기도 했다. 옆에서 조용히 듣던 한 여집사는 "많은 사람이 서독으로 넘어가기 때문에 데모하지 않고는 참을 수가 없었다"라고 8개월 전의 사건들을 회상하면서 눈물을 글썽거렸다. 우리는 한 시간 정도 이야기를 나누었다. 밤새도록 이야기를 나누고 싶었지만, 시간이 허락하지 않았다. 우리는 그 목사와 앞으로 계속 연락을 주고받기로 하고 12시경 다음 행선지인 드레스덴으로 향했다.

라이프치히에서 드레스덴까지의 거리는 약 120km였다. 고속도로를 통해 2시간 만에 목적지에 도착했다. 드레스덴은 인구 52만 명으로 엘베강 상류에 자리 잡은 아담한 도시다. 300년 전통의 문화도시로 「엘베강의 플로렌스」로 불리기도 한다.

이곳에 오면 웅장하고 화려한 바로크 형식의 건축물들을 찾지 않을 수 없다. 츠빙거(Zwinger) 궁전, 젬퍼(Semper) 오페라하우스, 궁정교회 등은 너무나 유명하다. 츠빙거 궁전은 마침 수리 중이라 그 내부는 볼 수 없었지만, 건축물과 그 안에 있는 정원을 밖에서 보는 것만으로도 마음이 흡족했다. 앞으로 돈을 많이 들여 다시 손질하면 더욱 아름다움을 과시할 것이다.

우리는 다시 올 것을 약속하고, 드레스덴 주위에 있는 「작센의 스위스」로 자연 경치를 보러 갔다. 이 지역은 작센 주로 스위스처럼 아름답다고 하여 이 같은 명칭이 붙은 것이다. 휴양지로 산책과 등산을 하며 조용히 지낼 수 있는 곳이다.

이 지역 경치 중에서 가장 절정을 이루는 곳은 바스타이(Bastei)에 있는 바위성이다. 이 바위는 아주 옛날엔 모래였다고 하여 「모래 바위 성」이라고도 한다. 약 700m 높이에 있는 바위들은 서로 그룹을 지어 서 있고 그 사이로 오갈 수 있는 다리들이 놓여 있다. 어디에서 내려 보나 전개되는 자연은 장관이었다. 특히 이 밑으로 흐르는 엘베강의 경관은 너무나 아름다워 어떤 이는 유럽에서 가장 아름다운 곳이라고도 한다.

7월 22일 이 지역의 조그만 휴양지인 바트샨다우(Bad Schandau)에서 하루를 쉬고 그다음 날 아침 드레스덴으로 왔다. 그곳에서 고속도로를 이용 베를린 쪽으로 돌아서 함부르크의 집으로 귀가했다.

비록 며칠 동안의 동독 여행이었지만 내가 느낀 인상은 우선 동독은 하부구조를 빨리 개선하여야 할 것이라는 점이다. 수많은 낡은 집들과 도로망이 제대로 정비되지 않고는 도시의 아름다움을 자랑할 수 없다. 앞으로 많은 아파트가 지어져야 할 것이다. 또 낡은 공장은 헐고 경쟁력 있는 새 분야의 새로운 공장들이 들어서야 할 것 같다. 자유로운 경쟁을 통한 품질의 향상과 저렴한 가격이 이루어져야 할 것이다.

환경 보호 또한 무시 못 할 분야다. 역사적 유적지는 철저하게 재정비되어 새로운 면모를 갖추어야 할 것으로 보인다. 과거 동독이 앞으로 모든 분야에서 서독 수준이 되기까지는 5년 정도 걸릴 것이라고 한다. 만일 그렇게 되면 인구 8,000만의 통일 독일은 굉장한 나라로 부각될 것이 틀림없다. 독일의 유럽이 될는지 혹은 유럽의 독일이 될는지 우리는 관심을 갖고 지켜보지 않을 수 없다.

2 장

DMZ로 :

남북한 자유 평화 통일

베를린장벽 붕괴가 우리에게 주는 교훈[13]

동독에 있어서의 평화혁명과 베를린장벽의 붕괴는 독일 및 유럽을 넘어서 전 세계사적 큰 사건임이 틀림없다. 특히 아직도 여전히 분단의 고통을 겪고 있는 한국인들에게는 부러움의 대상이 되고, 그리하여 어떻게 하면 베를린장벽을 붕괴시킨 것처럼 남북한 경계선을 부술 수 없을까 생각하게 된다.

베를린장벽의 붕괴는 우리에게 무엇을 생각하게 하며 어떤 교훈을 주는가? 다섯 가지 면에서 살펴보고자 한다.

첫째, 동독의 평화혁명의 근본적인 원인은 정치, 경제 및 사회 전 분야에 걸쳐 동독이 내적으로 안고 있던 총체적 체제 자체의 결함 때문이다.

1945년 소련의 점령국으로 시작된 동독은 스탈린 독재체제 아래에서 사전에 철저히 훈련받은 울브리히트(Ulbricht) 그룹에 의하여 산업의 국유화 및 농업의 협동조합화 그리고 엄격한 감시체제로 전국을 획일적 사회로 만들었다. 모든 것은 당이 지배한다는 당 제도를 도입하였고, 나아가 일인 독재체제로 전락했다. 동독 정권은 처음부터 동독 주민을 지배할 만한 정당한 정통성을 갖지 못하고 있었다.

분단과정에서 동독을 보노라면 해방 이후의 북한을 보게 된다. 동독과 너무나 흡사한 상황임을 인식하게 된다. 북한의 경우는 동독의 울브리히트 그룹과 같이 김일성 부대가 북한으로 온다. 그들도 소련에서 철저한 사전훈련을 받고 와서 꼭두각시 노릇을 했다. 스탈린 체제를 그대로 이식시켰으며, 일당 독재체

---

13 이영기. *20年前 베를린장벽은 어떻게 무너졌는가?*. 도서출판 강남, 2009.

제를 확립시켰고, 나아가서 세상에서 그 유례를 볼 수 없는 일인 독재체제로 변질됐다. 김일성도 북한에서는 처음부터 국민의 지지로 지도자가 되지 못함으로 정통성에 문제를 안고 있었다.

동독과 북한의 큰 차이는 북한이 무력으로 6 · 25전쟁을 일으켜 통일을 이룩하려고 하였던 점이다. 이것은 그 후 남북한의 적대관계를 심화시키고 통일을 어렵게 하는 요인이 되었다.

동독과 북한과의 또 다른 큰 차이는 소련군의 동독 점령은 얄타 회담에서의 연합국의 합의에 의해 이루어졌지만, 소련군의 북한 점령은 구체적인 합의가 없었다는 점이다. 소련군은 한국의 해방 이후 즉시 물러났어야 했다. 동독의 경우는 2차 대전 중 소련이 가장 많은 인명피해를 입었기 때문에 동독에 대한 점령이 어느 정도 정당하다고 이해되지만, 북한의 점령정치는 그 정당성이 없다. 독일과 한국의 근본적인 분단원인은 소련의 팽창정책에 있음을 우리는 똑똑히 인식하여야 한다.

둘째, 동독의 평화혁명과 베를린장벽 붕괴에 영향을 준 것은 위에서 말한 것과 같이 고르바초프의 역할, 헬싱키 프로세스 그리고 서독의 통일정책이었다.

우리는 중국이 과연 동유럽국가들의 자유로운 체제 선택과 군사개입을 안 한다는 고르바초프의 개혁 · 개방 정책 같은 것을 북한에도 할 수 있는지를 기대해 본다. 고르바초프의 개혁 · 개방 정책도 헬싱키 프로세스에서 형성됐다고 볼 때, 동북아의 평화 질서를 위하여 유럽안보협력회의(CSCE)가 한 모델이 될 수 없는지 생각해 볼 필요가 있다. 그리하여 우리가 주도권을 취해 적극적으로 노력하면 북한의 변화에도 도움이 될 것이다.

서독의 통일정책에 있어서 아데나워의 자석이론, 브란트의 접촉을 통한 사람의 통일 그리고 콜의 적극적인 통일정책은 모두 우리에게 좋은 교훈이 될 것이다.

셋째, 동독의 평화혁명과 베를린장벽의 붕괴 원인에는 동독 정권의 개혁 · 개방의 의지가 없었다는 점이다. 샤보프스키가 "권력 문제는 사회주의의 중심적 문제이다"라고 말한 것처럼 동독에 있어 개혁 · 개방은 바로 권력의 포기를 뜻하는 것이었다.

오늘의 북한의 경우도 마찬가지 입장이다. 북한의 개혁 · 개방은 바로 김정일 체제의 붕괴를 뜻하기 때문이다. 북한은 그들의 정권 및 체제의 유지를 위하여 주체사상을 위한 세뇌 교육, 노동당의 강화, 선군정치 그리고 심지어는 핵무기로 무장하고 있지 않은가. 그들은 엄격한 내부 단속과 바깥 세계와 완전히 차단한 이 세상에서 가장 고립된 일인 독재국가가 돼 있다.

넷째, 우리는 이와 같은 현실 상황에서 어떻게 북한에 대처하여야 하며 또한 어떻게 북한의 변화를 유도하여 통일의 길을 열 수 있는가를 생각해본다.

2004년 2월 독일에서는 칸트 서거 200주년 기념이 있었다. 재밌는 사실은 북한 테러국에 대한 두 칸트 철학자의 논쟁이었다. 훔볼트 대학(Humboldt-Universität zu Berlin)의 풀커 게르하르드(Volker Gerhard) 철학교수는 북한 같은 테러국가는 앞으로 세계평화의 위협을 미연에 방지하기 위해 무력으로라도 북한을 제거해도 된다는 입장이었는가 하면, 킬 대학교(University of Kiel)의 볼프강 케르스팅(Wolfgang Kersting) 철학 교수는 아무리 북한이 테러국가라 하더라도 무력 사용은 칸트의 평화 사상에 어긋난다고 했다. 그러나 그는 북한의 자체 해방을 위하여 다방면에서 영향력을 행사한다고 했다. 그러나 그는 다양한 영향력에 대한 구체적인 내용은 언급하지 않았다.

이제 우리는 북한에 대처하기 위한 다양한 방법이 무엇인지 모든 국민이 찾을 때가 된 것 같다.

■ 강한 안보 체제의 확립이다.

안보는 국력의 한 중요한 요소이다. 독일의 경우는 안보와 통일과의 관계에서 안보가 우선됐다. 그리하여 「Security First」라는 표어가 일상화되었었다. NATO를 통한 독일의 안보 체제는 강했고 동 · 서독 간의 긴장 완화정책의 선행조건이었다. 국토방위 능력과 동방과의 대화 노력이라는 1967년의 NATO의 이중전략은 동유럽의 변화를 가져오는 데 일조하였고, 동 · 서 간의 최소한의 세력균형을 목표로 했던 1981년의 NATO 이중 결의는 동 · 서 중거리 미사일을 없애는 군축에 성공했다.

튼튼한 안보의 확립은 우리에게도 통용된다. 안보가 없이는 모든 것이 흔들린다. 그동안 햇볕정책으로 인한 한 · 미 동맹은 불안했다. 2005년 8월 15일 조선일보의 기사에서는 신세대(1980년대 출생 16~25세) 813명 중 65.9%가 만약 미 · 북한 간에 전쟁이 나면 북한 편에서 미국과 싸우겠다는 내용이다.[14] 또한 2004년 육사에 합격한 입교생 250명을 대상으로 한 설문조사에서 "우리의 주적은 누구냐?"라는 질문에 무려 34%가 미국이라고 답하였다.[15] 기가 막힌 사실이다. 안보의 중요성을 모르는 위정자들에 의하여 안보는 흔들렸고, 2012년에는 한 · 미 연합사도 해체될 모양이다. 막강한 국력을 가진 독일은 통일 후에도 NATO의 회원국으로 남아있다는 사실을 알아야 한다.

■ 통일목표와 통일방안이 분명하게 국민에게 각인되어야 한다.

독일의 경우는 기본법 전문에 유럽의 평화 상태에서 독일인도 자결권을 통한 자유 통일이 가능함을 강조함으로써 독일인들에게 통일 의지를 심어주었

---

14 신세대민족주의연구팀. "[오늘 광복 60년] 신세대〈16~25세〉들의 민족주의 한국갤럽 813명 조사… 교수진 분석 '美 · 北전쟁땐 北편 들겠다 66%' '북한에 가서 살고 싶다'는 0%". 조선일보 2005년 8월 15일 : A1면

15 유석재. "육사 교장이 기획한 '軍대안교과서' 3년전 상부 지시로 외부에 못나가". 조선일보 2008년 4월 4일 : A2면

다. 이 전문의 통일방안은 헌법 개정의 대상이 되지 않았다. 한국의 경우도 헌법 4조에 입각한 자유민주주의와 시장경제라는 보편적 가치 위에서 통일한다는 입장을 강하게 표시해야 한다.

■ 남북관계에 있어서 정치, 경제 및 문화 분야에 있어서의 제도적 형태가 마련되어야 한다.

남 · 북 관계에 있어서 남북한이 다 좋아하는 스포츠 교류 같은 것도 정례화되지 않은 상태이다. 독일의 경우는 1972년 동 · 서독 조약 이후, 동 · 서독 부서 간의 30여 개의 협정이 체결되어 그 관계가 제도화, 정례화되었다. 이를 통해 볼 때, 우리도 북한이 필요로 하는 경제지원과 우리가 원하는 인적교류 간의 상호주의 원칙을 철저히 적용해야 한다.

■ 탈북자들에 대한 적극적인 지원정책이 필요하다.

탈북자들은 그 수가 국내에 10만 명만 되면 통일된다고 한다. 동독에서의 대량 탈출이 동독의 평화혁명을 일으키지 않았던가. 중국에서 떠도는 탈북자들은 난민의 지위를 얻도록 우리 정부의 UN, EU 그리고 중국 정부에 대한 적극적 외교가 요청된다. 또한 전 세계에 퍼져있는 재외교포를 보호할 「교포청」의 신설을 제의한다.

■ 이제 우리는 본격적으로 북한을 알고, 우리도 알 때가 되었다.

그동안 북한의 실상을 알려고 하면 북한을 자극한다고 거의 금지하지 않았던가. 손자병법에 상대방을 알고 우리를 알면 백번을 싸워도 절대로 지지 않는다고 했다. 서로를 잘 알기 위한 방법은 남북한 체제 비교가 바람직하다. 체제 비교 방법은 크게 두 가지로 나눈다. 하나는 체제 내적 비교로서 그것은 남북한 간의 가치 체제가 일방적으로 상대방의 가치 체제로써 이용되어서는 안 되고 형식적으로 비교되고 그 체제의 규범적 기초에서 서술하고 그 자체의 요구에 따라 평가하는 것이다.

또 다른 하나는 체제 외적 비교이다. 이는 상대 체제에 대한 단순한 인식에서 끝나지 않고 보다 구체적이고 객관적인 체제 가치평가를 통하여 한 체제가 다른 체제에 비하여 우월성을 가지고 있다는 것을 설명하는 것을 목표로 삼는다.

우리는 위의 두 가지 접근방법 중에서 당연히 후자를 선택하여 우리의 정치, 경제체제에서 우월성을 알리는 것이다. 학교 안에서나 학교 밖에서 이와 같은 통일교육을 실시함으로써 그동안의 통일에 대한 무관심을 관심으로 끌어내야 할 것이다.

■ 북한에 정보를 제공하여야 한다.

독일의 경우는 동·서독 간의 수백만 명의 교류가 있었고 TV, 라디오 등을 통해 상대방에 대한 정보를 접할 수 있었다.

그러나 북한 주민들은 북한 독재체제의 엄격한 통제로 바깥세상을 접할 수가 없다. 정보는 힘이다. 북한 주민들도 외부 세계에 관하여 알 권리가 있다. 북한에 영향을 줄 수 있는 정보를 힘껏 활용하여야 한다. 예를 들면 라디오, 한류열풍, 기타 인적 교류 등이다.

독일의 한 사례를 들겠다. 독일통일 실천에 있어 아주 중요하다고 생각하는 것 중의 하나가 동독 방송이었다. 그중에서도 대표적인 방송이 RIAS(Radio in American Sector)였다. 서베를린에 자리 잡고 1946년부터 1993년까지 존속하였으며 「자유세계에 의한 자유의 소리」로 인정되었고 동독 정권에게는 가장 위험한 적의 방송으로 간주하였다.

RIAS는 870명의 인원으로 구성되었고 재정은 미국 정부에서 담당하다가 1970년부터는 서독 정부가 이어받았다. 다양한 프로그램 중 단연 정치문제가 중요시 다뤄졌다. 동·서독에 있어서 중요한 사건들(1948년 베를린 봉쇄, 1953년 동독봉기, 1958년 베를린 최후통첩, 1961년 베를린장벽 구축, 1989년 베를린장벽 붕괴 등)이 발생할 때마다 동독인들에게 지속해서 알리는 역할을 함으로써 동독의 변화에 이바지했다고 볼 수 있다.

1948년에서 독일통일까지 근무했던 빌 프리드 슐츠는 그의 근무 중 가장 매혹적인 일은 체제경쟁에서 어느 것이 더 나은 사회적 모델이며 따라서 보다 많은 국민의 지지를 받느냐는 것을 눈으로 확인할 수 있는 점이었다고 한다. 그는 동·서독의 정치, 경제체제의 비교를 통하여 서독 체제의 우월성을 방송할 수 있었다. 또한 1988년에서 1993년까지 근무했던 지크프리트 부쉬시리터는 프로그램 책임자로서 근무했는데 동독 청취자를 위한 RIAS의 의미를 다음과 같이 술회하고 있다.

"베를린장벽이 붕괴되기 전에는 몰랐지만 그 후에 나타난 사실은 1년간 200만 통의 찬사 편지를 받고야 RIAS가 독일 전체 방송국에서 가장 좋은 것을 알게 되었다"라고 술회하고 있다.

■ 북한의 인권 문제이다.

인권은 세계적 보편적 가치로 국제법과 국제정치에 있어서 모든 국가가 그 실현을 위한 책임과 의무를 지게 되어있다. 히틀러와 스탈린 독재체제를 직접 경험한 독일은 어느 나라보다도 인권을 가장 관심의 대상으로 보고 있다. 콜도 인권을 독일통일의 핵심 중 하나로 보았고 따라서 동독에서의 인권유린을 힐난하고 질타했다.

독일의 인권교육은 독재체제에 대한 양보 및 유화정책으로 인권침해를 제한한다든가 혹은 장기적으로 그것을 극복할 수 있다는 것은 하나의 환상이라고 가르치고 있다. 인권개선은 인권의 이념에 대한 확신과 그것을 토대로 한 많은 사람의 힘의 결집을 통하여 언제든지 어디서든지 인권을 위하여 싸울 수 있다는 용기가 요청된다는 것이다.

북한의 인권 보호도 결국 우리 국민의 적극적인 북한 인권개선 운동으로 전개될 때 그 실효성을 얻을 수 있다고 본다.

인권 투쟁사에서 미국 루스벨트 대통령의 4대 자유는 북한 인권침해와 관련하여 상기할 필요가 있다. 그는 1941년 나치 독재와 일본 군국주의에 대항하기 위하여 그의 유명한 연설을 했다. 그것이 그의 4대 자유이다. 즉, 표현의 자유, 신앙의 자유, 궁핍으로부터의 자유 그리고 공포로부터의 자유이다. 바로 이 4대 자유가 북한이 필요로 하는 것이지 않은가. 북한 주민들은 마치 목마른 사슴이 시냇물을 그리워하는 것 같이 자유를 갈망하고 있다.

필자의 견해로는 전 국민의 북한 인권운동이야말로 남한의 친북세력을 상쇄하고 북한의 핵무기를 무력화시키며(소련의 멸망은 핵무기의 부족이 아닌 경제난과 자유의 부재에 기인) 북한 주민들에게 용기와 희망을 주고 나아가 통일의 길을 열 수도 있다고 본다. 자유와 인권을 무기로 북한의 핵무기를 이길 수 있다고 확신한다. 우리는 북한의 민주화를 통한 통일이 오늘날의 시대정신임을 우리는 알아야 한다.

■ 통일의 의지에 관한 문제이다.

서양 속담에 의지가 있는 곳에 길이 있다고 했다. 우리의 통일문제도 결국 우리 국민의 통일 의지에 달렸다고 본다. 베를린장벽이 무너지고 독일통일이 된 것도 콜과 같은 적극적인 통일 옹호론자들이 끌어낸 결과였다. 콜은 2004년 여름 의회 의원유세차 함부르크를 방문한 바 있다. 그는 자기의 연설에서 독일통일은 적극적인 통일정책에서 이루어졌으며 고르바초프와 부시 대통령에게 감사를 표명했다. 그러나 그는 다른 한편 당시의 사민당의 슈뢰더 총리, 녹색당의 피셔 외무장관, 독일노조 그리고 일부의 진보 종교인들은 독일통일에 반대했음을 지적했다.

필자는 그때 이 연설을 직접 들으면서 우리나라의 통일 현황과 너무 흡사함을 느꼈다. 남남갈등은 심화했고, 안보마저 해이해짐에 따라 나라의 정통성마저 흔들린 듯했다. 이 같은 상황에서 일반 국민의 통일에 대한 무관심과 심지어는 젊은이들 사이의 통일 무용론까지 얘기하지 않았던가.

독일통일을 반대했던 사람들의 입장은 어느 면에서 이해된다. 왜냐하면, 독일분단을 나치 독일의 범죄에 대한 대가로 보는 사람도 많기 때문이다. 그러나 우리 민족은 신라통일 이후 1300년의 긴 역사와 문화를 통해 이어져 온 단일민족이 아닌가. 여기에서 우리는 통일의 당위성을 발견하게 된다. 따라서 우리 국민이 통일에 대한 강한 의지와 적극적인 관심을 가질 때 통일의 길은 자연히 열릴 것으로 믿는다. 여기에서 대통령의 역할은 절대적이다. 콜과 같은 적극적인 정책을 통해 통일의 기회를 포착하고 그를 통해 자유, 평화 통일을 이룩하였으면 좋겠다.

다섯째, 베를린장벽의 붕괴는 독일통일과 유럽을 통합할 수 있게 했고, 냉전을 종식했다.

독일통일은 베트남과 예멘의 경우와는 달리 평화적 방법에 따른 통일이다. 그리고 독일통일은 인간의 기본 자유와 인권을 토대로 한 자유 통일이다. 통독 이후 후유증은 40년간의 상이한 체제하에서 오는 어쩔 수 없는 사항이며 그 해결은 오직 인내와 시간으로 가능한 것이다. 중요한 것은 동·서독이 자유민주주의 체제와 시장경제 체제하에서 하나가 되었다는 것이다.

베를린장벽 붕괴의 의의는 유럽의 분단을 극복하고 하나의 유럽을 만들었다는 사실이다. 그간 동·서유럽의 분단은 항상 유럽의 안정과 평화를 위협했다. 유럽의 진정한 평화는 동유럽의 스탈린식 독재가 사라짐으로써 가능했다. 이제 유럽은 구조적으로 전쟁을 할 수 없게 됐다. 2004년 10개의 동유럽국가와 2007년의 루마니아 및 불가리아의 유럽연합(EU) 가입으로 유럽은 하나의 정치 및 경제 체제하에 통합되었다. 유럽통합은 세계에서 유례를 발견할 수 없는 통합의 좋은 사례이다.

독일은 20세기 전반 2회에 걸쳐 무력으로 유럽의 주도권을 장악하려고 하였지만 실패했다. 빌헬름 II세에 의한 1차 세계대전과 히틀러에 의한 2차 대전 모두 수포가 되었다. 그러나 종전 새로 태어난 서독은 그 후 평화정책을 통하여 독일통일과 유럽통합에 이바지했다. 콜은 독일통일과 유럽통합을 동전의 양면이라고 강조했다. 과거와 같은 독일의 유럽이 아닌 유럽의 독일임을 천명했다. 그러나 한 나라의 힘의 성장은 누구도 막을 수 없지 않은가. 1999년 통일된 독일의 수도를 베를린으로 옮긴 후, 베를린 공화국은 유럽에서의 중심적 국가로 자리 잡고 있다.

베를린장벽의 붕괴는 미 · 소 간의 냉전을 종식함으로써 3차 대전을 방지한 세계사적 의미가 있다. 베를린을 중심으로 미 · 소간의 긴장이 얼마나 많았던가. 그런데 문제는 유럽에서의 냉전은 사라졌지만, 아직도 한반도에서의 냉전의 잔재는 남아있는 것이다. 베를린장벽의 붕괴가 우리에게 주는 교훈은 한반도에 진정한 평화는 오로지 북한의 스탈린식 독재체제가 제고되고 인간의 기본 자유와 인권이 존중되는 자유 통일로만 가능하다는 것이다.

베를린장벽 붕괴 후 33년이 지난 오늘날 기존의 모든 분단국가는 통일되었음에도 우리는 아직 머뭇거리고 있다. 이제 우리 모두 적극적으로 통일을 위한 각성 운동과 그 실천을 위한 「행동 프로그램(Action Program)」을 다 같이 만들자.

독일통일의 경험을 통해 본 남북한 통일의 해법[16]

서론

1995년 10월 3일은 독일이 통일된 지 꼭 5년이 된다. 통일이 엊그제 된 것 같은데 벌써 5년의 세월이 흘렀다. 독일이 통일될 때 독일인들은 앞으로 통일의 제2막이라고 할 수 있는 내적 통일은 적어도 10년 나아가서는 1세대, 심지어는 2세대가 걸릴 것이라고 내다보았다.

동·서독의 내적 통합을 애당초부터 긴 과정으로 보았을 때 5년의 세월은 짧지만, 전망을 점치기 위한 중간결산의 토대는 되리라고 생각한다.

독일통일의 날인 10월 3일이 되면 대부분의 독일인들은 통일의 날을 연상하게 되며, 그 후 통일된 독일의 발전과정에서의 그 명암을 살펴보는 좋은 기회로 삼는다. 반세기가 넘도록 통일을 이룩하지 못하고, 이 지구상에서 지금까지도 분단국으로 유일하게 남은 한국의 위치로서는 독일통일은 부러움의 대상이 되고 또한 우리도 기필코 통일을 달성할 수 있다는 용기를 주기도 한다.

그런가 하면 독일 내적 통일의 과정에서 야기되는 여러 후유증은 우리가 통일을 이룩했을 경우 그것들을 미연에 방지할 수 있도록 하는 좋은 교훈을 주기도 한다.

독일통일과 관련하여 필자가 항시 강조하는 것은 독일통일은 자유와 평화 속에서 이루어졌다는 사실이다. 인류 역사 속에서 나타난 통일국가들은 한결

---

16 이영기. "통독 경험을 통해본 한반도 통일의 해법". *민주평화통일자문회의 제4차 전문가 정책포럼*, 1995, 7-34.

같이 무력과 강제 속에서 이루어졌다. 신라의 3국 통일, 지난 세대의 이탈리아 및 독일통일도 모두 무력에 의한 통일이다. 금세기의 국제연맹 및 국제연합의 창설로 인한 전쟁의 불법 선언에도 불구하고 1975년의 베트남의 적화통일도 무력에 의는 것이었다.

한때는 우리에게 좋은 교훈이 되리라고 생각했던 예멘도 결국 상이한 체제와 군의 통일이 없는 상태에서 겉모양의 통일로 인하여 내전에 휩쓸리고 말았다.

이와는 반대로 독일통일은 무력이 아닌 평화적인 방법으로 이루어졌으며 또한 그것은 강제가 아닌 인간의 보편적 가치인 유속에서 이루어진 것이다. 이런 점에서 독일의 자유 평화 통일이야말로 우리가 가장 교훈으로 삼을 가치가 있다.

필자는 독일통일 5주년을 기념하고 평가하는 의미에서 우선 독일통일은 어떻게 이루어졌는지를 알아보고, 통독 후의 내적 통합 완성을 위한 과정에서 나타난 성과와 그 후유증으로서의 어려움이 무엇인지를 점검함으로써 전망을 살펴보고자 한다. 그리고 독일통일이 우리에게 주는 교훈이 무엇인지를 알아보면서 한반도에서의 평화적 통일을 위한 대응책을 모색하고자 한다.

독일통일은 어떻게 이루어졌는가

1949년 제정된 서독 기본법(헌법) 전문에는 독일인들은 유럽의 평화 상태에서 자유로운 자결권을 통하여 독일의 통일과 자유를 성취할 것을 명기했다. 통일을 이룩한 독일의 기본법 전문에는 "독일인들은 자유로운 자결권을 통하여 독일의 통일과 자유를 성취했다"라는 것으로 수정됐다. 서독이 「통일」 및 「재통일」이라는 단어를 삼가고 「자결권」이라는 말을 강조한 것은 패망한 독일로서 다시는 이웃나라들에 공포를 주지 말자는 뜻에서였다.

그러나 독일인들도 다른 유럽 민족들과 같이 자결권을 통하여 독일문제를 해결할 수 있다는 함축적인 주장을 하게 된 것이다. 독일은 그 기본법 전문대로 통일을 이룩한 것이다. 독일에는 그동안 특별한 통일방안이 없었다. 1957년 동독이 「국가연합안」을 제안했지만, 당시 서독 정부는 동독을 나라로 인정할 수 없다고 일축해버렸다. 그러면 독일통일은 어떻게 이루어졌는가.

빌리 브란트의 동방 정책을 설계하고, 그것을 직접 추진했던 에곤 바는 통독 과정을 3가지로 요약 설명하고 있다. 첫째, 독일통일을 가능케 한 것은 고르바초프이고, 둘째, 독일통일을 결정한 것은 동독 주민이고, 셋째, 통일의 기회를 용감하고 적절하게 포착하여 그것을 이룩한 것은 콜 총리였다고 했다. 아주 적절한 지적이라 생각한다. 이것을 더 구체적으로 설명하면 1985년 집권한 고르바초프는 대내적으로 개혁정치(페레스 트로이카)와 대외적으로 신사고를 바탕으로 한 평화적인 서방 정책을 표방했다.

첫째, 새로운 안보 체제의 확립이다. 그의 안보관의 출발점은 인류는 핵무기로 인한 자멸의 위험에 처해있기 때문에 그와 같은 대중 섬멸 수단은 2천년대까지는 완전히 철폐되어야 한다는 주장이다. 핵 공포의 전략은 비도덕적이고, 무책임하며 100% 안정적이 못 된다는 것이다. 또한 그것은 강요와 위협의 정치이며 따라서 군비경쟁과 긴장 가열의 지속적인 원천이 된다는 것이다. 고르바초프의 안보관은 한마디로 표현하면 핵 시대에 있어서 초강대국 간의 전쟁은 누구도 이길 수 없으며 따라서 군비축소를 통하여 공동의 평화를 모색해 보자는 데 있다고 볼 수 있겠다.

둘째, 평화공존의 수정이다. 고르바초프는 탈이데올로기와 인간의 일반가치를 표방하여 평화공존을 계급투쟁의 특수한 형태로 더 이상 보지 않으려고 했다. 특히 그의 신사고에 있어서 이전까지의 평화공존의 개념과 가장 큰 차이점은 무엇보다도 어떠한 무력의 사용이나 위협도 완전히 금지되어야 한다는 데 있다. 따라서 모든 국가는 그들의 운명을 스스로 결정할 체제의 자유로운 선택권을 갖는다고 했다.

셋째, 유럽 공통의 집을 짓자는 것이다. 고르바초프는 우선 옛 러시아와 유럽과의 역사적 관련성을 강조했다. 그는 자기의 저서 〈페레스트로이카〉에서 "우리는 유럽인이다. 유럽과 러시아는 기독교로 관련되었다"라고 강조했으며, 또한 르네상스, 계몽시대, 그리고 19세기와 20세기의 철학적 사회적 사상 등과 같은 공동의 역사와 문화를 가졌다고 강조했다.

종합적으로 볼 때 신사고를 바탕으로 한 고르바초프의 외교정책의 뿌리는 두 가지 인식에 그 근거를 두고 있다. 하나는 핵 시대에 있어서 초강대국의 전쟁은 어느 편도 승리할 수 없다는 생각이다. 다른 하나는 세계문제(환경, 원자에너지 및 제3세계 등의 문제)는 한 국방, 한 민족 또는 한 정치적 블럭에 의한 단독 해결은 불가능하다는 확신이다. 따라서 고르바초프에 의하면 국제적 협력은 인간생존의 문제라는 것이다. 여기에 덧붙이면 페레스트로이카는 엄청난 재정비용이 요구되며 그것은 오로지 군비축소로부터 염출 될 수 있다는 것이다.

당시 외무장관이었던 셰바르드나제는 언젠가 군비 지출은 소련을 폐허화했다고 말한 바 있다. 그리하여 그는 소련이라는 나라를 구하기 위해서는, 증기를 빼지 않으면 안 되는데 그것은 외적 압력을 감소시키며 외방과는 타협하며, 아프가니스탄에서는 군대를 철수하며 심지어는 동유럽을 포기하며 급기야는 독일을 통일시킬 수도 있다는 것이다.

이와 같은 신사고를 바탕으로 한 고르바초프의 평화적인 서방 정책은 동유럽의 변화를 가져왔고, 가장 보수적인 구동독도 도도히 흐르는 자유의 물결 속에서 헤어날 수가 없었다.

이런 와중에서 구동독에서는 평화혁명이 일어났으며 이 속에서 구동독인들은 신속한 통일을 원했다. 데모의 도화선은 라이프치히에서 일어났고 이것은 그 후 전국으로 확산하였다. 1989년 10월 9일 라이프치히에서는 7만의 군중이 거리에 나갔고, 그 후 그 수는 증가하여 10월 23일에는 15만 명이 참가하여 「우리는 국민이다」라는 구호를 외쳤으며 그 후 「우리는 한 국민이다」라고 외침으로써 통일의 신호탄을 던졌다.

당시 라이프치히 데모를 처음부터 끝까지 지켜보았던 라이프치히대학 역사학 교수인 하르트무트 쯔바르(Hartmut Zwahr)는 최근 당사의 사실들을 토대로 〈동독의 자멸론〉이라는 책을 펴내어 동독 연구에 좋은 자료를 제공하고 있다. 그에 의하면 독일의 통일을 이끈 것은 일반군중이라는 것이다. 학생들도 지식인도 아니라는 것이다. 당시 데모를 주도하던 「신포럼」도 통일보다는 자본주의와 현실사회주의의 중간노선을 취하려고 했다는 것이다. 일반군중들의 심리상태는 자유와 더 나은 삶의 질을 위하여 신속한 통일을 원했다는 것이다.

1987년 11월 4일에는 동베를린에서도 수십만이 모여들어 의견 및 언론의 자유를 부르짖었고, 이런 가운데서 11월 9일 추한 몰골을 했던 베를린장벽이 28년 만에 무너졌다.

마지막으로 독일통일에 있어서 콜 총리의 역할이다. 당시 콜 총리는 베를린장벽 붕괴 이후 얼마 안 된 11월 28일 독일분단의 극복을 위한 10개 조항을 발표했다. 그 요지는 동·서독 간의 모든 영역에서 더욱 밀접한 협조 관계를 이룩하며 그 후 통일의 과도기로서 「국가연합의 구조」를 이룩하자는 것이었다.

콜 총리는 이때만 해도 독일통일은 최소한 3~4년을 걸릴 것이라고 내다보았다. 그런데 그가 통일을 신속히 추진할 필요성을 느끼게 된 것은 1989년 12월 19일 당시 동독 총리 모드로를 만나기 위하여 드레스덴을 방문했을 때였다. 이때 수많은 군중이 콜을 환영했고, 동독의 국기가 아닌 서독의 국기를 흔들며 「독일통일, 조국 통일」을 외쳤다.

콜 총리는 독일의 통일을 더 이상 늦출 수 없다고 판단 통일의 내적 및 외적 조건을 빠른 속도로 충족시켰다. 그는 1990년 3월 18일 역사상 처음으로 실시된 자유 선거에 의해서 새로 탄생한 동독과 경제, 화폐 및 사회통합에 관한 조약을 체결함으로써 서독 마르크가 전 독일의 유일한 지불수단으로 되었다.

당시 동 · 서독의 화폐가치는 4.5 : 1 비율이었다. 그런데도 1 : 1 비율로 교환해 준 것은 동독의 강력한 요구도 있었지만, 경제적 고려가 아닌 통일을 앞당기기 위한 정치적 결단에서 취했다.

전 독일에서 하나의 화폐가 통용된다는 것은 필연적으로 정치적 통합을 낳게 되는 법이다. 그 결과로 나타난 것이 1990년 8월 31일 동 · 서독 간의 통일조약이며, 그것은 어디까지나 합의에 따라 이루어진 것이다.

콜은 독일통일의 외적 조건을 충족시키는 데도 서방국(미 · 영 · 프)과 소련 간의 균형 정책을 잘 취했다. 그것은 통일된 독일이 EC와 NATO에 계속 머물 것을 다짐함으로써 서방세계를 안심시켰고 소련에 대하여는 대가로 경제원조를 약속함으로써 고르바초프에게 만족을 주었다.

독일통일은 위에서 설명한 것과 같이 1989년 여름에서 1990년 10월까지의 1년 좀 더 넘는 극적인 변화 속에서 이루어진 것이다. 에곤 바는 독일통일의 공로를 고르바초프, 동독 주민, 그리고 콜 총리에게 돌렸지만, 그가 직접 브란트와 추진한 동방 정책에 관하여는 겸손하게도 일언반구도 없었다.

독일의 통일은 전후 꾸준히 쌓아온 서독의 국력과 서방과의 결속을 통해서 이루어진 것이다. 특히 1963년 동 · 서간의 문을 트기 위하여 개발한 케네디의 평화전략은 공산주의 통치는 제거될 수 없고 단지 변화되어야 한다는 현실에서 출발했다. 그가 원한 동서 관계의 변경은 우선 현상 유지가 변화되지 않은 가운데서 점진적으로 현상 유지의 극복에 이바지한다는 것이다. 케네디는 이와 같은 구상의 일환에서 미국 안보의 위태로움이 없는 가운데서 동유럽국가들과 무역을 가능한 많이 발전시켜야 한다고 했다.

케네디의 평화전략은 그 후 브란트의 동방 정책과 NATO의 이중전략의 근원이 되었다. 에곤 바는 동방 정책의 설계를 위하여 「접촉을 통한 변화」의 대독 정책의 구상을 폈다. 그것은 첫째, 동독이 소련 영향권에서 벗어날 수 없다는 것이 사실이라고 할 때 그 정권의 직접적인 몰락을 위한 어떠한 정책도 가망이 없다는 것과 둘째, 오늘날 독일의 재통일은 일맥에 거쳐 이루어지는 것이 아니고 많은 조처와 많은 정거장을 거치는 한 과정임이 명백하다는 것이고 셋째는 동독의 현실을 인정함으로써 대독 정책의 진보가 있음을 주장했다. 아이러니하지만 현실을 극복하기 위해서는 현실을 인정해야 한다는 것이다.

에곤 바는 베를린장벽의 구축은 동독의 약세 표시이며 또한 그것은 공산주의 체제의 두려움과 자체유지의 표시라고 했다. 따라서 문제는 어떻게 하면 점진적으로 국경선과 장벽의 완화를 이룩할 수 있느냐는 것이며, 그것은 결국 접촉을 통한 동독의 변화를 가져올 수 있다는 것이다.

1967년의 NATO의 이중전략은 벨기에 외상 하멜(Harmell)의 구상으로서 그 후 독일이 통일될 때까지 25년간 소련에 대하여 일관성 있게 추진한 것으로서 2가지 주요 노선을 따랐다.

첫째, 소련의 공격에 대비하여 필요시는 성과적으로 방어할 수 있는 서방 군사동맹의 공동노력을 말하며 둘째, 소련 및 동방 국가들과의 협력을 위한 서방측의 준비 태세였다. 서독의 동방 정책과 NATO의 이중전략은 1975년 유럽안보협력회의(CSCE)를 성사하게 시킴으로써 유럽의 평화 질서를 낳게 되었고 그곳에서 독일인들은 그들의 자결권을 통하여 드디어 통일을 이루었다.

1990년 10월 3일 독일이 통일되던 날 당시 바이체커 대통령은 독일통일의 의의를 다음과 같이 말했다.

> "우리의 통일은 누구에게도 강요한 것이 아니고 평화적인 합의에 따라 이루어졌다. 그것은 모든 국민의 자유와 우리 대륙의 새로운 평화 질서를 목표로 하는 전 유럽사적 과정의 부분이다."

독일 내적 통일의 현황과 그 전망

이제, 독일이 통일된 지 5년의 세월이 흘렀다. 처음 독일이 통일될 때 모든 것이 다 쉽게 풀리리라 생각했다. 콜 총리도 1990년 12월 총선에서 구동독은 머지않아 "꽃피는 동산이 될 것이다"라고 장담하고 통일세 같은 것은 징수 안 할 것이라고 약속했다. 그러나 그 후 독일은 내적 통일의 과정에서 많은 후유증을 낳았다.

내적 통일의 과정에서 오는 문제 중 가장 심각하고 핵심적 문제는 구동독에서의 시장경제 도입과 그 결과로 나타난 실업문제이다. 구동독은 연 9~10%에 달하는 경제성장을 과시하고 있지만 110만여 명이 일자리를 잃어 실업률이 14%까지 치솟는 등 후유증 또한 적지 않은 실정이다.

이와 같은 실업자의 출현상태는 실업자가 없는 사회에서 살았던 구동독인들에게는 좌절감과 실망으로 받아들여졌으며 독일 전체의 입장에서 볼 때는 큰 사회문제로 나타난 것이다.

따라서 그간 구동독의 국영기업을 민영화로 전환하는 대업무를 맡고 그것을 1994년 12월 31일 종결시킨 신탁관리청은 「Job-Killer」라는 비판을 받았다.

이와는 반대로 독일경제의 전문적 및 독립적 평가기구인 「경제 5현인」들은 위의 비판에도 불구하고 신탁관리청의 업적을 긍정적으로 평가하였다. 즉 그동안 구동독의 경제는 국가 보조로만 간신히 이어가든 국영기업이 사라지고 끈기 있고 점진적인 시장의 지위를 굳혀가는 기업의 성과는 우선적으로 신탁관리청에 그 공을 돌려야 한다고 강조하였다.

구동독의 경제발전을 위하여는 역시 투자의 저해 요인인 결핍된 하부구조, 느린 행정 처리, 그리고 현명치 못한 사유재산권 관계 등의 해결이 우선하여야 하며 그리고 동독인들 스스로도 무엇인가 순발력을 발휘하여 일어나려고 하는 의지를 보여야 한다.

내적 통일에 있어 두 번째로 어려운 문제는 사유재산권에 관한 문제이다. 1990년 8월 31일 동·서독 간의 통일조약이 체결되었을 때 재산권 문제는 원칙적으로 옛 소유자들의 재산에 대한 배상이 아니고 그 반환을 규정했다. 다만 그것이 공익성을 가졌을 때만 배상하기로 돼 있었다.

이 규정은 원칙성만 정하고 그 구체성을 결여했기 때문에 그 후 두 가지 문제를 초래했다. 하나는 기업인들의 구동독 투자에 있어서 저해 요인이 되었고, 다른 하나는 100만 이상의 구동독인들이 사는 집의 상실 가능성에서 오는 사회적 위험을 낳고 있다는 사실이다.

독일 정부는 1992년 7월 재산법의 미비점을 개정, 구동독에서의 개인 투자를 위한 우선권을 부여했지만 옛 소유자들에 대한 재산반환이라는 원칙에는 변화가 없었다. 옛 소유자들의 재산반환신청만 120만 건이 넘어 소유자와 점유자 간의 법적 투쟁이 벌어지고 있으며 이 문제가 해결되려면 2천년대에 가서야 가능하다는 것이다.

내적 통일에 있어 세 번째로 중요한 문제는 통일비용의 문제이다. 콜 정부는 처음부터 이 문제의 해결을 위하여 뚜렷하고 일관성 있는 정책을 펴지 못했다.

1990년 5월 18일 서명하고 같은 해 6월 30일 그 효력을 발생한 동·서독 간의 국가조약(경제 화폐 및 사회통합의 조성에 관한 조약)에 의하여 처음 「독일통일기금」의 명칭으로 1,150억 마르크가 통일비용으로 1990년부터 1994년까지 사용토록 책정되었다.

1990년 12월 연방 의회 선거에서 콜 총리는 통일세는 없을 것이라고 공약했다. 그러나 1991년 접어들면서 걸프전이 터지고 구소련과 동유럽의 경제지원을 위해서는 엄청난 재원의 필요성을 인지하게 됐다. 또한 구동독의 경제발전을 위해서도 통일비용이 예상외로 많이 들게 됨을 알게 됐다.

따라서 정부는 1991년 7월 1일부터 1992년 6월 30일까지의 1년 시한부로 연대 부조금의 형식으로 월급소득세액의 7.5%를 인상했다. 이외에도 우편료 및 전화요금이 올렸다. 각종 보험이자 및 석유에 대한 세금이 인상됐다.

위와 같은 일련의 세금 염출이 92년 6월 30일로 끝나게 되자 콜 정부는 앞으로도 계속 통일비용이 필요함에 따라 1993년 1월 1일부터는 14%에서 부가가치세를 1% 인상 15%를 받게 됐다. 또한 강제 공채모집의 형식으로라도 통일비용을 조성하려고 했지만 계속 누적되고 있는 국가부채와 직결됨으로 포기됐다.

이와 같은 통일비용 조달 방법의 논의 결과 이루어진 것이 93년 3월의 연대협정(Solidarpakt)이다. 이것은 기민당 · 기사당 · 자민당의 여당과 사민당 간의 합의에 따라 이루어졌으며, 앞으로 매년 약 1,500억 마르크의 통일비용조성을 위한 기틀을 마련하게 된 것이다.

연대협정은 하나의 정치적 목표로서 바이체커가 말했듯이 어떻게 하면 우선적으로 구동독의 경제적 활성화를 일으키냐는 것이다. 이것은 노력과 구동독으로의 투자를 요구하며, 또한 단념과 인내도 필요하다는 것이다.

그동안 통일비용 조성을 위한 논의에서 야당의 사민당은 처음부터 세금 인상, 특히 고소득자의 세금 인상이 불가피하다고 주장한 데 반해, 여당인 기민당과 자민당은 경제 활성화를 위하여는 세금 인상을 할 수 없고 그동안 사회정책상의 사회보장 비용이 누누이 남용됨을 고려 과감히 이 분야에서의 예산절감과 신용대출로 통일비용을 충당하자는 입장이었다. 연대협정은 이 두 입장이 균형 있게 조성됨으로써 이루어진 것이다. 연대협정에서 나타난 예산상의 절약에 관하여 일일이 나열할 수 없지만, 사회보장비에서 280억 마르크가 절감되는가 하면 1995년부터는 적절한 세금 인상을 감행하는 조치로서 다시 연대 부조금의 형식으로 세금을 징수하게 됐다.

연대협정이 갖는 의의는 그동안 통일비용 조성으로 논란이 많았지만 앞으로는 지속해서 그 비용을 충당할 수 있는 법적 토대를 갖게 되었고 무엇보다도 정당들 중앙정부와 주정부들 그리고 노사 및 일반국민들이 여기에 모두 동참하였다는 사실이다.

독일은 매년 GNP의 5%인 1,500억 마르크를 구동독에 투자하였다. 그것은 독일 전체예산의 4분의 1을 차지하였다. 콜 정부가 처음부터 분명한 통일비용 조성 정책을 실천했더라면 그동안의 잡음은 없었을 것이다.

마지막으로 내적 통일의 과정에서 중요한 문제는 구동독인들의 심리적 측면이다. 독일에서는 흔히 베를린장벽은 붕괴하였지만 동·서 간의 마음의 장벽은 여전히 남아있다는 것이다.

작센주 주지사 쿠르트 비덴코프(Kurt Biedenkopf)가 적절히 지적했듯이 동독은 필요한 것만 주장하고 서독은 가능한 것만 말하기 때문에 동·서간의 문제 해결의 실마리가 안 풀린다는 것이다. 이것을 좀 더 심한 말로 쉽게 표현하면 동독인들은 서독인들에게 그간 서독은 배불리 잘 살았으니 많은 것을 내놓을 것을 요구하고 이에 대해 서독인들은 동독인들에게 서독이 잘살게 된 것은 그동안의 피눈물이 나는 노력의 대가이므로 동독인들도 게으름을 피우지 말고 부지런히 일하여 스스로 일어날 것을 촉구하였다.

사실 동독이 서독에 흡수됨에 따라 동독인들은 서독인들에 대해 움츠림과 노동 의식을 갖고 있다. 정신요법의사 한스 요하임 마츠(Hans-Joachim Maaz)는 동독인들의 심리적 공포를 10가지로 분류한 바 있다. 즉 실업에서 오는 공포, 위협적인 경쟁에서 오는 공포, 고조되는 범죄에서 오는 공포, 적대적 감정의 고조에서 오는 공포, 환경파괴로부터 오는 공포, 스탈린식 체제하에서의 공모로 인한 핍박이 오지 않을까 하는 공포, 슈타지 통치의 결과로 오는 공포와 불신 그리고 새로운 사회체제, 새로운 생활 방법의 강요에서 오는 공포 등이라는 것이다.

1987년 동독의 평화혁명에 직접 참여했고, 1994년 5월 대통령 선거에 입후보했던 엔스 라이히(Jens Reich)는 94년 8월 12일 자 〈Die Zeit〉지에서 오늘의 동독 주민(약 1,700만)의 심리상태를 다른 각도에서 세 가지로 분류한 바 있다. 즉 주민의 3분의 1은 오늘의 생활을 희망적이라고 하고 또 다른 3분의 1은 적당한 만족을 느낀다고 한다면 나머지 3분의 1은 좌절감에 빠져있다는 것이다.

좌절감의 원인은 물질적인 면(노동, 수입, 연금)에도 놓여 있지만 그것보다는 오히려 정신적인 면(사회적 지위의 하락, 지적 및 정치적 영향력 가능성의 상실 등)에 더 근거한다는 것이다.

지금까지 필자는 내적 통일의 과정에서 오는 문제점 등을 통일 후유증으로 간단하게 설명했지만, 독일분단의 극복 못지않게 내적 통일의 완성과정도 결코 쉽지 않음을 느낄 수 있다. 독일에서는 통독 5년을 맞아 각기 자기들의 경험을 토대로 여러 가지 목소리를 내고 있다. 독일통일을 성공적이라고 보는 사람이 있는가 하면 그와 같은 통일은 결코 생각지 않았다는 사람도 있다. 여기서는 독일인들 대다수를 대변할 수 있는 저명한 세 사람의 의견을 들어본다.

1990년 8월 31일 동독과의 통일조약을 위하여 직접 협상을 벌였고, 콜 정부의 제2인자라 할 수 있는 기민당의 원내총무인 볼프강 쇼이불레(Wolfgang Schauble)는 1990년 독일통일을 신속하게 성취한 것은 당시 상황으로 보아 아주 잘한 것이며, 그 방법도 혹자는 흡수통일이라 비난하는 사람도 있지만, 그것은 결코 무조건적인 흡수통일이 아니고 어디까지나 서독으로의 「품위 속에서의 가입」으로 보아야 한다고 했다.

그는 독일 내적 통일에 있어서의 성과를 경제적 및 사회적 통합에서 찾고 있다. 즉 애당초 걱정했던 것과는 달리 전반적으로 서독과의 생활 수준으로 접근하고 있으며 특히 사회적 통합에 있어서 전 독일에서 단일 연금제도를 시행하게 되었고 동독 연금자들은 서독 수준의 80%인 1,520마르크를 받고 있으며 그것은 동독 시절의 470마르크에서 601마르크에 비하면 엄청난 차이를 보인다고 평가했다. 또한 그는 그동안 통일비용으로 매년 1,500마르크가 동독으로 흘러 들어갔으며 그것은 앞으로도 계속될 것이라 했다.

쇼이불레는 그러나 다른 한편 내적 통일의 과정에서 여전히 동·서간의 정신적 장벽이 존재함을 지적했다. 동독인들의 강한 내향성에 반해 서독인들은 그동안 잘 살아온 생활습성에서 조금도 변화할 준비 태세가 없다는 것이다.

그는 내적 통일에 있어 긍정적인 면과 부정적인 면을 저울질할 때 그래도 비록 아직 내적 통일의 완성은 이루어지지 않았다 하더라도 만족할만한 중간 평가를 할 가치가 있음을 암시했다.

위에서 언급한바 있는 옌스 라이히는 통독 5년이 지난 시점에서 앞으로도 다년간 동·서간의 갈등 관계가 있을 것을 시사했다. 동독인들에게 짜증이 있다면, 서독인들에게는 사람의 즐거움이 점점 사라질 것이나, 그러나 동·서 내전은 없을 것이라 보았다.

서독인들은 통일을 통하여 비록 내면적인 문화의 힘이나 경제력을 얻지 못하였다 하더라도 외형적인 힘은 어느 정도 갖게 된 것은 분명하다는 것이다. 그는 동독인들에게 생활 태도에서 새롭게 태어날 각오가 되어 있지 않을 때 그들은 그동안 그들의 잃어버린 해들을 회복하기 위해서는 몇 세대가 걸릴 것이라고 했다.

1990년 동독에서 사민당 원내총무를 지내고 베를린 훔볼트 대학에서 철학과 신학을 강의하고 있는 리하르트 슈뢰더 교수는 독일의 통일과 그 후 발전과정을 높이 평가하였다.

그에 의하면 "동독에서의 자유의 승리는 자유 속에서의 통일을 위한 전제"였다고 극찬하면서 이런 자유 평화 통일이 세계역사상 어디에 있었느냐고 반문했다.

그는 또한 통독 후 발전과정도 믿을 수 없을 만큼 잘 진행됐다고 했다. 즉 동독 사회주의통일당의 후신인 민사당이 근래에 와서 약간의 성과를 얻고 있으나 과거 사회주의통일 당시 그의 당원 수 220만을 갖고 있었음에 비하면 그렇게 많은 유권자를 가지고 있는 것은 아니다. 동독의 인민군은 어느새 사라졌고 비밀경찰 슈타지의 잔재가 약간 남아있지만 그 권력 범위에서 떠난 지 오래다.

동독의 소련 주둔군 50만 명의 병력도 평화적으로 독일을 떠났다. 통일 조건적인 부채가 쌓인 것은 사실이지만 독일 화폐는 안정된 상태라는 것이다. 그는 앞으로 내적 통일을 촉진하기 위해서는 "우리는 다시 한 국민 또는 한 국가로서 우리를 이해하는 것을 배우지 않으면 안 된다"라고 강조하였다.

독일이 통일이 된 지 5년이 지났지만, 그동안 구동독은 세계사에서 볼 수 없었던 엄청난 실험적 변혁과정에 놓여있는 것이다. 동 · 서독인들은 40년 이상을 상이한 체제 속에서 살아왔다. 따라서 그들의 사고와 행동 방식에는 여전히 깊은 골이 파여 있다. 독일 내적 통일완성을 위해서 5년은 너무 짧은 시간이다. 역시 앞으로도 오랜 시간(최소한도 2000년도까지)이 필요하다. 이 시간 속에서 꾸준한 노력, 인내, 그리고 상호이해가 요청된다.

현시점에서 동독인들은 무엇보다도 가장 중요한 인간의 기본가치인 자유를 찾았다는 점에서 긍지를 가져야 한다. 그리고 그들은 민주주의와 시장경제가 무엇인지를 빨리 습득하여 독일 내적 통일완성을 위해 적극적으로 동참하여야 한다.

독일통일의 교훈

통독의 명암을 살펴볼 때 남북한 통일을 위해 가장 중요시할 사항은 튼튼한 안보 체제의 확립이라고 생각한다. 안보는 긴장 완화와 평화 정착의 선행조건이다. 독일은 북대서양조약기구(NATO)라는 집단 안보 체제를 갖고 있었지만 우리에게는 그런 것이 없다.

따라서 미국과의 안보 체제는 필수적이다. 독일통일은 NATO와 같은 튼튼한 안보 체제를 토대로 한 동방 국가들과의 긴장 완화정책을 일관성 있게 추진함으로써 이루어진 것이다.

동북아의 평화 없이 평화적인 남북한 통일이 불가능하다는 점을 감안할 때 동북아에 유럽 안보협력회의(CSCE)와 같은 모델을 적용하는 문제도 적극 검토해봄직하다.

평화도 조직하고 벽돌 쌓듯 구축해야 한다. 말로 되는 것이 아니다. 과거 브란트 총리는 동방 정책의 일환에서 동방 국가들과 양자 간 조약을 체결했다. 모스크바조약(1970년), 바르샤바조약(1970년), 미 · 소 · 영 · 프 전승국의 베를린 협정(1971년), 프라하조약(1974년) 그리고 동 · 서독 기본조약(1972년) 등은 그 예이다. 사람들은 이와 같은 일련의 조약을 동방조약이라 부르며 그 내용들은 무력 사용 포기, 현실인정, 경제협력 및 인적교류 등을 포함하였다.

브란트는 위의 양국 간 조약에 만족하지 않고 동방이 제의한 다자간 안보협력회의에 적극 참여, 서방세계를 동참하도록 주도적 역할을 했다. CSCE는 유럽에 있어서의 성공사례로서 동 · 서간의 새로운 규범의 창조, 자유로운 대화, 그리고 제도화를 통한 다자간의 협조체제를 갖게 했고, 또한 그것은 유럽의 지속적인 평화 질서를 위한 길을 열어줌으로써 독일인들은 이 속에서 결권을 행사, 통일의 목표를 달성할 수 있었다.

한국 정부는 과거의 브란트 정부와 같이 동북아 평화 질서 구축의 일환으로서 동북아 다자간안보 협력체제를 이룩하도록 노력해야 하며, 북한도 이들에 들어오도록 잘 유도해야 한다. 또한 한국 정부는 동북아 평화질의 구축을 튼튼히 하는 의미에서 아직도 미래가 불확실하게 보이는 러시아와 중국과는 각각 무방 사용 포기조약을 체결하며 일본과는 과거 독일이 프랑스와 우호조약을 체결한 경험을 살려 앞으로의 새로운 협력을 위한 우호조약을 체결하는 것이 좋을 듯하다.

이제 동북아인들도 유럽처럼 하나로 가지는 못하더라도 최소한 전쟁을 안 하고 서로 협력하는 파트너공동체는 만들어져야 할 것이 아닌가.

북한에 대해서는 계속 문을 두드리며 대화와 개방을 유도하고 기본합의서와 비핵화선언을 실천에 옮기도록 해야 한다. 북한이 계속 문을 닫고 계속 대화를 거부할 경우 우리는 간접접촉을 통한 북한 주민들의 의식 변화를 유도하며, 특히 일본, 중국 및 러시아에 사는 우리 교포들과의 활발한 접촉은 북한 주민들에게 한국의 발전상을 알리는 좋은 간접적인 접근방법이라고 생각한다. 남북한 통일에 있어 해외교포의 역할이 크다고 생각하기 때문에 차제에 「해외교포 보호청」의 신설도 생각해 볼만하다.

특히 최근에 와서 남·북 관계에 있어서 주목되는 것은 경제협력 문제이다. 경제 합병이야말로 북한의 변화를 가져올 수 있는 좋은 기회이다. 북한의 공장장이나 연합기업 지배인들에게 시장경제의 효율성을 보여줌으로써 그들의 의식 변화를 유도하여야 한다. 경협은 통일 후 남북한의 경제통합에도 이바지하며 통일비용을 줄이는 데 도움이 된다. 그리고 경협은 구조적으로 북한이 전쟁을 못 하도록 하는 저지 능력도 있다고 생각한다.

1994년 10월 북·미간의 핵 문제의 해결에도 불구하고 한국은 북한의 핵 개발의 위험성은 항시 있다고 보고 이를 저지하기 위해서는 미국과 일본과의 공조 체제를 유지하고 IAEA, UN및 국제여론의 힘을 최대로 동원하려는 지속적이고 일관성이 있는 노력이 필요하다.

통일을 위해서는 전 세계적인 차원에서 한국에 관한 적극적인 홍보활동이 필요하다. 통일외교, 경제외교 및 문화외교 등을 통하여 한국을 널리 알려야 한다. 이런 의미에서 대륙별 Korea Information Center의 설치를 촉구한다.

통일을 위하여 무엇보다도 중요한 것은 우리 스스로의 국력 배양이다. 튼튼한 안보, 자유민주주의 실현, 경제발전과 사회안정을 통한 내실이야말로 북한의 변화를 유도하는 첩경이 된다고 본다.

독일통일의 실현에 있어 가장 중요한 요인으로서는 역시 서독이라는 막강한 국력이 뒷받침하였다는 사실이다. 1952년 사망하고 당시 사민당 당수였던 쿠르트 슈마허는 앞으로의 독일의 통일은 서독이 정치, 경제 및 사회의 모든 분야에서 동독을 압도하면 자연히 끌려들어 온다는 자석 이론(Magnettheorie)을 펴 주목을 끌었는데, 이번 독일의 흡수통일은 그의 자석 이론이 적중한 셈이다.

구소련 및 동유럽의 붕괴, 독일통일 그리고 김일성의 사망은 한반도의 통일을 위하여 유리하게 전개되고 있다. 앞으로 통일의 후유증을 방지하기 위해선 통일 후 일정 기간(4년 정도) 북한을 「특별보호지역」으로 설정할 필요가 있다고 본다.

독일처럼 처음부터 방임할 경우 일대 혼란이 야기돼 국가기능 자체가 마비될 가능성이 크다. 따라서 북한 주민들이 민주주의와 시장경제가 무엇인지 습득할 과도기간이 필요하다.

북한 공산당원의 정치활동은 원칙적으로 일정 기간 금지되어야 한다. 오늘날 구동독의 경우를 보면 과거 공산당 후신인 민사당이 지방선거와 연방 의회 선거에서 20% 이상의 득표율을 보이고 있으며 그들은 정권 재창출을 시도하였다. 또한 과거 구동독의 농업생산협동조합(LPG) 장들의 80% 이상이 통독 후 교묘하게 새로운 농업경영행태를 그들에게 유리하게 만들어 동독의 농업을 지배하였다.

이와 같은 것은 처음부터 정치 및 농업 활동의 규제가 미비한 데서 온 결과이다. 우리의 통일의 경우 이와 같은 것을 십분 고려 사전의 대비책을 강구하여야 한다.

남북한의 화폐통합은 독일처럼 1대1 비율의 교환이 아닌 북한 주민들에게 일률적으로 일정 액수를 지급하는 방식이어야 한다. 독일의 경우 구동독인들은 1대1 비율로 6,000마르크까지 교환할 수 있었으며, 저금의 경우는 1대2로 무제한 바꿀 수 있게 함으로써 그 결과는 과거에 잘 살던 사람이 다시 잘사는 우를 범했다.

남북한 통일의 경우는 독일과는 달리 경제적인 고려에서 결정되어야 하며, 그 후 일어날 수 있는 부작용을 사전에 막아야 한다. 이 문제와 관련하여 과거 1948년 서독의 에르하르트의 화폐개혁은 시사하는 바가 크다.

2차 대전 이후 독일은 엄청난 경제난에 빠졌다. 그동안 히틀러가 주조한 화폐는 남발되어 양담배가 화폐의 단위가 될 정도이다. 심사숙고한 경제학자 에르하르트는 화폐개혁을 단행했다. 우선 각자가 받을 수 있는 돈을 40마르크로 책정했고 그 후 제국 마르크는 10 : 1의 비율로 서독 마르크와 교환토록 했다.

당시 서독의 화폐개혁은 그 후 라인강의 기적을 낳은 출발점이 되었다. 여기서 필자가 강조하고 싶은 것은 누구에게나 일률적으로 40마르크의 지급으로도 독일의 경제를 활성화시키는데 성공한 사례가 있었다는 점이다.

북한지역에 대한 투자를 활성화하기 위해 재산권 문제는 옛 소유자에 대한 반환이 아니라 보상하는 원칙이 적용되어야 한다. 만약에 북한에서 반환의 원칙이 적용되는 경우 독일처럼 투자 방해 요인이 됨은 물론, 사회적 혼란의 위험성이 가능하다.

토지의 분배는 일정 기간 농민에게 임대한 후 그 후 성과의 여부를 심사 민영화하도록 하여야 한다. 토지 임대의 경우 옛 소유자나 그의 자손들에게 우선권을 주는 제도도 고려해 볼 만하다. 여하튼 재산권 문제처리는 반환이 아닌 보상의 원칙을 토대로 하여야 한다.

북한 국영기업의 민영화는 혼합경제의 원칙에 따라 중소기업은 가능한 한 많이 북한 주민들이 참여할 수 있는 기회를 우선적으로 부여해야 하며, 연합기업에서 파생하는 대기업의 경우 한국의 대기업이 인수할 수 있는 기회를 주며, 특수 산업에서의 경쟁력이 없는 대기업의 경우, 정부가 운영하는 국영기업으로 남아 있게 하여 실업자 수를 최소화해야 한다. 독일의 신탁관리청이 우리에게 모델이 될지는 좀 더 두고 깊이 연구할 필요가 있다고 본다. 낙후된 북한의 하부구조는 통일 후 즉시 정부 차원에서 실시되어야 할 분야이다.

통일비용의 조성은 통일이라는 우리 역사상 가장 큰 사건임을 감안할 때 가난한 사람으로부터 부자에 이르기까지 「통일세」의 명목으로 떳떳이 이루어져야 한다. 독일처럼 비용조성 방법에서 일관성 없는 정책을 펴서는 안된다.

사실 독일은 우리처럼 통일 의지가 강하지 못했다. 독일은 전쟁을 일으킨 나라로써 죄책감을 느꼈었고 2개의 독일로도 어느 정도 만족했다. 저명한 독일의 철학자 칼 야스퍼스(Karl Jas-pers)도 동독이 자유만 보장된다면 구태여 통일의 필요성이 없다고 했다. 구동독의 평화혁명을 이끌었던 시민단체들도 동독의 개혁에 더 중점을 두었다. 심지어 독일 내적 통일의 어려움을 보면서 그런 통일이라면 처음부터 하지 말 것을 하고 궤변을 떠는 사람도 있을 정도이다.

그러나 우리의 경우는 독일의 경우와는 판이하게 다르다. 우리는 전쟁의 죄책감도 없다. 우리는 신라통일 후 1,300년을 단일민족으로 살아왔고 우리의 분단은 외세에 의하여 이루어졌다. 고난과 시련의 한민족이 통일될 때 통일비용의 작고 크고가 문제가 될 수 없다. 모든 것은 우리 마음의 자세이다.

남북한의 정신적 장벽을 극복하고 동질성을 회복하기 위해서는 정부와 단체, 그리고 시민들이 한마음이 되어서 물심양면으로 북한을 도와야 한다. 특히 기업들의 대대적인 투자가 요구되며 실향민들의 재회와 기독교인들의 복음 활동도 크게 기대된다. 그 후 남북한 주민들의 광범위한 범위에서 교류가 확대되면 한국의 내적 통일은 독일의 경우보다 훨씬 빠른 속도로 이루어질 것으로 본다.

필자는 지금까지 독일이 어떻게 통일이 되었으며 통독 후 어떤 어려운 과정을 겪고 있는지를 알아보았으며 그리고 독일통일이 우리에게 주는 교훈이 무엇인지를 알아보면서 한국의 대응 방안을 모색해 보았다. 통일논의는 정부, 정당, 국회, 그리고 일반시민들에 이르기까지 토론의 광장을 활짝 열어 놓음으로써 통일에 관한 국민의 의견일치를 얻을 수 있다고 생각한다. 필자도 이런 의미에서 미약하나마 소견을 개진하는데 불과하다.

마지막으로 다시 강조하지만, 독일통일은 자유와 평화 속에서 이루어졌다는 사실이다. 역사 속에서 나타난 많은 분단국의 통일이 독일처럼 이루어졌던 나라가 어디 있는가.

남북한이 합쳐 21세기를 선도할 새로운 한국으로 거듭 태어나기 위해선 자유 · 평화 · 사회정의와 같은 인간의 기본가치가 통일정책의 수립 및 추진의 토대가 되어야 한다.

동아시아에 있어서 CSCE 모델의 유용성[17]

머리말

1990년 10월 3일은 독일이 통일된 날이다. 독일통일은 전후 세계에서 최대 사건이라고 볼 수 있으며, 유럽에서는 새로운 시대가 전개되는 시발점이 되기도 한다, 1990년 11월 유럽안보협력회의(CSCE) 회원국 34개국의 정상들이 파리에서 모여 공동 채택한 「파리 헌장」은 「대결과 유럽분단의 시대」가 그 종말을 고하고 「민주주의 및 평화통일의 새로운 시대」가 도래했음을 선포했다. 특히 「파리 헌장」에서 주목되는 것은 같은 의미로서의 민주주의, 자유 그리고 인권과 같은 기본가치를 토대로 한 새로운 평화 질서를 구축하였다는 사실이다. 통일된 독일의 헬무트 콜 총리가 말한 바와 같이 「파리 헌장」은 아마도 모든 종류의 평화공존이론에 종지부를 찍었을지도 모른다.

이처럼 독일 및 유럽의 분단이 극복되고 유럽이 하나로 가게 된 데는 빌리 브란트의 동방 정책, 신사고를 바탕으로 한 고르바초프의 평화적인 서방 정책 등 여러 가지 요소가 복합 작용하였겠지만, 유럽이란 전체적인 틀의 입장에서 불 때는 CSCE의 오랫동안의 발전과정에서 이루어졌다고 볼 수 있다.

유럽지역에서의 CSCE 성공사로 인해 세계 곳곳에 도사리고 있는 여타분쟁지역에도 그것을 적용함으로써 그 지역의 분쟁을 완화하고 평화와 안정을 도모할 수 없을까 하는 의견들이 고조되고 있다.

특히 독일이 통일된 90년 이후부터 동아시아에 있어서 CSCE 모델의 적용

---

17 이영기. "동아시아에 있어서 CSCE 모델의 유용성". *평화연구,* vol.3, 1994.

가능성이 강조됨으로써 21세기를 대비한 동아시아 평화 질서를 위한 활발한 토론의 광장이 전개될 전망이다.

그것을 구체적으로 설명하면 전 소련 외상이었던 셰바르드나제는 1990년 11월 파리 정상회담 이전 이미 1993년 가을 이 지역에서의 안보협력회의를 소집할 것을 제창하였다. 잘 알려진 사실이지만 호주의 가렛 에반스(Gareth Evans) 외무장관이 1990년 여름 CSCE와 유사한 「아시아안보협력회의」(Council for Security and Cooperation in Asia; CSCA)를 제안했는가 하면, 같은 해에 캐나다의 조 클라크(Joe Clark) 외무장관도 「북태평양 안보협력 대화」(North Pacific Cooperative Security Dialogue; NPCSD) 제의했다.

또한 1992년 6월 일본의 미야자와 기이치(宮澤 喜一) 외무장관은 미 · 러 · 중이 참여하는 다국간 안전보장 기구를 설치할 것을 주장하였고, 전 일본 총리 나카소네도 같은 해 〈신동아(8월호)〉와의 인터뷰에서 CSCE와 유사한 아시아 안보협력 회의의 필요성을 역설하였다.

그동안 로널드 윌슨 레이건(Ronald Wilson Reagan) 및 부시 정부하의 미국은 기본적으로 아시아에서의 균형자 역할을 하기 위해서는 다국간 안전보장 기구 구상보다는 일본, 한국 등과의 쌍무적 안보 동맹체제가 더욱 효과적인 것으로 인식해왔다. 그러나 비록 개인 자격이지만 존 캘빈 전 북대서양조약기구(NATO) 사령관은 1992년 10월 동아시아의 위기와 긴장을 해소, 완화하기 위하여 이 지역에 유럽안보협력회의와 같은 지역 안보 기구가 필요함을 역설했다. 클린턴 미국 행정부는 부시 정부와는 달리 국내 경제문제의 최우선적 해결 그리고 동아시아에서의 주둔 병력의 감축과 같은 것을 감안할 때 아시아-태평양 지역에서의 다자간의 안보 협력체제의 필요성을 감지하고 있는 상태이다.

그동안 동아시아에 있어서 안보 협력체제에 관한 관심을 뚜렷이 표명하지 않았던 중국도 1992년 8월 한 · 중 수교 이후 그 태도가 가시화되고 있다. 그 반증으로 전기침 외교부장은 1992년 8월, 상해에서 개최된 한 학술회의에서 아시아 국가들이 지역 안보 환경을 개선할 수 있는 효율적인 조치로서 유엔헌장의 준수, 지역 패권주의의 포기, 상호 선린관계의 증대, 군비증강의 배제, 공동번영 및 반전의 5가지 원칙을 천명하였다는 사실이다.

문제는 북한의 태도이다. 북한은 국제적으로 완전히 고립된 상태이다. 북한은 그 체제 유지를 위하여 그 문호를 개방한다는 것이 큰 위험을 안고 있지만, 그러나 다른 한편 국제적 고립을 면하기 위해서는 다자간 협력체제로의 참여도 아주 불가능하다고는 볼 수 없다. 1975년 헬싱키 의정서 서명 시 구동독은 어느 나라보다도 다국가로부터 국제적으로 인정받음으로써 구동독 외교사의 일대 성공사로 간주했음을 상기할 때 국제적으로 고립된 북한도 구동독처럼 외교적 선전은 하지 않더라도 은근한 접근을 해오지 않을까 추측해 볼 수 있다.

위에서 동아시아 평화 질서를 위한 미국 · 러시아 · 일본 · 중국 그리고 북한의 태도를 살펴보았지만 무엇보다도 동아시아 안보협력회의를 주도하여야 할 나라는 한국이라 생각된다. 왜냐하면 한국의 통일도 독일의 통일과 같이 주변 국가들과의 다자간협력체제 없이는 거의 불가능하기 때문이다.

노태우 전 대통령은 1988년 10월 유엔총회 연설을 통하여 「동북아 평화협회」 구상을 제의했는가 하면, 김영삼 정부는 이 구상을 더욱 구체화하였다. 즉 한승주 외무장관은 한국 외교의 5대 기조로 세계화, 다변화, 다원화, 지역협력, 미래지향 등을 내세웠다. 이 중 지역 협력은 동북아 지역에서 미국의 군사적 역할이 점차 축소되고 있고, 일본과 중국이 주도권 경쟁하는 양상을 보이는 가운데 한국이 중 · 장기적으로 주도권을 장악, 다자안보 대화를 추진한다는 것이다.

필자는 위와 같이 CSCE 모델이 동아시아도 그 유용성이 가능할까를 생각하면서 우선 CSCE는 어떻게 형성되었으며 헬싱키 최종 의정서의 내용은 무엇이며 그 후의 발전과정을 설명함으로써 CSCE가 어떻게 독일통일에 이바지하였는가를 알아보고 또한 CSCE 모델이 동아시아에서의 적용의 가능성과 한계가 무엇인지를 알아봄으로써 이에 대응하는 방안도 모색해 볼까 한다.

유럽 평화질서 유지로서의 CSCE

CSCE는 유럽에서 평화와 안정을 조성하고 독일인도 그 속에서 자결권을 행사하여 독일통일을 이룩하였다. CSCE는 유럽에서 한 성공사로 간주된다. 그리하여 동아시아에 있어서도 CSCE 모델 유용성의 말들이 심심치 않게 오르내린다. 그러나 많은 사람은 CSCE가 무엇인지 잘 모르고 있다. 그리하여 필자는 동아시아에서의 CSCE 모델의 적응 가능성에 들어가기 전에 CSCE에 관한 대체적인 설명이 필요할 것 같다.

CSCE는 1975년의 헬싱키 최종 의정서가 체결될 때까지 15년 그리고 그 후 1990년 독일통일이 될 때까지 15년 약 30년의 세월이 소요된 셈이다. 우선 CSCE의 형성 배경과 이에 참여하는 주요 국가들의 상호이해관계를 설명할까 한다.

1966년 바르샤바조약기구의 정치자문위원회는 「부쿠레슈티 선언(Bucharest Declaration)」을 통하여 「유럽 안보의 문제에 관한 회의」를 소집할 것을 제의했다. 또한 1969년에는 이 정치자문위원회는 부다페스트에서 약간 명칭을 바꾼 「전 유럽 회의」를 소집할 것을 호소했다. 1970년에는 바르샤바조약기구 외상들이 「부다페스트 선언」에서 미국과 캐나다도 이 회의에 참석할 수 있음을 동의함과 동시에 특히 이 선언에서는 유럽에 주둔하고 있는 외국군대의 감축을 다룰 위원회의 설치를 주장하기도 했다.

그러면 소련을 위시한 동유럽국가들은 어째서 60년대 후반기에 들어와서 위와 같은 일련의 유럽 안보 회의를 제창하게 되었을까? 그리고 서방 국가들은 이에 대하여 어떻게 대처하였는가?

우선 2차 대전 이후 동서 관계에 있어서 시대구분을 하여 본다면 국제정치학자들은 1950년대에는 냉전 시대, 1970년대를 긴장 완화시대 그리고 그 중간인 1960년대를 보통 과도기로 보고 있다. 1960년대에 들어와서 미·소간 핵무기의 균형은 동·서 간의 평화공존을 강요하게 되었고 따라서 2차 대전 이후 생성한 국제정치의 현상 유지의 변화를 단념케 하였다.

독일의 저명한 레오 로웬탈(Leo Lowenthal) 교수에 의하면 1961년 베를린장벽구축의 결과는 중유럽에 있어서 소련의 현상 유지를 확고히 하였다고 본다면, 1962년 쿠바위기의 결과는 서방의 세계 정치적 위치를 확고히 했다고 본다. 케네디와 흐루쇼프에 의하여 시작된 세계 정치적 긴장 완화를 위한 전환이 이와 같은 기초위에서 이루어졌고 그것은 또한 서독의 동방 정책을 위한 조건을 조성해 주었다는 것이다.

그러나 소련은 베를린장벽의 구축에도 불구하고 1968년의 체코사태가 시사하듯이 동유럽에서의 그의 영향력 행사에 어려움을 겪어왔다. 독일의 저명한 볼프강 바그너(Wolfgang Wagner) 박사는 소련을 위시한 동유럽국가들이 CSCE를 제의한 이해관계와 동기를 3가지로 분석하였다.

첫째, 비록 소련이 2차 대전 이후 취득한 동유럽에 대해 영향력을 행사하고 미국과 군비경쟁을 할 수 있을 만큼 그의 군사력을 세계적 위치로 격상시켰다. 하지만, 바로 이와 같은 군사력집중으로 말미암은 경제 분야의 낙후성을 면할 수 없었다는 것이다. 그리하여 소련 지도층은 주로 경제인들뿐만 아니라 당 내부에서도 비판받게 되어 무엇인가 대외적으로 성과를 거둘 필요가 있었다는 것이다.

둘째, 소련은 동유럽의 공산주의 운동에 있어서도 동유럽의 사회주의 국가들을 하나로 결속시킬 만큼의 이데올로기를 기초로 한 정치적 목표를 제시하지 못하였다는 것이다.

셋째, 레닌 이후 소련 외교정책의 최고원칙은 소련이 어떤 형태든 국가 간에 있어서 포위상태에 처해서는 안 된다는 것이다. 소련은 특히 1969년 소・중국경선에서의 충돌사건 이후 비록 중국과 서유럽이 소련에 대하여 어떤 군사적 동맹으로까지는 발전하지 않는다고 하더라도, 때에 따라서는 한편이 그의 이익을 위하여 상대편을 이용함으로써 소련에 위협이 된다는 것이다. 따라서 소련은 중국과의 분쟁에 있어서 보다 효과적으로 대응하기 위해서는 서방과의 협력체제가 필요하였다는 것이다.

소련은 위와 같은 3가지 이유로 전 유럽 회의를 위한 길을 모색하게 되었고 그 목표는 한편으로는 서방세계로부터의 공식적인 인정을 통한 동유럽 있어서의 최종적인 소련제국의 공고화를 달성하는 것이고, 다른 한편으로는 안보 정책상의 조처로 NATO를 약화시켜 소련을 「포위」할 수 없도록 하는 것이다.

이에 대한 서방측의 대응은 국가마다 그 입장이 달랐다. 우선 미국은 초강대국으로서 그의 긴장 완화정책의 실현에 있어서 소련과 직접 교섭할 수 있는 위치에 있었기 때문에 구태여 유럽의 중・소국들과 동등한 입장에서 유럽 회의를 달갑게 생각하지 않았다. 영국과 프랑스도 정도의 차이는 있지만 2차 대전의 전승국으로서 미국과 대동소이했다. 그런데 미・영・프를 동방 측이 제의한 CSCE로 끌어 들어오게 한 결정적인 역할을 한 것은 브란트의 동방 정책이었다.

브란트는 1970년 소련과의 모스크바조약 그리고 폴란드와의 바르샤바조약을 각각 체결했다. 또한 서독은 1972년 동・서독 기본조약을 맺었고 1973년에는 체코와의 프라하조약을 체결했다. 브란트는 위와 같은 동방 국가들과의 일련의 양국 간 조약에 만족하지 않고 동방이 제의한 다자간의 안보협력 회의에도 적극 관심을 표명했다.

다른 한편 미・영・프도 동・서 관계에 있어서 서독의 적극적인 동방 정책을 견제하고 공동보조를 맞추기 위해서는 다자간의 협력체제의 필요성을 인식하게 되었다. 미국은 애당초 미온적인 태도를 변경하여 EC9 개국을 돕기로 하였고, 프랑스는 독주하는 서독의 동방 정책을 다자간의 협력체제 속에 묶어 두는 것이 좋다고 생각하게 되었고 소련을 깊이 불신하던 영국은 서방 공동의 동방 정책 추진에 적극적으로 참여하게 되었다.

서방측은 동방측이 요구하고 2차 대전 이후 생성한 국경선을 인정하는 대신 인간, 정보 및 의견 등의 자유로운 이동을 주장하게 되었다. 이처럼 동·서 간의 이해관계가 절충되어 1973년 9월 쥬네브에서 공식회담이 시작되어 그 후 2년에 걸친 공동작업 끝에 1975년 헬싱키 최종 의정서를 마련하기에 이르렀다.

33페이지에 달하는 CSCE의 주요 내용을 요약하면 아래 3가지로 설명할 수 있다.

■ 유럽에 있어서의 안보의 원칙

- 유럽국가 간의 관계를 규정하는 기본 원칙으로서
  - · 주권의 존중
  - · 무력 사용의 금지
  - · 국경선의 불가침성
  - · 국내문제의 불간섭
  - · 인권 존중
  - · 분쟁의 평화적 해결
  - · 국가 간의 평등권과 자결권
- 신뢰 구축과 군축에 관한 것으로서
  - · 대 군사 기동연습에 관한 정보
  - · 군축과 관련한 문제

· 일반적 문제

■ 경제 · 과학 · 기술 및 환경보존 분야에서의 공동협력

- 교역
- 산업협력과 공동이익과 프로젝트교역 및 산업협력에 관한 규정
- 과학과 기술
- 환경보호

· 여타분야에서의 공동협력

· 교통 제도의 발전

· 관광산업의 장려

· 이동노동자에 대한 경제적 및 사회적 측면

· 전문직업교육

· 지중해에서의 안보 및 공동협력

■ 인적 및 여타 분야에서의 공동협력

- 인적 접촉

· 이산가족의 재회

· 상이한 국가 시민들 간의 결혼

· 외국으로의 여행

· 관광 조건의 개선

· 청소년 교류

· 스포츠

· 접촉의 확대

- 정보
  - · 정보의 자유교환
  - · 정보 분야에서의 공동협력
  - · 기자들의 활동 조건 개선
- 문화교류
- 교육 분야에서의 공동협력,
  - · 관계의 확대
  - · 과학
  - · 외국어 및 문명
  - · 교육 방법
  - · 연속회의
  - · 최종규정

위에서 열거한 최종 의정서를 다시 음미해 보면 소련은 국가의 주권, 그의 영토적 통합, 그리고 국경선의 불가침 인정을 통한 그 힘의 영역을 공고히 하였다는 점이다. 그것도 두 가지 측면에서 말이다. 하나는 발트 3국 및 2차 대전 중 취득한 여타지역들의 소련으로의 귀속이 더 이상 문제가 되지 않는다는 점과 또 다른 하나는 동독을 포함한 동유럽에서의 소련의 지배적 위치가 정당화되었다는 것이다. 이 의정서에서 소련이 갖는 또 다른 이점은 서방과의 교역과 경제협력에 있어서 서방세계의 자본과 기술에 접할 수 있다는 것이다.

이에 비해 서방측은 인권의 존중, 가족 재회, 여행, 문화교류, 정보교환 등과 같은 기본 자유 그리고 자결권의 존중 등을 관철함으로써 훗날 동유럽의 변화를 가져오는 초석을 닦았다. 특히 분단국에 처해있던 서독은 국경선의 불가침성을 동유럽에 주장한 「불변경」으로 해석하지 않고 평화적 방법으로 변경도 할 수 있다는 태도를 보였다. 또한 서독은 독일인들도 다른 민족들처럼 유럽의 평화 질서 속에서 자결권을 행사하여 언젠가는 독일의 통일을 이룩할 수 있다는 함축성을 남기기도 하였다.

그 후 CSCE의 발전과정을 살펴보면 헬싱키 최종 의정서의 체결에서 1990년 독일이 통일될 때까지 위에서 언급한 것과 같이 15년의 세월이 흘렀다. 35개국 CSCE 회원국들은 15년간에 걸쳐 벨그라드(1977-1979), 마드리드(1980-1983). 그리고 빈(1986-1989)에서 3회에 걸친 연속회의를 가졌다. 이외에도 여러 분야에서 전문가들의 모임을 했다. 헬싱키 최종 의정서는 위와 같은 일련의 연속회의와 전문가들의 모임을 통하여 보완되고, 구체화하고 미화되었다.

그러나 이 15년간의 발전과정에서는 예민하게 받아들일 수밖에 없는 퇴보 또한 적지 않았다. 동유럽국가들에서의 인권침해, 1979년의 소련의 아프가니스탄 점령, 1981년의 폴란드의 계엄선포 등은 그 좋은 예들이다.

첫 번째로 처음 열린 벨그라드 연속회의는 별다른 성과 없이 간단한 종결문서의 채택으로서 그 막을 내렸다. 이 회의의 특성은 주로 인권에 관한 동 · 서 간의 심한 논쟁이 있었다는 점이다. 서방측은 동유럽국가, 특히 소련과 체코에서의 인권침해 사례들을 지적 비난한 데 대하여 동유럽국가들은 국내문제 불간섭의 원칙을 들어 그들의 입장을 옹호하려고 했다.

그러나 벨그라드 연속회의는 동 · 서 간의 의견 차이에도 불구하고 제2차 마드리드 연속회의, 전문가들의 「분쟁의 평화적 해결에 관한 몽트뢰 회담」(1978), 「지중해 국가들의 협력에 관한 발레타 회담」(1979), 그리고 「함부르크 과학 포럼」(1980)등의 개최에 합의를 보았다.

두 번째로 열린 마드리드 연속회의는 1981년 폴란드의 계엄선포로 그 개최의 의미에 그늘이 졌다. 특히 미국은 CSCE의 원칙이 지켜지지 않는 시점에서 CSCE의 연속회의를 계속할 의미가 있는가 하고 그 반대 입장을 취했다. 이에 반해 서독은 6개월간의 사고휴식을 위해 그 중단의 필요성은 느끼지만, 회의 자체의 연속을 포기할 수는 없다는 입장이었다. 결국 서독의 제안이 받아들여졌지만, 이 판단은 그 후 사실들이 입증하듯이 옳았다고 볼 수 있다.

즉 마드리드 연속회의의 합의에 따라 1985년 오타와에서 개최된 「인권」에 관한 전문가들의 회담과 1986년 베른에서 개최된 「인적접촉」에 관한 회동에서는 동유럽국가들의 태도에서 종전과는 달리 그 유연성을 보였다. 1985년의 「부다페스트 문화 포럼」에서는 정부의 지시를 받지 않은 민간인 문인대표도 참석하여 특별한 시선을 끌기도 하였다.

또한 스톡홀름에서의 「유럽에서의 신뢰 및 안보 구축 조처 및 군축에 관한 회의」(1984-1986)는 안보 분야에서 큰 성과를 낳았으며, 특히 군사 훈련장의 관찰에 관한 합의는 이전에서 「합법화된 첩보 행위」로 간주하고 동유럽국가로부터는 늘 거절됐다는 것을 감안하면 대단한 진보임을 알 수 있다. 이와 같은 안보 면에서의 신뢰 구축 회담은 그 후 미 · 소간의 군축 회담에도 그 영향을 주어 급기야는 1987년 「중거리 핵전력 조약」(Intermediate-Range Nuclear Forces Treaty; INF Treaty)을 낳게 한 것이다.

세 번째로 열린 빈 연속회의는 벨그라드나 마드리드 회의에 비하면 엄청난 발전을 가져온 회의다. 그것은 무엇보다도 1985년 소련에서 새로 등장한 고르바초프의 「페레스트로이카(Perestroika) 및 글라스노스트(Glasnost) 정책」이 국제환경에 미친 결과였다. 비록 회의 기간은 종전과 같이 오래 계속되었다 하더라도 그 질적 내용을 가져온 데서 그 의의를 찾을 수 있다.

빈 회의에서의 큰 성과는 여러 면에서 골고루 나타났다. 우선 안보 면에서 보면 스톡홀름의 신뢰 구축 회담을 토대로 1989년 3월부터 유럽 재래식 병력 감축에 관한 협상이 시작되었고, 그것은 1990년 11월 파리에서 이에 관한 역사적인 조약이 체결되었다. 그것은 군축 역사상 가장 포괄적이고 그 광범위한 내용을 갖는 조약이다. 그것은 유럽에 있어서 재래식 주요 무기 체제의 감축과 한계를 위한 조약상의 기초를 마련한 셈이고, 따라서 그것은 유럽 안보 협력체계를 위한 중요한 계기가 되었다.

빈 회의는 경제협력 분야에서도 종전과는 달리 진보를 가져왔다. 여기서는 새로운 합의들이 이루어졌는데, 특히 합작회사, 외국인 상사들의 노동조건에 관한 것이다. 빈 회의에 합의에 따라 1990년 4월 본에서는 유럽경제 협력에 관한 회의가 열렸다. 여기에서 35개 회원국들은 경제협력의 실천뿐만 아니라 공동의 정책을 표방할 원칙에도 합의를 보았다. 국민경제의 시장 경제적 정향과 인권 및 기본 자유 간의 연계가 인정되었다. 이 경제협력 회의는 한 공동체의 경제영역과 안정을 위협하는 안정 한계를 극복할 길을 열어준 셈이다.

빈 회의 성과는 무엇보다도 인권 분야에서의 새로운 의무조항의 삽입이다. 그것은 규범적 부분에서뿐만 아니라 그것이 사실상 그 기능을 발휘할 수 있도록 한 상담 및 감독 메커니즘을 창설했다는 사실이다. 레이건 행정부 시절의 진 커크패트릭(Jeane Kirkpatrick) 전 유엔대사는 만약 인권에 관한 빈의 약속이 지켜진다면 그것은 INF나 전략 무기 감축 조약(Strategic Arms Reduction Treaty; START)보다 훨씬 더 중요한 의미가 있다고 하면서 “이제야 비로소 소련이 기본적으로 정치적 및 시민적 권리를 존중하게 되지 않겠나”하고 그 잠재적 가치를 평가하기도 하였다.

빈 회의 효과는 1989년 여름과 가을에 나타나기 시작했다. 폴란드에서 자유노조를 이끌던 레흐 바웬사(Lech Walesa)의 시작으로 소련에서의 인권운동과 체코에서의 77헌장으로 이어졌다. 그 후 헝가리에서도 자유 운동이 일어났고 급기야는 동독에서의 평화혁명은 베를린장벽을 무너뜨리고 독일통일과 유럽 분단극복의 길을 열어주었다.

동유럽혁명에 있어서 출발점은 나라마다 달랐지만 한 가지 공통점은 소련 군대가 이에 개입하지 않았다는 사실이다. 고르바초프는 스탈린, 흐루쇼프 혹은 브레즈네프와는 달리 국제법을 존중했고 헬싱키 최종 의정서에서 채택되었던 국내 불간섭원칙을 고수했다.

필자는 지금까지 CSCE의 형성 과정, 최종 의정서의 내용 그리고 그 후의 CSCE의 발전과정을 간단히 살펴보았다. CSCE는 소련을 위시한 동유럽국가들에 의하여 제기되었지만 결국은 서방세계의 승리로 돌아간 성공사례라고 볼 수 있다.

1975년 헬싱키 회의에 직접 참여했던 헬무트 슈미트(Helmut Schmidt) 전 서독 총리는 헬싱키 회의에 대한 평가를 다음과 같이 설명하였다.

> "헬싱키는 헛되지 않았다. 우리의 동방 정책, 우리의 무력 사용 포기조약, 소련, 동독 그리고 폴란드와의 경제협력, 그러나 또한 소련의 위협과 강제에 대한 우리의 공고성, 서독의 서방으로의 확고한 결속 등이 모든 것이 오늘날의 헬싱키 과정의 성과를 위해 필요한 전제였다."

독일통일의 콜 총리는 1989년 11월 28일 그의 「독일 및 유럽분단의 극복을 위한 10개 조항 프로그램」의 제8항에서 CSCE 과정을 「전 유럽건축의 심장부」라고 찬양하면서 하나의 새로운 유럽의 도래를 전망했다.

필자는 위와 같은 CSCE에 대한 종합평가를 음미하면서 좀 더 구체적으로 CSCE가 갖는 의미를 모색해 볼까 한다.

첫째, CSCE는 비록 국제법상의 구속력을 갖는 회의는 아니었지만, 유럽국가 간의 관계를 규정하는 「규범」을 조성했다는 사실이다. 헬싱키 최종 의정서는 그 후 15년 동안에 걸친 일련의 회의에서 새로운 합의를 통하여 보완되고 구체화하였다. 이것은 유럽평화질서구축에 일조를 한 셈이다.

둘째, CSCE는 동·서 간의 대화의 광장을 제공하였다는 사실이다. 정부, 단체 그리고 개별적 시민들 간의 자유로운 토론이야말로 불신을 제거하고 신뢰를 구축함으로써 유럽의 평화와 안정에 이바지하였다는 사실이다.

셋째, CSCE는 1회에 걸친 회의로 끝나지 않고 지속적인 회의로 이루어짐에 따라 그것이 제도화되었다는 사실이다.

넷째, 동유럽에서의 인권과 기본 자유의 실현이다. 이 인권과 기본 자유의 실현이야말로 동유럽에서의 민주화와 변화를 가져왔다.

이처럼 유럽에서의 새로운 규범의 창조, 자유로운 대화 그리고 제도화를 통한 다자간의 협조체제를 갖게 된 CSCE는 유럽의 지속적인 평화 질서를 위한 길을 열어주었고 바로 이 평화 질서 속에서 독일인들은 그들의 자결권을 통하여 통일의 기회를 포착할 수 있었다.

동아시아에 있어서 CSCE 모델 적용의 가능성과 한계성

위와 같이 유럽에서의 CSCE 성공사는 세계 여타지역에서도 평화와 안정을 가져올 수 없을까 하는 생각에서 CSCE 모델론이 제기됐다. 1991년 걸프전이 한창일 때 전 서독 외무장관 겐셔는 중동의 평화를 위한 이 지역에서의 CSCE 모델의 적용을 주장하여 시선을 끈 바 있다. 특히 최근에는 동아시아에 있어서 CSCE 모델의 유용성 여부의 논의가 어느 때보다도 활발히 진행되고 있다. 이와는 반대로 CSCE는 유럽에서나 있을 수 있는 일이지 세계 여타지역에서는 그 모델의 적용이 유럽과는 다른 조건으로 있으므로 어렵다고 보는 사람도 있다.

필자는 뮌헨대학 정치학연구소에서 일하고 있는 미르 페르도시(Mir A. Ferdowsi)박사의 CSCE 모델 유용성에 관한 의문을 알아보고 이에 대한 대체적인 반론을 통하여 동아시아에서 CSCE 모델 적용의 가능성과 한계성을 설명할까 한다.

페르도시는 세계 여타지역에서의 CSCE 모델의 유용성을 거의 불가능한 것으로 관찰하였다. 그 이유를 3가지로 요약해 보면 다음과 같다.

첫째, CSCE는 두 초강대국이 이끄는 확고한 블록에 의하여 존재했고 두 적대적인 블록 간에는 전쟁에서 이길 수도 없고 질 수도 없는 「공포의 균형」이 형성됨으로써 유럽의 안정을 부여할 수 있었다는 것이다. 「안보」, 「경제」 그리고 「인권」의 내용을 갖는 CSCE의 설계자들은 양국 체제의 해체 없이 양 블록 간의 이해관계를 조절할 수 있었다는 것이다. 그러면서도 CSCE는 한편 질서 안정화에도 이바지하였지만 다른 한편 질서 극복적인 작용도 하였다는 것이다.

이에 반해 제3세계에서는 유럽과 비교할만한 동 · 서 분쟁이 없었고 설사 어떤 특정 지역에서 인구적, 경제적 및 군사적 잠재력으로 그 지역에서의 지배를 시도하려고 하는 국가들이 있었다 하더라도 냉전 시대의 유럽과 비교될 만한 「세력균형」은 세계 어느 곳에서도 발견될 수 없다는 것이다. 아프리카, 아시아 및 중동에서 보여준 것과 같이 어느 곳에서도 지역적 주도권 분쟁은 그 지역에서의 안정화를 가져오지 못했다는 것이다.

둘째, 경제적 측면으로서 과연 제3세계지역에서의 경제협력 관제가 유럽국가 간의 밀접한 경제 관계와 같은 수준에 도달하지 못했다는 것이다. 경제적 협력관계의 필요성을 주장하면서도 사실은 최근에 더 심각한 위기에 처해있다는 것이다. UNCTAD에 의하면 세계에서 차지하는 무역량을 한 예로 들면 아프리카 공동체는 7%, 중앙아메리카 공동시장은 16% 그리고 ASEAN 국가들이 18%를 각각 차지할 정도로 경제발전 규모가 적다는 것이다.

셋째, CSCE는 인권의 존중과 민주주의의 발전에 이바지했다는 것이다. 그것이 가능한 것은 유럽의 국가와 사회에서 그 반향이 세계 여타지역과는 달리 폭넓게 발견되었기 때문이라는 것이다. 인권의 실현은 서양 문화권에서 있을 수 있는 것이지 여타지역에서의 인권의 보급은 쉽지 않다는 것이다. 다만 그것이 가능하기 위해서는 미국 사회학자 프란시스 후쿠야마(Francis Fukuyama)가

시사한 것과 같이 마르크스, 레닌주의가 사라지고 그 대안으로서 「인류의 이데올로기 발전의 마지막 정거장」이라고 할 수 있는 서구식 자유민주주의가 인간적 정부의 최종적 형태로 나타날 때 이루어질 수 있다는 것이다.

페르도시는 위와 같이 아프리카, 중동, 남아메리카 그리고 아시아대륙이라는 세계적인 차원에서 CSCE 모델 유용성을 부정적으로 관찰하였다. 유럽과 그래도 비교될 만한 동아시아에 관하여는 일언반구도 없는 것은 그릇된 판단이라 본다.

필자는 세계적인 차원에서의 페르도시의 논거를 충분히 이해하고 싶지만 동아시아에서의 CSCE 모델의 유용성 문제를 놓고 볼 때, 그의 의견에 대체로 찬성하고 싶지 않고, 민주주의와 인권 문제에 관해서만 동조하고 싶다.

첫째, 그는 세계 어느 곳에서도 유럽과 같은 세력균형이 존재하지 않는다고 강조했다. 물론 동아시아에서는 유럽과 같이 NATO와 바르샤바조약 같은 집단안보 체제는 없다. 그러나 동아시아에서도 한국전쟁 이후 서방측으로는 미·일 상호 안보 조약 체제, 한·미 방위 조약 체제가 있고, 공산 진영 측으로는 소련 북한 상호원조 및 방위 조약 체제, 중국 북한 상호원조 및 방위 조약 체제 등 쌍무적 안보 체제가 유지됨으로서 세력균형이 지배해 왔다고 볼 수 있다.

탈냉전 후 동아시아에서는 변화를 보이고 있다. 구소련이 더 이상 미국의 적이 아니고 따라서 미국은 최근 크리스토퍼 국무장관이 상원에서 증언한 바와 같이 미국의 대외정책에서 경제 안보를 최우선으로 책정한 것을 보아도 동아시아에서 패권을 추구할 것 같지 않고 균형자 역할을 계속 유지할 것 같다. 중국과 일본도 군비경쟁을 하고 있지만 이 지역에서의 주도권 쟁탈전을 벌일 수 있는 입장은 못 된다. 바로 이러한 가운데서 다자간의 안보 협력체제를 형성함으로써 신세력 균형을 토대로 한 신뢰 구축, 군비통제 및 군축 등을 논할 수 있는 안보 포럼의 형성이 요청된다.

둘째, 경제협력 문제이다. 페르도시는 여기에서도 세계 여타지역에서의 경제협력을 회의적으로 보았다. 그러나 동아시아지역은 여타지역과는 다르고 한국, 중국, 일본, 대만 그리고 미국 등이 회원국으로 있는 「아시아 · 태평양 경제협력체」(Asia-Pacific Economic Cooperation; APEC)의 아 · 태지역이야말로 세계인구의 40%, 총면적의 25%, 세계무역량의 36% 그리고 세계 GNP의 55%를 차지하는 광대한 지역이다.

1993년 11월 6일과 7일의 한 · 일 정상회담에서 합의 본 신경제 협력기구의 설치 등은 동아시아에서도 다자간경제 협력기구로 확대함으로써 이 지역에서의 경제협력이 얼마든지 가능하다는 점이다. 가장 폐쇄적인 북한도 두만강 공동개발과 나진 선봉 개발에 한국기업을 포함한 다자간의 협력을 바라고 있지 않은가.

셋째, 민주주의와 인권에 관한 문제이다. 이 문제에 있어서 필자도 페르도시의 의견에 많이 수긍되는 부분이다. 앞으로 「동아시아 안보협력 회의」(CSCA)를 마련하면서 이 문제가 가장 어려운 문제로 부각될 것이다. 한국, 일본, 미국 등은 자유민주주의와 시장경제를 기본가치로 신봉하고 있으므로 기본적 자유, 인적교류 및 인권 등을 강조하게 될 것이고, 러시아도 자유민주주의와 시장경제를 도입하고 있으므로 과거의 유럽안보협력회의에서 나타난 구소련과는 달리 인적교류 및 인권 문제에는 별다른 문제가 없을 것이다.

문제는 중국과 북한의 태도이다. 사실 미국과 중국은 지난 89년 천안문사태 이후 냉각된 양국 관계를 이어 왔으며, 최근 미 · 중 「군사 관계 개선」의 합의에도 불구하고 무기 금수조치는 아직도 유효한 상태이다. 11월에 시애틀에서 열리는 APEC회의에서는 미국은 「아 · 태 경제공동체」설립을 제의할 것이고 또한 민주주의와 인권에 관한 것도 다룰 예정이다.

중국은 무엇보다도 시장경제를 도입, 경제 활성화를 최대목표로 삼고 있으므로 인권 문제 같은 것은 부차적으로 생각하게 될 것이다. 그러나 서두에서 전기침 외교부장이 지역 안보 환경조성 5원칙 중 유엔헌장의 준수를 강조한 것을 볼 때 앞으로 있을 동아시아 안보협력 회의의 최종 의정서에 인권조항의 삽입을 무조건 반대할 것 같지는 않다. 물론 이것은 두고 보아야 할 문제이다.

문제는 여전히 북한이다. 북한은 폐쇄냐 개방이냐를 놓고 이러지도 저러지도 못하는 갈림길에 서 있다. 필자의 견해로는 북한이 그의 문을 열든 닫든 넉넉잡고 금세기에는 붕괴하리라 생각된다. 김정일은 개방이냐 폐쇄를 놓고 어떤 것이 자기들에게 유리한가를 계산하지 않을 수가 없다. 문을 닫고 핵을 개발하여 전쟁도 불사한다고 할 때, 그것은 그들의 자멸 행위를 뜻하는 것이고, 누구로부터도 지원을 받을 수가 없다. 결국 북한은 아주 조심스럽고 극히 제한된 범위 내에서 그의 문호를 개방하지 않으면 안 되게 되어있다. 김정일이 최후의 운명을 유지하기 위한 망명처를 찾기 위하여도 북한의 개방이 결코 그들에게 유리하다는 것을 염두에 두고 있으리라 본다.

북한은 과거 동독이 CSCE를 통하여 그의 체제인정을 원했던 것처럼 동아시아 안보협력 회의를 통하여 그들의 체제인정을 받기를 원할 가능성이 있으면, 이와 관련한 사상, 양심, 종교의 자유와 같은 기본 자유와 인권 존중에 관한 문서상의 수렴은 받아들일 가능성이 있다고 본다. 왜냐하면 북한은 UN에 가입하고도 UN 현장을 준수하지 않고 있으며, 남북한의 기본합의서와 부속 합의에서 서명하고도 그 실현에 인색해지고 있기 때문이다. 북한은 앞으로 있을 수 있는 동아시아 안보협력회의 최종 의정서에 서명하고도 그것을 이행치 않을 수도 있다고 볼 수 있기 때문에 문서상에는 서명할 가능성이 있을 것이다.

위와 같이 동아시아에서의 CSCE 모델의 유용성은 종합적으로 판단할 때 세계 어느 지역보다도 이 지역에서의 가능성이 크다고 볼 수 있다. 안보 면에서는 모든 해당국이 공동의 이해와 관심을 가질 것이고, 중국, 북한, 러시아가 필요로 하는 경제협력을 제공하는 대신에 한국, 일본, 미국 등의 서방측은 인적교류와 인권에 관한 것은 받아들일 수 있는 「Give and Take」형식의 회의가 되어야 한다.

맺는말 : 동아시아 평화질서와 남북한의 통일

필자는 지금까지 동아시아에 있어서 CSCE 모델 유용성 문제를 논함에 있어 우선 CSCE의 형성 배경과 내용, 그리고 그 발전과정과 결과를 간단히 논하였고, 그리고 그것을 토대로 동아시아에도 CSCE 모델이 과연 적용될 수 있을는지 그 가능성과 한계성을 간단히 살펴보았다.

위와 같은 문제를 논하는 근본적인 목적은 두말할 것 없이 독일이 유럽평화질서 속에서 통일이 된 것처럼 분단된 한국도 동아시아 평화 질서를 구축하여 그 속에서 통일할 수 없을까 하는 기대에 있는 것이다.

사실상 유럽은 그동안 평화 질서유지를 위하여 유럽평의회(Europarat), NATO, 서유럽연맹(WEU), EC 그리고 CSCE 등이 기능을 잘 발휘하였고, 앞으로도 이 5개의 기둥은 21세기의 유럽의 집을 지탱할 것이다.

유럽과는 달리 동아시아는 유럽과 비교할만한 기구가 설치 안 된 상태이며 다만 89년에 출범한 APEC이 있지만 아직도 초기 단계다. 앞으로 한국의 통일을 위하여는 남북한 간의 직접 대화, 한국 국력의 배양, 서방세계와의 확고한 결속 특히 한 · 미 간의 안보협력, 북방정책 등을 적극적으로 추진하여야겠지만 동아시아 안보협력 회의를 통한 다자간의 안보 협력체제를 구축할 필요가 있다. 왜냐하면 그것은 남북한 통일과 관련이 있는 미 · 러시아 · 중국 · 일본 등을 끌어들이고 나가서는 북한의 개방도 유도할 수 있는 좋은 기회를 마련하여 한반도에서의 평화적 통일을 위한 기반을 조성할 수가 있기 때문이다.

필자는 차제에 동아시아 안보협력 회의를 마련하기 위한 4가지 제안할까 한다.

첫째, 동아시아 안보협력 회의도 CSCE와 마찬가지로 다자간의 대화 광장을 지속해서 마련함으로써 제도화하여야 한다. 안보 면에서 신세력 균형을 토대로 한 신뢰 구축, 군비통제 및 군축에 이루기까지 폭넓은 포럼을 가져야 하며 경제면에서는 경제인 포럼을 통한 경제협력기구를 창설할 필요가 있고 인적교류 및 인권 면에서는 인권 포럼, 문화 포럼 등을 통하여 상호이해증진에 이바지하여야 하고, 특히 중국과 북한에도 인권에 관한 인식과 그 실현이 가능하도록 백방으로 노력하여야 한다.

둘째, 동아시아 안보협력 회의는 CSCE와는 달리 이에 참여할 수 있는 국가를 남북한, 미국, 러시아, 일본 및 중국으로 제한하는 것이 좋다. CSCE는 그 회원국이 35개국으로 모든 문제의 결정 과정에서 어려움을 줘는 것을 고려할 때 일을 보다 능률적이고 효과적으로 이룩하기 위해서는 그 수가 많지 않은 것이 좋다. 캐나다, 호주 등이 참여할 의사가 있을지 모르나 이것은 APEC이란 테두리에서 커버할 수가 있다고 생각한다.

셋째, 동아시아 안보협력 회의를 성취하기 위해서는 과거 서독 빌리 브란트 총리가 재빨리 기회를 포착하여 추진한 것처럼 한국이 주동이 되어 국제적 조건의 유리한 점을 이용할 수 있는 이른 시일 내에 외교적 액션을 취하여야 한다.

한승주 외무장관은 10월 27일 중국 방문길에 홍콩에서 동북아에도 CSCE와 같은 성격의 다자안보기구가 필요하다고 역설하면서 아시아 태평양 지역안정의 3가지 기본 요소로 중국의 자제력, 비위협적인 미국, 비핵화된 일본 간의 협력을 들었다.

그러나 한국 정부는 더욱 구체적인 안을 작성하여 해당국들에 통지하여 빠른 시일 내에 외무장관 회의를 개최, 실무자들을 통한 최종 의정서를 작성토록 하여 일정한 장소에서 정상 등이 모여 서명토록 하여야 한다.

유럽의 경우는 중립국이었던 핀란드의 수도 헬싱키가 적격지였지만 동아시아의 경우는 북한을 유도하기 위한 수단으로 판문점이나 북경이 좋지 않을까 생각한다. 그러나 동아시아 안보협력 회의가 성립할 때 그 후의 일련의 연속회의나 전문가들의 포럼은 해당국들의 적당한 도시로 번갈아 가면서 할 수 있을 것이다.

넷째, 한국 정부는 다자간의 안보 협력체제를 뒷받침하기 위하여 이웃 나라와의 쌍무적 협력체제도 필요하다. 일본과는 독일과 프랑스 간의 우호조약과 같은 조약을 체결할 필요가 있고, 불확실하고 불투명한 러시아와 중국과는 과거 서독이 동유럽과 체결했던 무력 사용 포기조약 같은 것을 맺는 것이 좋지 않을까 생각한다.

한 지역에서의 평화와 안전을 이룩하기 위해서는 다방면에서의 꾸준한 노력이 필요하며, 한국의 평화적인 통일도 동아시아 평화 질서 속에서 그 실마리를 찾아야 한다고 생각한다.

독일의 정치교육이 한국의 민주주의를 위한 모델이 될 것인가?[18]

머리말

1980년대 초로 기억된다. 독일 TV를 보는 동안 서독 병사들이 일선에서 훈련받는 장면이 나왔다. 리포터가 한 병사에게 "왜 당신은 훈련을 받는가?"라고 질문에 그 병사는 대답하기를 "나는 민주주의 수호를 위하여 훈련받는다"라고 대답했다. 이와 같은 대답은 옆에 섰던 병사들에게도 계속되었다.

최근 일선에서 근무하는 한 제자 학생이 휴가를 이용하여 나를 찾았다. 나는 당시 서독 TV 인터뷰가 연상되어 "자네는 왜 일선에서 군 복무를 하고 있는가?"라는 질문을 던져 보았다. 그 제자는 약간 생각하더니 "부모 형제를 내 손으로 지키기 위하여"라는 답을 했다. 그 후 많은 제대 학생들에게 같은 질문을 해 보았고, 그 답들은 "국토방위", "안보", "마지못해 하는"등 갖가지가 있었지만 "민주주의 수호를 위하여"라는 답은 좀처럼 찾기가 어려웠다.

60만의 군대를 가졌다고 자랑하지만, 그중 얼마나 「민주주의 정신」을 가졌을까 하는 생각을 해 보았다. 이것은 우리 사회의 일부에서 일어난 현상이지만 우리나라 민주주의 교육이 대체적으로 어떠한가를 말해주는 한 좋은 본보기이다.

이 세상 어느 나라에서도 정치교육은 있게 마련이다. 그러나 그것은 그

---

18 이영기. *독일의 정치교육이 한국의 민주주의를 위한 모델이 될 것인가?*. 명지대학교 독일 및 유럽연구센터, 함부르크대 정치학연구소, 1998.

나라가 가진 정치체제에 따라 상이하다. 독재정치를 표방하고 있는 전체주의 체제하에서의 정치교육은 한 독재자를 위한 세뇌 교육 또는 이데올로기적 교화(indoctrination) 교육을 실시하고, 권위주의적 체제하에서의 정치교육이 기득권 세력의 정권 유지 및 그 연장을 위한 도구로 남용된다고 본다면, 민주주의 체제하에서의 정치교육은 성숙한 민주시민의 자질을 양성시키기 위한 지속적인 계몽교육이라고 볼 수 있다.

세계 제2차 대전 이후 한국, 일본 그리고 독일은 똑같이 미국의 점령지역 아래에 미국식 민주주의를 도입하게 되었다. 물론 한 나라의 민주주의 발전이 그 나라가 가진 역사와 전통을 토대로 한 문화적 조건이 없이 미국식의 외형만 받아들였을 때 오는 그 어려움을 모르는바 아니지만, 반세기가 지나 오늘날 한국, 일본 및 독일의 민주 발전의 수준은 너무나 차이가 난다.

일본은 전후 경제 대국으로 부상하였지만 민주주의 발전 면에서 아직도 미성숙단계에 있다. 민주주의가 의회정치이고, 의회정치가 정당정치라 할 때 일본의 정당정치는 정당의 자유로운 형성과 언문의 최대 보장에도 불구하고, 전후 자민당의 권력 독점은 건전한 정당정치에 부합되지 않는다.

일본에 비해 전후 독일은 비록 경제적 규모 면에서는 일본에 뒤떨어지지만, 개인적 생활의 질에서는 일본이 독일을 따라갈 수가 없다. 독일은 전후 어느 나라에서도 보기 드물게 대표적으로 성공한 나라이다. 민주주의의 안정된 정착, 사회적 책임을 수반한 경제적 발전(사회적 시장경제), 빈부의 격차가 없는 평준화된 중산층 사회의 건설, NATO를 통한 집단적 안보 체제의 확립 등이 우리에게 시사하는 바가 크다.

더욱이 독일은 그 규모 면에서 미국, 러시아, 인도, 중국과 같이 큰 나라가 아니고 인구 면에서도 통독 후의 인구를 합해 8,000만 명에 불과하다. 부존자원도 없는 나라이다. 그러나 그들은 근면성, 절약성 그리고 지식을 갖고 있다. 특히 독일의 민주주의와 관련하여 우리의 관심을 끄는 것은 독일은 영국, 미국, 프랑스와는 달리 민주적 전통을 특별히 갖고 있지 않은데도 불구하고 전후 민주주의가 발전했다는 사실이다.

슈투트가르트 대학의 마틴 그라이펜하겐(Martin Greiffenhagen) 교수는 독일의 정치적 전통을 관료주의적 전통으로 요약하였다. 그는 2차 대전까지의 독일의 전통이란 단지 보수주의적 권위주의라고 잘라 말하였다. 이것은 복종의 원칙이 지배하였다는 것이다.

뮌헨대학의 쿠르트 존트하이머(Kurt Sontheimer) 교수도 독일의 정치적 전통을 국가주의적 전통, 비정치적 전통, 독일 관념주의의 전통, 갈등 공포증의 전통, 그리고 형식주의의 전통으로 설명하고 있으며, 이것을 민주주의의 발전을 위한 저해 요인으로 보고 있다.

그러면 위와 같이 독일이 비민주적 전통을 갖고 있는데도 불구하고 전후 서독은 어떻게 하여 민주 발전을 이룩하였는가?

필자의 견해로는 다음과 같은 5가지 요소가 상호작용했다고 본다.

첫째, 바이마르 공화국(1919년~1933년)에서의 첫 민주주의 실험의 실패에서 온 경험.

둘째, 악독한 나치주의의 체험에서 온 새로운 민주주의의 절대적인 필요성.

셋째, 민주주의를 뒷받침할 수 있는 사회적 시장경제의 확립.

넷째, NATO를 통한 안보 체제의 확립.

다섯째, 정치교육

이 중에서도 민주주의 체제와 정치교육의 병행추진은 결국 서독의 민주주의, 독일의 통일, 통독 후의 내적 통일, 유럽통합 그리고 세계에서의 독일의 위상을 높이는데, 획기적으로 이바지했다.

한국과 독일은 비록 역사 · 전통문화의 상이에도 불구하고 여러 면에서의 유사점을 찾을 수 있다. 민주주의 전통의 첫 실험의 실패는 바이마르 공화국을 연상케 하고 그간 30년 동안의 군사정부 형태는 히틀러 체계의 여러 면을 방불케 한다. 부정적인 면에서의 흡사한 점도 있지만 긍정적인 면에서도 공통점이 있다. 양국이 비록 부존자원은 없지만 부지런함과 머리를 갖고 있다. 전후 독일과 한국 간에 극심한 차이가 있다면 한국은 분단으로 인한 동족상잔의 전쟁이 있었다면 독일의 경우는 전쟁 대신에 동·서독 교류가 있었다는 사실이다.

이와 같은 독일과 한국 간의 많은 유사점은 "한국도 독일과 같이 민주주의 발전을 이룩할 수 없을까?" 또한 "독일과 같이 민주주의의 실현을 통한 평화적인 통일을 성취할 수 없을까?" 하는 질문을 던지고 그 희망을 기대하게 한다.

전후 독일의 발전은 모든 것이 민주주의에 귀결된다. 민주주의와 자유, 민주주의와 법치국가, 민주주의와 시장경제, 민주주의와 안보, 민주주의와 통일, 민주주의와 유럽통합, 민주주의와 정치교육 등 민주주의와 결부되지 않는 것이 없다.

이와 같은 민주주의를 위한 독일의 정치교육은 오늘의 독일을 낳는 데 이바지했고 앞으로도 급속히 변화하는 국내의 도전에 대응하기 위한 좋은 교육의 역할을 담당할 것으로 기대된다.

필자는 독일 민주주의의 성공사례를 보면서 혹시 이것이 독일과 한국의 많은 유사점을 감지하여 우리의 민주 발전을 위한 모델이 될 수 없을까 하는 생각에서 주제명을 "독일의 정치교육이 한국 민주주의를 위한 모델이 될 것인가"라고 했다.

필자는 이 질문에 대한 답을 얻기 위하여 우선 독일의 정치교육이 무엇인지를 알아보고, 둘째는 독일 정치교육의 방법과 활동을 고찰하고, 셋째는 이것이 우리에게도 모델이 될 수 없을까 하는 그 유용성 문제를 검토하고 한국에서의 그 실천 방안을 모색해 보기로 하겠다.

독일의 정치교육이란 무엇인가?

■ 정치교육의 의미

정치와 교육 관계에서 오는 정치교육은 자칫 잘못하면 이데올로기 교육으로 정권 유지의 통치 수단으로 오해받을 수 있지만, 독일의 정치교육은 그것과는 달리 초당적인 차원에서 자유민주주의의 실현을 위한 폭넓은 민주시민교육으로 이해되고 있다.

정치교육은 넓은 의미에서는 「자라나는 청소년과 성인들의 민주사회 행동규칙과 가치 표상을 이어받는 전반적 교육과정」이다. 좁은 의미에서 정치교육은 「사회세도(학교, 대학교, 정당, 노조, 교회, 압력단체 등)의 일환에서 소개되는 정치사회화의 부분」이며, 그것의 목적은 민주주의의 이해와 그것의 사회정치적 생활로의 적극적 정치참여를 위한 전제를 조성하는 데 있다. 이런 의미에서 전체주의 국가에서 볼 수 있는 체제 일체적인 교육수단인 정치적 학습훈련과는 근본적으로 구별된다. 독일의 정치교육은 산업사회의 현대화와 민주화와도 관련된다.

정치교육의 핵심과제는 민주주의를 정착시키는 데 있다. 그러나 민주주의는 스스로 이루어지는 것이 아니다. 그것은 학습이 되고 훈련되지 않으면 안 된다. 민주주의의 경기규칙을 인식하는 자만이 국가와의 일체성을 가지며 그리고 그 기본가치를 옹호할 수 있다. 여기에 바로 정치교육의 본질적 과업이 놓여 있다. 즉 정치교육은 민주주의의 기능 방법을 가리키며 따라서 정치교육은 공산주의 국가에서의 이데올로기 교육이 아닌 학문적 연구를 토대로 한 지속적인 계몽교육이다.

이런 의미에서 독일의 정치교육이 지난 50년 동안 그 시대적 변천에 따라 어떻게 그 개념에 관한 토론과 논쟁이 전개되었는지 간단히 살펴볼 필요가 있다.

■ 생활형식으로서의 민주주의

1945년 나치독일의 패망 후 1949년까지의 독일은 미 · 소 · 영 · 프의 점령정치 아래에 들어갔다. 이 과정에서 독일은 동 · 서독으로 분단되고, 서독은 자연히 미국의 절대적인 영향 아래에 들어갔다. 미국은 서독에서의 민주주의를 성취하기 위한 유일하고 가장 좋은 방법은 교육이라고 생각했다. 이것은 민주주의가 한 정부 형태뿐만 아니라, 나아가 무엇보다도 한 생활 형태이므로 모두가 그것을 익혀 배우지 않으면 안 된다는 존 듀이(John Dewey)의 교육에 근거하였다. 이와 같은 미국의 재교육(Re-education) 정책은 기존의 독일 교육제도를 구조적으로 개편하려고 하였으나 독일인의 반발과 동 · 서 냉전의 점화로 실패하였다. 그러나 학교에서의 정치수업과 대학에서의 사회과학 분야의 도입을 통한 자극을 준 점에서 서독 교육 형성에 성과를 거두었다고 볼 수 있다.

■ 파트너십 및 통찰력 배양으로서의 정치교육

1950년대의 정치교육이론은 대체로 3가지로 분류하여 설명할 수 있다.

첫째, 프리드리히 외팅거(Friedrich Oetinger)는 과거의 경험을 토대로 나치 교육은 물론, 바이마르 공화국 및 독일국가의 공민교육을 신랄하게 비관했다. 그에 의하면 국가를 위한 교육으로써의 공민교육, 민족교육 그리고 공동체를 위한 교육은 모두 오류를 범했고, 급기야는 정치적 재앙을 낳았다는 것이다. 따라서 정치교육은 인간적 협동을 위한 교육이 되어야 한다는 것이다. 외팅거는 우리가 필요로 하는 것은 「국가주의도 아니고, 시민주의도 아니고 단지 인간적 활동」이라고 했다. 그의 인간 협동 교육은 교육계획, 교과서 및 학교에서의 실습에 많은 영향을 미쳤으나 다른 한편으로는 정치교육이론의 격렬한 논쟁을 일으키기도 하였다.

둘째, 테오도르 리트(Theodor Litt)는 외팅거의 이론을 반박했다. 그에 의하면 외팅거는 정치적인 것의 개념을 사회적인 것, 또는 일반적으로 인간적인 것으로 약체화한다고 비난했다. 사회의 평화 문제도 국가의 보장이 없이는 그 해결책을 강구할 수 없으며 민주주의의 실현도 정치적 투쟁의 형성 속에서 그것의 생활원칙을 찾을 수 있다는 것이다. 이것은 새로운 공민교육의 필요성을 역설한 것이다.

셋째, 정치교육의 목표로서의 근본적인 통찰력의 육성이다. 아데나워는 1957년 「실험하지 말자」 라는 표어를 내걸고 싸운 결과 대승을 거두었다. 이것은 교육제도에도 그 영향을 미쳐 「기존의 효율성」을 더 중요시하게 되었다. 청소년에게 단순한 지식 전달이 아니고, 정신적인 경험을 통한 인식과 통찰력을 키우자는 것이다. 이와 같은 화신은 정치교육 방법의 전환을 가져왔다. 쿠르트 피셔(Kurt Fischer)는 정치 수업의 목적을 근본적인 정치적 통찰력을 깨우치고, 그것을 의식적으로 이해시켜 줌으로써, 공민들의 정치적 의견 및 의사형성의 척도로써 그리고 정치 이성적 행위의 기초로써 봉사할 수 있도록 하는데 있다고 했다.

볼프강 힐리겐(Wolfgang Hiligen)도 그동안 학교에서는 공민교육이 지배하고, 정치적 결정문제는 소홀히 되었다고 전제하고 「근본적인 통찰력」 장려 교육의 필요성을 강조했다. 그는 학교에서 정치적 판단의 기초와 국가 및 사회생활로의 책임 있는 통찰력을 유도하기 위해서는 사물에 대한 인식과 통찰력을 키워주어야 한다는 것이다. 그는 「인식」과 「통찰력」을 구분하였다. 인식은 가치중립적이고 순수한 이해에 관한 것이라고 한다면, 통찰력은 가치 있는 판단을 전제로 한다는 것으로써, 예를 들면 자유와 인간의 존엄성을 위한 윤리적 결정 같은 것을 말한다는 것이다. 힐리겐과 비슷하게 루돌프 엥겔하르트(Rudolf Engllhardt)도 통찰력을 표준적으로 거울삼아 주어진 문제(예로서, 민주주의 대 독재 등)를 분명하게 결정할 수 있는 판단력을 키워 주어야 한다는 것이다. 이와 같은 교육방안의 이론은 교육 정책상의 결정문제를 다룸으로써 정치교육의 과업과 기능에 관한 논의에 현저한 진보를 가져다준 셈이다.

■ 정치교육 기본 개념으로서의 갈등

1960년대의 독일은 일대 변혁의 상황에 부딪히게 된다. 특히 주목을 끈 것은 반유태인적 파도가 일어나 나치 휘장이 나부끼는가 하면, 유대인 묘지가 훼손되는 불상사도 나타났다. 지금까지의 정치교육에 대한 의문이 제기되었고, 따라서 새로운 길을 찾게 되었다.

이와 같은 시대적 배경에서 나온 것이 헤르만 기세케(Hermann Giesecke)의 새로운 〈정치교육의 방법〉이라는 책이다. 여기서 그는 민주주의 기본질서와 청소년들의 정치적 현실에 대한 근본적 통찰력을 심어 주기 위한 정치적 갈등과 갈등 형태에 관한 교육은 현실적인 정치적 갈등에 관한 분석에 중점을 두어야 하며, 정치참여를 위한 4가지 요소로 첫째, 정치의식 둘째, 경제체제, 행정제도, 정치지배체제 및 국제정치 등과 같은 전반적인 교육 셋째, 모든 생활영역에서의 정치적 행태 방법 넷째, 행동 지침 등에 관한 교육의 필요성을 강조했다. 정치교육을 위한 기세케의 공헌은 무엇보다도 처음으로 정치교육을 체계화하였다는 점과 그 후에도 정치교육 논쟁에 오랫동안 영향을 끼쳤다는 데 있다.

■ 교육목적으로서의 해방과 정치적 합리성

1970년대에는 20년 만에 정권교체가 이루어진 사민당의 시대가 되었다. 브란트의 신정부는 기존 기민당의 보수정책에서 진보 정책을 표방했다. 대외적으로 동 · 서 화합을 위한 동방 정책을 폈는가 하면, 대내적으로는 「우리는 보다 많은 민주주의를 실현하고 싶다」는 표어 아래 동등한 생활기회, 보다 큰 사회정의, 보다 많은 자유, 그리고 보다 많은 개인의 동참 가능성을 가진 인간적 사회를 만들어 보겠다는 것이다. 이와 같은 브란트의 개혁정치 중에서도 교육정책은 엔진과 같은 역할을 할 정도로 첨단의 위치를 차지했다.

70년대의 정치교육의 개념은 크게 진보세력과 보수세력 간의 양극화 현상 속에서 전개되었다. 진보세력이 모든 생활영역에서 「해방」을 부르짖었다면, 보수세력은 「합리성」을 주장했다. 진보세력은 무엇보다도 민주화 기회, 참여 가능성과 정치적 행위영역 등의 확대를 강조했다. 물론 정치교육의 목적은 국민 간의 합의 능력을 양성하는 것도 중요하지만, 더 중요한 것은 갈등 능력을 배양하는 것이라고 했다. 학습 방법에서 이데올로기 및 통치비판은 스스로 결정할 수 있는 정치적 사고의 전제로써 간주하여야 한다고 했다.

보수세력을 대표한 베른하르트 주토어(Bernhard Sutor)는 정치 질서로부터의 총체적인 해방은 자체 모순에 빠진다고 비판했다. 왜냐하면 어떤 사회도 그 역사 속에서 완전무결의 경지에 도달한 적이 없기 때문이다. 그는 정치교육의 일반목적을 「합리성」에 두었고 그것은 사람들로 하여금 정치적 및 사회적 상황에 관한 합리적 판단력을 기르도록 하여야 한다는 것이다.

주토어는 합리성과 정치교육의 관계를 무엇보다도 정통성과 국민 합의의 기초를 제공하는 기본법(헌법)의 토대 위에서 발전시켰다. 그는 정치교육을 기본법의 테두리 안에서 인간성과 정치이해를 형식 및 내용 면에서 설명하여야 하며 그 방법은 다음과 같은 변증법적 접근을 시도하는 것이 좋다고 했다.

자유-질서, 자유-평등, 다양성-통합, 특수이익-공익, 갈등-합의, 도덕성-성과, 유토피아-현실, 궁극적으로 주토어에 의한 정치교육의 최고 목적은 자유민주주의의 기본 규범에 따른 공정한 정보, 양심적 판단, 그리고 책임적 결정을 통한 정치적 참여를 위한 능력과 준비 자세를 소개하는 것이다. 한마디로 표현하면 그것은 「정치적 합리성」을 말한다.

브란트가 1974년 동독의 기업 간첩 사건으로 도덕적 책임을 지고 물러나자, 그 뒤를 헬무트 슈미트가 이었다. 슈미트 총리는 브란트와 같이 사민당에 속하지만 브란트의 이상형과는 달리 아주 현실 정치가이다.

이러한 현실 정치적인 배경에서 종전의 양극화 현상을 지양하고 더욱 실천적인 교육 방법을 모색하는 데 합의를 보았다. 이와 같은 교육자 간의 합의가 1977년 보텔스바흐(Beutlelsbach)라는 곳에서 이루어졌다고 하여 그 지명에 따라 「보텔스바흐 합의」라 일컫는다. 그것은 3가지로 요약된다.

첫째, 일방적 교육의 금지다. 학생들로 하여금 어떤 일방적 이데올로기 교육을 주입함으로써 자체 판단을 저해해서는 안 된다는 것이다. 정치교육과 교화의 한계가 분명해진 것이다.

둘째, 학문과 정치에 있어서 논쟁이 있을 경우는 정치교육에서도 논쟁의 여지를 주어야 한다는 것이다.

셋째, 학생에게 정치적 상황과 자체 이해관계를 분석하여 앞으로 나갈 방법과 길을 찾도록 하는 능력을 길러주어야 한다는 것이다. 이것은 이론과 실제를 겸한 교육이다.

■ 정치교육으로서의 미래문제

이와 같은 실천적 교육은 80년대에 들어와서 자연히 교육 방법의 다양화를 낳게 되었다. 특히 또 다른 새로운 양상은 동·서간의 새로운 긴장과 환경파괴의 위험성에서 오는 각종 사회운동이 전개되었다. 그 대표적인 것이 환경 보호운동 평화운동 및 여성운동이다.

이와 같은 상황 속에서 정치교육이 어떻게 사회운동과의 관계를 맺을 것인가가 큰 관심사였다. 왜냐하면 기존의 제도(학교, 대학, 정당, 단체 등) 내에서의 정치학습과 사회운동 내에서의 정치학습은 피할 수 있는 긴장 관계를 맺고 있기 때문이다. 그리하여 앞으로의 정치교육의 목적은 어떻게 하면 두 분야의 새로운 생산력 결연을 맞게 하느냐 하는 데 있었다.

피터 바인브렌너(Peter Weinbrenner)는 「산업사회의 미래」 문제를 해결하기 위해서는 정치, 경제 및 모든 사회 분야에서의 새로운 교육 방법을 모색하여야 한다고 강조하였다. 정치적 조정기구로써의 국가 또한 시장의 자체 기능적 방법만으로 불충분하며 따라서 민주사회의 모든 시민이 동참하여 허심탄회한 계몽적 토론을 통하여 인류 및 지구의 생존을 구함으로써 미래가 보장된다는 것이다. 바인브렌너에 의한 미래개념은 교육 방법적 면에서 통합의 형태 또는 사회과학의 새로운 통합원칙으로써 그 기능을 발휘하여야 한다는 것이다. 지도지침으로 젊은이들에게 미래의 두려움이 어떻게 극복될 수 있는지를 가르쳐야 하며 그 방법으로써 경제적, 생태학적 및 정치적 학습을 연계함으로 종합적인 미래의 구상을 실천에 옮길 수 있다는 것이다.

■ 통일교육

1990년대에 들어와서 독일에서는 일대 사건이 발생했다. 그것은 베를린장벽의 붕괴와 독일통일이다. 독일통일과 관련하여 정치교육의 역할은 어떠했는가를 살펴볼 필요가 있다.

아데나워의 통일교육이 냉전 구도에서 나타난 민주 대 독재의 대결로써 일종의 반공교육이었다면, 브란트의 통일교육은 동방 정책의 일환에서 긴장 완화와 평화공존 관계에서 오는 체제 비교 교육이었다.

1978년 11월 23일 독일 주 정부들의 교육부 장관회의는 「독일통일 교육의 지침서」를 결의했다. 그것은 크게 두 가지로, 하나는 통일의 목표와 그 원칙을 천명한 것이다. 이 지침서에서는 통일의 목표를 다음과 같이 설명하였다. 「평화와 자유 속에서의 독일통일의식과 의지를 생생하게 하고 발전시킨다」고 전제하고, 통일을 위한 전제조건으로 동독과 그 주민에 대한 정확한 인식이 필요하다고 역설했다. 국토 통일이 아직 가시화되지 않더라도 독일인들은 늘 독일통일에 대한 정치적, 법적 및 인간적 주장하여야 하며 언젠가는 자유로운 자결권을 행사할 수 있다는 마음가짐을 단단히 가져야 한다고 했다. 이런 의미에서 통일교육은 이와 같은 국가 목표를 추구하고 결코 포기해서는 안 된다는 것을 독일인에게 심어주어야 한다고 했다.

통일교육의 원칙은 동 · 서독 관계를 다룸에 있어서 서독 기본법을 가치로 삼았고 특히 동독의 인권이 얼마나 보장되고 있는지를 물어야 한다고 주장했다. 인권은 기본권으로써 직접적인 유효법이며 그것은 나가서 서구 생활양식의 핵심을 말한다. 그리하여 모든 독일인을 위한 무제한의 인권요구는 기본적으로 자명한 권리며 인간적 의무라고 했다. 이와 같은 요구는 서독 헌법상의 국가 목표의 한 본질적 요소라고 했다. 서독의 통일교육은 그 후 이와 같은 목표와 원칙 아래에서 비록 통일이 언제 될지 예측하지 못하는 가운데에서도 일관성 있게 추진되었다.

통일교육의 방법은 학교 내에서 또는 학교 밖에서 여러 방면에서 시행되었지만, 체제 비교 교육에 그 핵심을 이루고 있다. 위에서 언급한 교육부 지침서는 동 · 서독 관계를 위한 정확한 판단을 위하여 상호 간의 체제 비교 불가피함을 역설했다. 그러나 그 비교는 어디까지나 기본법의 가치척도에서 이루어져야 한다고 못 박았다.

체제 비교에는 보통 2가지 방법이 있다. 하나는 체제 내적 비교이다. 그것은 동 · 서독의 가치체계가 각기 일방적으로 상대방의 가치척도로써 이용되어서는 안 된다. 우선 두 체제는 형식적으로 비교되어야 하며 그다음 체제의 규범적 기초위에서 준하여 평가되는 것이다. 이 체제 내적 비교는 양 체제를 사실대로 서술함으로써 독자들에게 스스로 판단할 수 있는 소지를 마련하는 것이다.

다른 하나는 이와는 반대로 체제 외적 비교이다. 이것은 처음부터 어떤 체제가 비교되는 체제보다 낫고, 더 인간적이고, 그리고 더 민주적이라는 것을 확신하는 데서 출발한다. 서독의 통일교육은 전자보다 후자의 경우를 더 많이 채택했고 학교에서 많이 실시되었다.

독일의 통일은 독일정치교육에 새로운 큰 과제를 안겨 주었다. 그것은 통독 후 동·서독 통합에 있어서의 역할이다. 40년 이상의 상이한 체제를 가졌던 동·서독을 하나의 사회로 묶는다는 것은 여간 어려운 일이 아니다.

■ 구동독의 정치교육

베를린장벽이 붕괴되기 5일 전인 1989년 11월 4일 동베를린에서는 가장 큰 데모가 있었다. 여기에서 당시 국민배우 슈테피 스피라(Steffie Spira)는 군중들의 박수갈채 속에서 다음과 같이 말했다.

> "우리의 자손들은 학교 수업이 없는 토요일, 깃발 및 횃불 행렬이 없는 사회, 그리고 공민과목이 없는 세상과 더불어 성장할 것을 바란다."

여기에서 무엇보다 주목되는 것은 마지막 요구인 공민과목의 문제는 어떻게 해결할 것이며, 새롭게 전개되는 민주주의의 구축을 위해서 어떠한 정치교육의 개념이 부여되는가였다,

그동안 구동독에서는 청소년 및 학생들에게 공민과목을 통하여 사회주의통일당의 정책과 프로그램을 일방적으로 주입시키는 교육으로 일관해 왔다. 따라서 학생들 그리고 교사들 모두는 당의 교육방침에 대한 영원한 순응성, 예속성, 절대적 일치성을 보이지 않으면 안 되었다.

구동독에서의 새로운 정치교육의 도래는 기준의 공민과목에 대한 비판과

이에 대한 근본적인 새로운 정치교육의 형성을 요구했다. 1989년 12월 중순 구동독 교육부는 이 문제의 해결을 위하여 실무팀을 구성했으며, 그 결과로 나타난 것이 기준의 공민과목 대신 사회과목을 채택하게 된 것이다.

이 새로운 사회과목에서는 기존의 일방적인 이데올로기 교육에서 탈피 보다 인간 생활면과 윤리적 문제를 종합적으로 다룰 것을 내포하고 있는데, 예를 들면 「사회와 나」, 「어떻게 건전한 생활을 할 것인가」, 「사회환경과 인간 성격」, 「청소년 생활에서의 우정, 사랑 및 성 문제」 등이다.

그러나 이와 같은 실무팀의 사회과목 채택과 그 내용은 서독의 정치교육 전문가들과 동독 내부에서도 비판받게 되었다. 왜냐하면 민주적 정치교육을 위한 정치적 내용과 정치이해의 문제가 거의 다루어지지 않았기 때문이다.

■ 통독 후의 정치교육

이러한 토의 와중에 독일은 1990년 10월 3일 통일이 되었고 구동독에서의 정치교육은 자연히 서독의 교육제도를 따라가게 되었다. 그러나 통독 직후의 문제점은 정치교육의 내용과 목표가 민주적 및 다원적 사회의 요구에 부응하여야 하는데, 40년 이상을 상이한 체제 속에서 살아온 동독의 교사들과 학생들에게는 갑작스러운 서독 정치교육 제도로의 적응이 어려웠다. 그리하여 우선 독일 교사들의 민주주의를 위한 재교육이 급선무였다.

1992년 통일된 독일 정부는 1968년 이후 34년 만에 〈독일정치교육의 현황과 전망〉이라는 보고서를 발표하였다. 1990년대의 정치교육은 과거와는 달리 새로운 정치문제와 미래문제를 보다 강하게 다루어야 한다면서 무엇보다도 통일된 독일의 정치적 및 사회적 통합의 필요성을 그 중심적 과제로 책정했다.

이 보고서의 목표와 과제를 요약하면 다음과 같다.

- 정치적, 사회적 및 경제적 과정의 요소 및 그 기능 연계에 관한 객관적 정보 제공
- 자유 및 다원민주주의의 가치 수용을 위한 노력
- 자유 및 다원민주주의가 독자적, 합리적 및 자체책임적 행위를 가능케 하는 유일한 정치질서라는 것을 명확히 하는 것
- 민주적 경기규칙의 본질을 의식화하고, 민주적 행태 방법을 연습하고, 갈등 능력 및 합의 준비를 위한 교육
- 정치적 의식 및 판단 능력을 위한 훈련
- 사회생활의 이해관계에서 자체의 권리와 이익이 무엇인지를 인식도록 하는 것
- 정치적 행위능력을 발전시키고, 정치적 및 사회적 영향의 기회를 인식하고, 그것을 유용토록 하는 것
- 민주주의의 경기규칙의 일환에서 자기 이익의 감지와 다른 사람의 이익 고려도 취할 수 있는 능력배양
- 민족적 이기주의를 버리고 타민족과의 국민 이해증진
- 정치적 및 사회적 행위에 있어서의 책임 의식을 갖도록 하는 것.

정치교육의 기본과제

- 민주주의의 기본지식, 가치 표상 및 행태 방법의 소개
- 국가 및 헌법 의식의 배양
- 다원적 민주주의에서의 정당 및 시민단체의 역할
- 금세기의 독일 역사는 어려운 유산을 남겼기 때문에 이웃나라들과의 관계, 세계에서의 독일의 역할, 독일통일 등은 이런 역사적 맥락에서 다루어

져야 한다는 것

- 1977년의 보텔스바흐 합의는 계속 존재한다는 것
- 앞으로의 정치교육은 역사적 및 원칙적 문제를 주로 다루었던 60년대 및 70년대와는 달리 과학기술의 발달에서 오는 세계화 시대에 있어서는 국가 간의 공동협력과 같은 미래문제가 모색되어야 한다는 점. 환경 보호 문제는 그중 좋은 한 예이다.
- 유럽통합을 위한 전제로써 이웃나라들의 국민과 전통, 그들의 상이성과 공통점 등의 총괄적인 인식이 필요하다는 것
- 대중매체를 통한 정치교육, 특히 TV의 역사적, 정치적 및 사회적 관련 상황의 보도와 분석은 많은 사람에게 큰 효과를 준다.

90년대에 들어와서 정치교육의 필요성은 위와 같이 정부 차원에서뿐만 아니라 민간단체 차원에서도 그 필요성이 강조되었다. 그중 1986년 11월 「학교에서의 정치교육 개혁을 위한 담스타터 호소(Darmstädter Appel)」와 1997년의 「뮌헨 선언」은 21세기를 앞둔 새로운 국내외 상황의 변화 속에서 활력소를 담고 있다.

우선 19명의 정치교육학자에 의하여 작성된 「담스타터 호소」는 정치교육의 과업은 교육을 통한 민주적 정치문화를 확고히 하고, 민주적 발전의 지속에 이바지하여야 하며 그리하여 정치교육의 목표는 초 · 중 · 고등학교 학생들에게 민주주의에서의 그들의 시민적 역할을 감지토록 하는 데 있다고 했다.

정치교육의 핵심 과목인 정치, 사회과목, 공동체 과목 등은 독일인들의 생활관계 및 그 정치적 형성의 사회적, 경제적, 법적 및 현대사적 차원에 관한 정보를 통합하지 않으면 안 된다고 했고, 이와 같은 핵심 과목은 학교에서 지속적으로 배워야 하며 그리고 이와 같은 정치교육 과목은 대학 진학 시험의 의무과목으로 책정할 것을 요구했다.

「뮌헨 선언」은 연방 정치교육 센터와 주정치 교육센터의 위임을 받아 작성한 선언으로 "민주주의는 정치교육이 필요하다"라는 주제 아래에 다음과 같은 제의를 하였다.

- 공적 위임받은 정치교육은 다원적, 초당적 및 독립적이어야 한다.
- 정치교육센터들은 시민의 정치적 참여를 촉구한다.
- 정치교육센터들은 세계적 미래문제를 준비한다.
- 정치교육센터들은 경제적 어려운 시기에도 민주주의의 안정을 위하여 노력한다.
- 구동독에서의 정치교육은 특별한 과업으로 인지되어야 한다.
- 독일 역사의 비관적 재조명은 정치교육의 중심 과제이다.
- 정치교육은 다양한 방법과 활동을 하여야 한다.
- 이러한 활동을 위하여 충분한 재정적 뒷받침이 따라야 한다.

독일의 정치교육은 이처럼 전후 50년간 그 시대적 상황과 변천에 따라 그 개념의 논쟁 속에서 발전해 왔다. 이와 같은 변화 속에서도 변화하지 않고 있는 정치교육의 핵심과제는 지속적인 민주주의 정착이다. 자유와 민주주의는 스스로 유지되는 것도 아니고 아무런 미래의 보장이 없다. 민주주의의 안전과 미래는 모든 시민이 민주주의 목표 의식을 갖고, 그들의 정치참여와 행위능력을 발휘할 때 보장된다. 이런 의미에서 독일의 정치교육은 학교와 학교 밖에서의 평생교육으로 간주된다.

독일정치교육의 방법과 활동

전후 독일의 의회민주주의와 사회적 시장경제의 병행 정책은 민주주의의 정착과 경제적 발전을 가져왔다. 전후 독일의 50년사는 무엇보다도 민주주의의 성공사로 기록된다. 아데나워의 서방 정책(민주주의 안보, 시장경제)과 브란트의 개혁정책(동 · 서 긴장 완화, 보다 많은 민주주의) 또한 원외 반대 세력의 정상화를 통한 저항운동과 사회운동 등은 독일 민주주의의 발전에 이바지했다.

그러나 이와 같은 독일의 정치 발전은 민주주의 교육의 정신적 뒷받침 없이는 불가능했다. 정치와 교육은 독일의 정신 문화사에서 빈번히 와해되곤 했다. 신인도주의가 강조되다가도 어느 사이에 힘의 지배 논리에 빠져들곤 했다. 특히 정치 인에게는 함의 획득과 그 유지가 더 급급했기 때문에 그 정신적 뒷받침은 부차적 역할에 불과했다. 가장 심하게 나타나는 것이 나치 시대에서의 정치로부터의 정신 말살이었다. 정치에서의 정신의 결함은 결국 야만의 경지로 타락시켰다.

전후 독일은 이와 같은 혹독한 나치 체제로부터 역사적 교훈을 얻어 다음과 같은 질문들을 제기하였다. "1933년부터 1945년까지 무엇이 발생했으며, 우리는 왜 그렇게도 눈이 멀었는가?" 또는 "어떻게 하면 정신과 정치를 연계할 수 없을 것인가?"

따라서 전후 정치인들은 여 · 야를 초월하여 "다시는 이런 일이 있어서는 안 된다!"라며 민주주의의 길이 유일하다는 데 합의를 찾았다.

학교에서는 앞으로의 성숙한 민주시민교육을 위하여 어떻게 하면 사람들을 사귀며 관용적이고, 이해적일 수 있는가 하는 민주적 행위 방법을 배우기 시작했고 대학에서는 정치교육의 일환으로 정치학이 도입되었다.

독일 마르크와 시장경제가 경제적 발전을 위한 기초가 되었다면, 새로운 헌정을 모색하는 노력은 다원적 · 법치 국가적 민주주의의 길로 이끌었다. 그 후 증대되는 안정과 사회망을 통하여 민주주의는 매력과 안정을 찾게 된 것이다. 이러한 민주주의 체제하에서의 정치교육은 가능하게 되었고 발전하였다. 민주주의 체제와 정치교육과의 관계는 불가분의 관계이며 상호 보완관계이다. 민주주의의 부재에는 정치교육도 불가능하다고 생각할 때 민주주의를 정착시키는 것이 정치교육의 핵심과제가 된다.

그러면 그동안 독일정치교육을 발전시킨 방법과 활동은 무엇인가, 필자는 이것을 3가지로 분류 설명하겠다.

■ 연방 정치교육센터(Bundeszentrale für Politische Bildung)와 주 정치교육센터 (Llandeszentrale für Politische Bildung)의 역할이다.

본에 위치하고 있는 연방 정치교육센터는 40년 이상의 역사를 가진 기구로써 정치적 이해와 이익을 촉진하는 데 심혈을 기울이고 있다. 내무부 산하에 있고 약 240명이 종사하고 연간 예산은 7,700만 마르크(1998년 기준 약 616억원)에 달하였다.

이 기구는 집회, 세미나, 서적, 신문 및 잡지의 발행, 라디오, TV 등을 통한 각종 행사로 시민들을 계몽하였다. 이곳에서 취급하는 주제들도 광범위하고 다양하다. 정부 제도의 기능 방법, 나치즘, 바이마르 공화국 및 독일의 전후 발전, 구동독 역사 그리고 통독 후의 동 · 서독 통합문제 등이다. 또한 이 기구는 경제, 환경 보호, 평화 및 안보 정책에 관하여 다루어지고, 사회운동 및 사회적 갈등도 논의된다. 또한 대외적으로는 유럽통합과 현실적인 국제문제도 폭넓게 취급되고 있다.

정치교육과 관련하여 특히 주목을 끄는 것은 기본법(헌법) 원문, 잡지 〈정치교육 정보〉 및 주간지 〈의회〉 등의 발행이다. 이 간행물 중 가장 많이 발행되는 것이 헌법 원문이다. 이것은 독일인들로 하여금 헌법의 내용을 인식시켜 줌으로써 그 실현에 동참토록 하는 기본적 교육과정이다. 〈정치교육 정보〉는 그 내용이 정치, 경제, 사회를 총망라하고 누구나 요구하면 무료로 우송되며, 특히 교사들의 교육 방법에 좋은 지침서이다. 「의회」는 의원들의 의회에서의 토론내용이 기재되며 특히 독일의 내적 통일과 유럽통합에 관한 내용으로 가득 채워지고 있다. 잡지 〈의회〉 속에는 〈정치 및 현대사〉라는 소책자의 첨부물이 있다. 이것은 현대사적, 사회과학적 및 현실적 정치문제를 심도 있게 다룸으로써 좋은 학문적 자료를 제공하였다.

연방 정치교육센터는 전국적 규모에서 정치교육을 취급하고 있는 기관, 시민단체(학술단체, 교회, 노조 정당, 성인학교 등) 등을 재정적 지원하였다. 주 정치교육센터들과는 밀접한 협조 관계를 갖고 있다.

연방 정치교육센터의 조직은 원장 1명, 부원장 2명, 12명의 학술자문위원회 그리고 22명의 각 정당 대표들로 구성되는 감독위원회가 있다. 감독위원회 위원은 독일 의회의 각 당원 내의 제의에 따라 의회 의장이 임명한다.

연방 정치교육센터는 특히 통독 후의 동 · 서 통합을 위한 노력을 많이 하였다. 그 활동 상황을 보면 1992년부터 1997년까지 구동독에서 2,400만 마르크(1998년 기준 약 192억 원)의 경비로 13,400회의 정치교육 집회를 가졌고, 여기에는 340,000명의 시민이 참석했다. 또한 구동독에서의 지방 기자들의 역할이 크므로 각종 세미나와 회의에 1,000명 이상의 기자들이 참석하여 자체 정치적 판단 능력을 기르는 기회를 가졌다. 또한 민주주의의 교육을 교사들의 훈련도 적극적으로 추진했다. 이외에도 동 · 서독 시민들의 만남을 주선함으로써 상호간의 오해와 편견을 더는 데 이바지하였다.

1952년 본격적인 정치교육기구를 위한 설립 취지는 다음과 같은 원칙을 가지고 있다. “독일 국민으로 하여금 민주적 및 유럽적 사고를 확고히 하고, 전파하는 것”이었다. 50년 가까이 되는 1992년의 새로운 법률제정도 유사하다.

> “연방 정치교육센터는 독일 국민으로 하여금 정치적 사항을 위한 이해를 촉진하고, 민주적 의식을 확고히 하며 그리고 정치적 공동노력을 위한 자세를 강화하는 것이다.”

이것은 특히 간행물과 각종 집회 개최를 통하여 강행되어야 한다는 것이다.

본에 연방 정치교육센터가 있다면, 16개 주로 구성되는 각주에는 주마다 「주 정치교육센터」가 있다. 이들은 주마다 그들의 민주시민 교육을 위하여 노력하며, 연방 정치교육센터부터 독립되지만, 긴밀한 협조 관계를 갖는다. 주간의 협조 관계도 마찬가지다. 독일의 문화정책은 주 단위로 하기 때문에 정치교육 학습도 주마다 그 교과명이 다르다. 예를 들면 「공동체 과목」, 「사회과목」, 「정치」, 「정치/경제」 등이다.

■ 학교에서의 정치교육이다.

교육의 장소는 학교처럼 좋은 데가 없다. 학생들이 모이고 체계적으로 가르칠 수 있기 때문이다. 독일에는 여러 종류의 학교가 있다. 초등학교, 직업학교, 특수학교, 중 · 고등학교 등이다.

여기서는 초등학교에서 고등학교에 이르는 주요 흐름 속에서의 정치교육을 간단히 살펴보기로 한다. 4년 또는 5년간의 초등학교는 감수성이 예민한 어린이들에 대한 정치교육이기 때문에 아주 중요한 비중을 차지한다. 여기서는 역사, 지리, 물리, 화학, 생물학, 사회과목 및 기술 등을 가르친다. 문제는 어떻게 하면 위의 7과목을 총합하여 정치교육을 위한 유용성을 찾느냐에 있다.

- 사회적 배움
- 도덕적 배움
- 경제 사회적 배움
- 좁은 의미에서의 정치적 배움
- 역사적 배움
- 지리적 배움

• 자연과학 기술의 배움

제1단계 중등 교육과정(Sekundarstufe I)은 우리나라 중학교에 해당한다. 이 단계는 어린이들도 아니고, 아직 성인도 못 되는 발전단계에 있는 학생들에 대한 정치교육이다. 이 단계에서의 정치교육은 역사, 지리 및 사회과목으로 구성되는 「사회학」이라는 이름으로 가르친다. 여기에서 학생들은 독일의 기본가치, 기본이념 그리고 기본지식과 국제 관계를 배운다. 특히 배움의 중점은 기본법 제1조에 있는 인간의 존엄성과 개인적 자유이고, 제20조에서부터 서술된 자유민주주의 질서의 기본원칙과 그의 구체적인 실현 문제를 배운다.

이처럼 학생들로 하여금 민주적 기본질서를 수용하고, 이해하여 이해 상응하는 행위를 하도록 발전시킨다.

제2단계 중등 교육과정(Sekundarstufe II)은 우리나라의 고등학교에 해당하며 11~13학년으로 구성되는 학생들에 대한 정치교육이다. 이 단계에서의 정치교육은 매체로 중학교의 「사회학」으로의 통합 대신에 더 세부적인 전문 분야로 분류된다. 예를 들면 정치학은 사회과목과 역사로부터 분리된다. 이 시기의 정치교육의 목적은 산업사회에서의 이해 능력, 민주주의에서의 정치참여 능력을 갖춘 평범한 시민 배양 그리고 고등학교 졸업시험을 위한 체계적 준비에 있다.

환경교육은 어떤 학교에서든 정치교육의 일환으로 실시되고 있으며, 정치교육의 핵심은 어느 학교에서든 학교생활에 있어서 「민주주의를 배우는 것」이다.

민주주의를 배운다는 것은 학교의 수업에 국한된 것이 아니고, 전체 학교의 과업이다. 학생들로 하여금 이론과 실제를 통한 자생능력을 길러주며, 행동에 대한 책임윤리를 심어준다. 학교는 비단 학생, 교사들로만 구성되는 것이 아니고 학부모도 참석하여 학교의 발전을 위한 공동의 노력을 기울임으로써 민주적 학교문화를 창조할 수 있다는 것이다.

■ 학교 밖에서의 정치교육이다.

정치교육은 학교에서 끝나는 것이 아니고, 학교 밖에서 평생교육으로 활발히 이루어지고 있다. 정당은 물론 교회, 노조 등과 같은 각종 사회 및 시민단체 등이 이에 참여하였다.

청년 및 성인을 위한 주요 단체기구들을 열거하면 다음과 같다.

가톨릭교회협회, 독일교육협회, 노동 및 생활협회, 기민당, 기사당, 독일회사원노조, 개신교성년교회협회, 독일정치교육협회, 공무원연합, 청년연합회, 독일연방군협회, 독일노조, 독일국민대학협회, 자민당, 프리드리히 에버트 재단(Friedrich- Ebert-Stiftung), 프리드리히 나우만 재단(The Friedrich Naumann Foundation for Freedom; FNF), 아데나워 재단, 한스자이델 재단(Hanns-Seidel-Stiftung), 동 · 서연구소, 청소년정치협회, 사민당, 공동협력재단, 향토 국민대학, 유럽 아카데미협회 등 일일이 열거할 수 없을 정도로 많다.

독일에는 약 1,000개의 국민대학이 있다. 청년 및 성인들이 어떤 시험의 압박 없이 자유롭게 수많은 교육과목을 선정하여 교육받을 수 있다. 정치교육도 그중의 하나다. 여기에서 사람들은 정치교육을 통하여 배움과 비판적 사고 그리고 합리적 정치 행위의 연계 능력을 배운다,

교회는 그것이 가톨릭이든 개신교이든 관계없이 교회 성년 교육의 일환에서 신앙교육과 정치교육을 실시한다. 교회는 정신적 가치와 삶의 뜻에 관한 순수한 신앙적 문제도 다르지만, 교화와 정치, 문화, 경제 및 과학 간의 관계를 대화 포럼으로 다룬다. 특히 교회와 정치 간의 대화에서는 자유민주주의의 기본질서의 토대 위에서 늘 변화하는 사회의 기본가치를 위한 합의에 도달하도록 공동노력을 기울인다.

독일에는 정당 산하에 정치 재단들이 있다. 이들은 세계에서의 민주주의와 법치국가 주의를 위하여 노력하였다. 정치교육은 정치 재단 과업의 한 중심적 분야이다. 사민당에 가깝고, 가장 오래된(1925년 설립) 프리드리히 에버트 재단이 주로 사회민주주의를 위한 활동을 한다면, 전후 설립되고, 기민당에 가까운 아데나워 재단은 기독교 민주주의를 위해 노력하였다. 그러나 독일의 정치적 재단들은 각기 그들의 특정을 살리면서도, 모두 자유민주주의의 기본질서의 토대 위에서 활약한다.

민주주의와 군과의 관제에서 독일연방군은 민주주의 체제 수호를 위한 정치교육을 받는다. 우선 민주주의의 기본지식으로서 군인들은 무엇 때문에 군복무를 하는가 또는 자유민주주의의 기본질서에 관한 교육을 받는다. 그다음으로는 민주주의 관련되는 제반 현실 문제를 다룬다. 그러나 군은 특수한 사회집단에 속하기 때문에 군 본연의 의무로써 군사교육 훈련이 가장 우선임을 두말의 여지가 없다.

독일에는 정치교육을 다루는 수많은 학술 및 시민단체들이 있다. 이 중에서도 1965년 설립된 「독일정치교육학회」는 활발한 활동을 전개하였다. 3,000명의 회원을 갖고 있으며, 주로 교사, 교수 및 여타 학자들로 구성되어 있다. 이 단체는 연방 의회 및 정부에 대한 이익을 대표하고, 특히 연방 정치교육센터와 주 정치교육센터와 밀접한 협력관계를 유지하였다.

이 정치교육 학회는 정치교육의 주요한 과업으로 국민에게 정치에 관한 필요한 기본지식을 전달하였다. 또한 이 학회는 국가의 정치교육에 관한 정책결정 과정에도 그 영향력을 행사하고 수업의 질적 개선을 위한 교사 훈련에도 그 노력을 소홀히 하지 않고 있다.

전후 독일의 민주주의 성공은 하루아침에 이루어진 것이 아니고 정치인들이 민주주의를 하겠다는 기본적인 자세, 그리고 학교와 학교 밖에서의 꾸준한 민주주의 교육훈련의 결과이다. 특히 민주주의를 위한 정치교육 제도는 독일

민주주의를 위한 중추적 역할을 했다고 본다.

한국에 있어서 독일 정치교육 모델의 유용성 문제

필자는 지금까지 독일 정치교육의 개념과 정치교육의 방법 및 활동 상황을 살펴보았다. 필자가 전후 독일을 한국의 민주 발전을 위한 모델로 선정한테는 여러 가지 이유가 있다. 우선 독일은 미국, 영국, 프랑스와는 달리 민주적 전통이 희박하다는 점, 또한 나라의 규모도 그렇게 크지 않고, 인구도 많지 않다는 점, 부족자원은 없지만 지식과 근면성을 소유하였다는 점, 분단을 극복하고, 통일을 이룩한 나라라는 점, 그리고 우리 국민의 독일에 대한 전반적 이미지가 좋다는 점이다. 이와 같은 흡사함이 우리의 관심을 끌고 우리에게도 한 모델이 될 수 없을까 하는 생각을 하게 한다.

그러나 다른 한편 다음과 같은 문제가 제기된다. 제2차 대전 이후 똑같이 미국의 점령하에 들어갔던 일본, 독일 및 한국 중 유달리 한국만이 자유민주주의 제도의 도입에도 불구하고, 그 실천에서 가장 뒤떨어졌는가 하는 것이다.

이런 의미에서 독일 정치교육 모델의 적용성 문제에 들어가기 전 간단히 전후 한국의 헌정사와 정치교육과의 관계를 서술할 필요가 있다.

한국은 반만년 역사를 가졌다고 자랑하지만, 대외적으로는 늘 외세의 침입이 끊이지 않았고, 대내적으로는 억압과 부자유 속에서 살아왔다. 급기야 20세기에 들어와서는 일본의 35년간의 쓰라린 식민 통치를 맛보는가 하면, 그 후반기에는 남북한의 분단, 전쟁 그리고 또 분단의 대치 국면에서 오늘도 허덕이고 있다. 한 민족은 한 말로 표현해서 고난의 역사에서 해방되지 못하고 있는 것 같다.

전후 한반도는 분단이 되었고, 한국만이라도 민주주의의 실현을 위해 노력하였지만 지난 50년간의 헌정사를 전반적으로 고찰해 볼 때 이승만의 가부장적 권위주의 정치, 5 · 16 군사 쿠데타를 시작으로 노태우 정권까지의 30년간의 군사권 위주의 정치는 민주주의와는 거리가 먼 파행의 길을 걸어왔다고 볼 수 있다.

이와 같은 정치적 풍토 하에서의 정치교육은 해방 직후와 1960년대 초기의 잠깐의 민주주의 교육을 위한 노력 외에는 별다른 진전이 없었다. 정치교육은 주어진 정치적 상황에 따라 정치권력의 연장을 위한 도구로 남용되었고 민주주의에 대한 올바른 비판은 허용되지 않았고 오히려 위험시되었다.

이승만 시대의 정치교육은 민주적 시민의 자질을 육성하기 위한 교육보다는 국가에 대한 충성을 강조하는 애국 교육이었다. 민족주의 교육, 도덕교육 그리고 멸공 교육 등은 그 좋은 예이다.

1960년대에서 1980년대까지 이어지는 30년간의 군사정권은 그 속성 자체가 비민주적이고 군사적이기 때문에 이 시대의 정치교육은 관주도형의 권력 유지를 위한 국가주의적 교육이었다. 재건국민운동, 새마을운동, 국민윤리교육, 통일 안보 교육 등은 이 범주에 속한다.

지난 50년간의 헌정사에서 위와 같은 정치 발전의 많은 부정적인 요소가 있는데도 불구하고 1980년의 4 · 19혁명, 1980년의 광주 민주항쟁 및 1987년의 6월 항쟁 등은 민주주의를 위한 시민적 용기가 결코 죽지 않았다는 것을 입증했고, 이것은 90년대에 새롭게 태어나는 민주주의를 위한 좋은 전제를 제공했다고 볼 수 있다.

한 나라의 민주주의 발전은 참된 민주주의 체제와 정치교육이 상호 보완관계에 있을 때만 가능하다. 민주주의는 정치교육을 필요로 하고 정치교육은 민주주의 체제의 전제가 없이는 불가능하다.

이런 의미에서 앞으로의 한국 정치교육의 목표와 과제는 21세기를 향한 백년대계 교육의 차원에서 기준의 비민주적 요소들(유교식의 관존민비 사상, 일본 식민 통치 시대에서 영향받은 관료주의, 그리고 지난 30년간 군사 통치하에서 물든 명령 및 복종문화 등)을 청산하고 민주적 정치문화를 이룩하는데 그 중점을 두어야 한다.

그러면 한국에서의 정치교육의 목표와 과제를 어떻게 실천에 옮길 것인가? 그동안 독일에서 민주주의 교육으로 성공한 정치교육 제도는 한국의 장래 민주주의를 위한 한 모델이 될 수 없을 것인가?

외국 제도를 한 모델로 다른 나라로 도입하는 문제는 그렇게 쉬운 것이 아니다. 그 나라의 전통과 문화가 다르고 생활양식 또한 같지 않기 때문이다. 전후 세계 모든 나라에서 서구식 민주주의 제도를 도입하였지만, 그 실현에서 어려움을 겪고 있는 것도 상이한 역사적, 정치적 및 문화적 조건에서 비롯된 것이다. 그러면 동양에서의 고민은 서구식 민주주의 대신 아시아적 가치를 토대로 한 새로운 정치제도를 창출할 수 있는가 하는 문제이다. 이것은 거의 불가능한 것이라 볼 수 있다. 혹자는 서구식과 동양식의 정치적 절충 제도를 주장하고 있지만 이것 또한 애매모호하고 분명치 못한 태도이다. 왜냐하면 민주주의 원칙은 세계 어느 곳에서나 하나이지 여러 개가 될 수 없기 때문이다. 미국식의 대통령제나 영국식의 의원내각제는 외형상으로는 차이가 있지만 민주주의의 기본원칙은 같은 것이다. 아시아에서의 민주주의도 예외가 될 수 없다. 따라서 민주주의가 덜 발달한 나라는 자연히 그것이 잘 발달한 나라로부터 배울 수밖에 없다.

독일의 정치교육 제도는 이런 의미에서 우리에게 시사하는 바가 크다. 여기에서 필자는 독일의 정치교육 제도가 한국 실정에 맞게 적용될 수 없는지를 염두에 두면서 다음과 같은 실천 방안을 제시하고자 한다.

첫째, 독일 「정치교육」에 관한 명칭 사용이다. 한국에서는 보통 독일의 정치교육을 민주시민교육으로 원용된다. 그것은 「정치적인 것」이라고 할 때, 우리나라에서는 불신과 남용의 대상으로 남용되었기 때문에 정치교육보다는 원만한 어감을 갖는 민주시민교육으로 통칭했다. 그러나 필자의 견해는 앞으로 보다 활발하고 적극적인 민주주의 교육을 실천하는 의미에서 정치교육이라는 단어를 쓰되 그 앞에서 「민주적」이라는 형용사를 붙여 「민주정치 교육」이란 말로 표현하고 싶다. 이로써 「정치적인 것」에 오는 불신을 제거할 수 있기 때문이다.

둘째, 민주주의 실현을 위한 특별 교육기관으로 중앙 민주정치 교육센터와 특별시도 민주정치 교육센터를 설립한다. 이 모든 기구는 다원적, 초당적 및 독립적으로 되어야 한다. 독일처럼 내무성과 같은 기관 아래에 둔다면 처음부터 불신의 대상이 될 우려가 있다. 헌법재판소와 같은 독립성을 유지할 수 있는 헌법상의 기구가 될 필요가 있다. 일을 보다 능률적이고, 효과적으로 하기 위해서이다. 무엇보다도 「민주정치 교육센터」 설립의 필요성은 민주주의 교육을 전문화 및 집중화하는 데 있다. 앞으로 100년을 내다볼 우리나라에서 민주주의 교육처럼 중요한 것이 없다고 생각할 때, 전반적 교육을 담당하고 있는 교육부에 민주주의 교육을 일임할 수 없다. 물론 교육부와 밀접한 공조 체제를 갖는다.

셋째, 모든 「민주정치 교육센터」의 주요 구성원은 원장 1인, 부원장 1인, 그리고 약 10명으로 구성되는 전문자문위원회와 약 20명의 정당 및 시민단체 대표들로 구성되는 감독위원회로 이루어진다.

넷째, 「민주정치 교육」의 과업은 한국 국민의 민주주의 교육을 통하여 정치적 상황에 관한 이해를 촉진하고, 민주적 의식을 확고히 하고 정치적 참여를 강화하는 데 있다.

다섯째, 「민주정치 교육」의 목표는

- 정치과정 속에서 일어나고 있는 요소와 그 기능 연계에 관한 포괄적이고도 객관적인 정보를 제공함으로써 정치 문제의식과 정치적 판단 능력을

배양하는 것

- 헌법상의 자유민주주의 체제의 옹호 유도
- 민주적 경기규칙의 의의를 의식화하고 민주적 행위능력을 갖도록 하는 것
- 모든 국민으로 하여금 국가와 사회에서의 각자의 위치를 인식도록 돕는 것

여섯째, 「민주정치 교육」의 주요 내용은

- 자유민주주의 체제의 규칙과 그 기능 방법
- 인간의 기본가치와 인권
- 의회민주주의의 기능
- 민주주의에서의 정당과 선거의 역할
- 민주주의와 시장경제
- 시장경제와 사회정책
- 경제와 환경 보호와의 관계
- 한국 역사에 관한 꾸밈없는 조명, 특히 20세기 현대사(일본 식민지 통치, 한국분단, 한국전쟁, 북한에 관한 정확한 인식, 한국 헌정사)
- 통일교육은 독일과 같은 체제 비교가 바람직하다.
- 동북아 평화 질서 구축 문제
- 국제 관계와 국가 및 국민의 생활 방법 및 정치적 이해관계에 관한 인식 전달
- 21세기의 국내외적 도전을 대처하기 위한 미래 문제 해결에 관한 사전 지식 전달
- 한국 사회에서 나타나고 있는 남 · 북 문제, 부정부패 및 사회적 갈등 요인을 분석하고, 그 해결책 모색

일곱째, 「민주정치 교육」의 과업을 성취하기 위한 활동은

- 각종 간행물(신문, 잡지, 서적 등) 발행
- 각종 회의, 대회, 포럼, 세미나, 심포지엄 및 수학여행 등

- 「민주정치 교육」을 위한 학습 자료 제공
- 교사들의 민주주의 교육을 위한 자질 향상
- 교수 및 학습 방법의 지속적인 개선
- 이질적인 요소를 가진 사람들의 만남을 주선(세대 간, 계층 간, 민과 군, 도·농간, 동·서간, 남·북 간, 국내인과 외국인, 동·서 문화교류 등)
- 대중매체를 통한 정치교육
- 「중앙 민주정치 교육센터」, 「시·도민 민주정치 교육센터」와 학술단체 및 시민단체와의 밀접한 협조 관계

여덟째, 이와 같은 모든 활동은 재정적 뒷받침 없이는 불가능하다. 「민주정치 교육」이 국민적 계몽 운동이라고 생각할 때 마땅히 국민의 세금으로 충당되어야 하고 그래야 획기적으로 능률을 올릴 수 있다.

아홉째, 「민주정치 교육」의 핵심은 자유민주주의를 수호하는 데 있다. 자유와 민주주의는 그 존재가 스스로 있는 것도 아니고 언제나 보장되는 것도 아니다. 지속적으로 실천되어야 한다. 교육은 사고와 행위를 변경시키며 방향을 제시하고 미래를 위한 좋은 투자 역할을 한다.

맺는말

필자는 지금까지 독일 정치교육의 개념, 독일 정치교육의 방법과 활동을 고찰하고 한국에 있어서 독일 정치교육 모델의 유용성 문제를 알아보고 이에 대한 한국에서의 실천 방안을 제시했다. 이제 맺는말에서 한국의 민주주의를 위한 3가지 점을 강조하고 싶다.

첫째, 대통령을 위시하여 여·야를 초월한 모든 정치인은 과거를 거울삼아 민주주의를 꼭 실천에 옮기겠다는 합의를 찾아야 한다. 말만 민주주의 한다면서 민주주의의 기본적 게임 규칙 하나 못 지키고, 비민주적 행위를 일삼는다면

민주주의 미래는 밝지 않을 것이다.

마침 정부는 시장경제와 민주주의의 병행 정책을 표방했다. 앞으로 민주주의의 실천을 위하여 누구보다도 대통령의 역할이 지대하다.

이와 관련하여 한 사람의 역할에 관한 축구 이야기를 하고 싶다. 80년대 초로 기억한다. 유럽 축구 결승전에서 독일과 프랑스가 승부를 걸었다. 두 나라는 한 · 일 관계와 같은 라이벌 의식이 있다. 파리 샹젤리제 거리는 큰 스크린을 치고 중계했다. 프랑스가 경기 끝나기 전 15분을 남겨 놓고 3 : 0으로 독일을 압도했다. 파리 시민들은 열광했다. 독일 코치는 이판사판이라는 마음에서 다친 주장 루메니게를 출전시켰다. 그런데 이게 웬 말인가. 기적과 같은 사건이 일어났다. 경기 끝나기 전 루메니게는 15분 동안 3골을 넣었다. 그 후 30분 연장전에서 승부가 안 나자 승부차기에 들어갔고 승부차기에서 그만 독일이 승리한 사건이다. 파리 시민들은 환호에서 절망과 슬픔으로 변화했던 극적인 장면이었다. 이것을 지켜본 당 지스카르 대통령은 "정치도 스포츠와 같다. 한 사람의 역할이 저렇게 큰 것이다"라고 일파했다. 앞으로 우리나라 민주주의 실현을 위하여 누구보다도 대통령의 역할이 크다고 본다.

둘째, 민주주의 교육을 통한 새로운 민주사회의 건설이다. 오늘날 우리가 안고 있는 모든 사회적 부조리는 민주사회의 부재에서 오는 현상이다. 일시적인 미봉책으로 근본적 문제를 해결할 수 없다. 전투에서는 져도 전쟁에서는 이긴다는 장기적 전략적 사고와 행동이 필요하다.

지속적인 민주주의 교육을 통한 참된 민주사회의 건설이야말로 모든 문제를 푸는 관건이 된다. 부정부패를 없애고 온갖 사회적 갈등을 해소하는 것은 말할 것도 없고 나아가서는 동서를 화합하고 통일을 이룩하고, 그 후 세계에서의 한국의 위상을 높이는 것도 우리가 얼마만큼 민주사회를 이룩하였는가에 달려 있다.

셋째, 앞으로 우리나라에서 가장 중요하고 핵심적인 것이 민주주의 교육이라고 생각할 때, 이것을 전문화하고 집중화할 수 있는 「민주정치 교육센터」의 설립이 절대적으로 필요하다. 앞으로 국내외로 도전받는 치열한 경쟁 사회에서 살아남기 위하여 매사를 전문화할 때 그 능률을 기대할 수 있다. 교육도 예외는 아니다. 민주주의 교육만을 위한 특별 기구를 설치하여 민주사회를 건설하는 데 이바지토록 해야 한다. 이런 의미에서 1998년 학술대회의 목표는 「민주정치 교육」을 위한 법을 제정하여, 그것을 실천토록 하는 데 있다. 다시 머리말로 돌아가지만 일선에서 고생하고 있는 우리 병사들이 병역 의무에 관한 질문에 이구동성으로 "우리는 한국 민주주의의 수호를 위하여 있다"라는 답이 나오기를 기대한다.

아데나워와 이승만[19]

제2차대전 후의 독일과 한반도의 분단은 미 · 소 냉전의 산물이었다. 그것은 단순한 영토적인 분단이 아니라 상이한 이데올로기를 가진 세계 역사상 처음 경험하는 복잡성을 내포한 분단이었다. 이러한 냉전 시대에서 아데나워(1876-1967)와 이승만(1875-1965)은 자유세계의 수호를 위한 제1선에서 소련의 팽창주의와 공산주의에 맞서 싸운 인물이다.

베트남, 예멘, 한국, 독일의 분단을 비교할 때 한국과 독일의 분단이 가장 유사하다. 필자는 그동안 구동독을 통하여 북한을 보는듯한 느낌을 많이 받았다. 독일과 한국의 비교는 우리에게 많은 도움을 준다. 특히 아데나워와 이승만의 상황판단, 선견지명, 목적설정과 방향 시 그리고 행동 원칙을 비교하면 이승만에 대한 재평가가 이루어지리라 본다.

아데나워의 생애

아데나워는 1876년 1월 5일 쾰른의 평범한 가톨릭 가정에서 태어났다. 그는 프라이부르크, 뮌헨, 본 대학에서 법률학과 경제학을 전공했다. 아데나워는 1901년 사법시험 합격 후 검사 및 민사업무에서 경험을 쌓았다. 아데나워는 1909년 33살 때에 쾰른 부시장에 당선되었고 1917년에서 1933년까지 16년간 쾰른 시장을 역임했다. 그는 시장 시절 이미 「여우」라는 별명을 얻었다. 마키

---

19 이영기. *아데나워와 이승만.* NEWDAILY 이승만연구소, 2011.

아벨리의 군주론에 나오는 것처럼 때에 따라서는 여우와 같은 약은 면이 있었기 때문이다.

아데나워의 재치에 관한 유명한 에피소드가 있다. 쾰른에 다리를 건설하게 되었을 때 전문가들은 아치형의 다리를 놓을 것을 결정했고, 시의회도 동의했다. 아데나워만이 줄다리를 놓자고 고집했다. 그는 꾀를 냈다. 그는 공산주의자들만 제외하고 각 의원을 찾아다녔다. 그는 "당신은 레닌그라드의 도시상을 아는가? 그것은 오로지 줄다리 때문에 아름답다"라고 말했다. 그 결과 쾰른에도 줄다리를 놓았다는 것이다. 그는 수차례에 걸쳐 총리 물망에 오르기도 했다.

그는 1933-45년 기간의 나치 시절에는 수도원에 몸을 피하기도 했고 히틀러 암살설과 연루되어 두 번이나 투옥되기도 하였다. 아데나워는 이 시절부터 무신론적 독재자를 증오하게 되었고 이것은 나중에 스탈린 독재에 대한 반대 투쟁으로 이어졌다.

아데나워는 1945년 미군에 의하여 다시 쾰른 시장이 되었으나, 같은 해에 새로 교체된 영국군에 의해 "의무 이행이 소홀하다"라는 구실로 해임되었다. 그는 같은 해 영국 점령지역에서 기민당을 창설하고 1946년에는 그 지역의 기민당 당수가 되었다. 1950년 이후부터는 전 서독지역의 기민당 당수가 되었다.

1948년 서독의 기본법(헌법)을 제정하기 위하여 주 의회 의원들로 구성된 의회 평의회는 아데나워를 의장으로 선출했다. 따라서 그는 서독 기본법 제정 과정에서 큰 역할을 하게 되었다. 그는 1949년 9월 이 기본법에 의해 실시된 선거에서 초대 서독 수상으로 선출되어 1963년까지 14년간 집권했다. 은퇴 후 그는 1935년부터 살아온 뢴도르프(Rhoendorf)로 가서 4권의 회고록을 집필하고 1967년 4월 19일 심장병으로 91년간의 생애를 마감했다. 라인강 언덕에 자리잡은 뢴도르프의 집은 아데나워 기념박물관으로 많은 사람이 찾는다.

2003년 11월 말 독일 공영 ZDF TV가 독일 국민 330만 명을 대상으로 한 설문조사에서 아데나워가 독일 역사상 가장 위대한 인물로 선정됐다. 10명을 선정하는데 2위는 종교개혁가인 마틴 루터, 3위는 동방 정책을 추진한 빌리 브란트, 4위는 카를 마르크스, 5위는 나치 독재에 항거하다 처형된 숄 남매, 6위는 작곡가 바흐, 7위는 인쇄술을 발견한 구텐베르크, 8위는 괴테, 9위는 철혈정책으로 독일통일을 이룩한 비스마르크, 그리고 10위는 과학자 아인슈타인 순으로 나타났다.

아데나워의 업적

■ 아데나워와 독일분단

1945년 전쟁이 끝났을 때 아데나워의 나이는 이미 70세로, 일선에서 물러나 연금자로 사는 생활을 영위할 수 있었다. 그러나 그의 육체적, 정신적 그리고 무엇보다 강력한 기독교적 신앙심은 그를 가만히 있지 않게 했다.

아데나워는 이미 1945년 10월 독일과 유럽의 분단을 엄연한 하나의 사실로 간주했다. 그는 동독, 폴란드, 발틱 3개국, 헝가리, 오스트리아의 일부 등이 소련의 수중에 떨어졌고, 다른 강대국들과의 협조체제는 금이 가고 있는 상황, 그리고 소련의 점령지역에는 완전히 다른 정치적, 경제적 원칙이 지배하고 있기 때문에 이미 동·서 유럽과 독일의 분단을 기정사실로 보았다.

그가 1949년 전후 서독의 첫 총리로 선출됐을 당시 그는 동·서 간의 대결을 정치적 및 정신사적 귀결로 받아들였다. 그리하여 그는 앞으로의 독일통일 가능성은 희박하며, 따라서 긴 안목에서 서방 정책을 통한 우회의 길을 택하는 것을 오히려 통일의 첩경으로 생각했다. 당시 야당인 사민당 당수였던 쿠르트 슈마허는 연방 의회에서 아데나워의 서방 정책은 독일통일을 저해한다면서, "독일통일은 사민당의 견해로는 다른 나라들과의 어떤 통합의 형태보다도 독일의 만족감과 새로운 질서를 위하는 것이 더 우선이다"라고 말했다. 하지만, 결국 사민당도 고데스베르크 전당대회에서 아데나워의 서방 정책이 옳았음을 시인하고 말았다.

■ 아데나워의 서방 정책

아데나워는 처음부터 소련의 전통적인 팽창과 무신론적인 공산주의 독재체제에 대항하기 위하여 서방 국가들과의 공동체 형성의 필요성을 감지했다. 아데나워는 죽기 1년 전인 1966년 14년간의 집권 생활에서 터득한 그의 전체적 외교정책의 핵심적 지침은 "서방세계의 자유 국민과의 결합 이었다"라고 요약했다.

아데나워의 결정적인 서방 정책 추진의 배경에는 과거 독일 역사에서 동 · 서 간의 「그네 타기 정치」는 국익상 잘못된 것으로 반드시 시정되어야 한다는 것, 그리고 독일은 종교문화 및 역사 면에서 서방에 속한다는 생각이 작용했다.

아데나워의 우선적인 목표는 그의 서방 정책을 통한 국가 간의 동등권과 전쟁을 통하여 상실한 주권 회복이었으며 이 목표를 위한 행보는 괄목할만하다. 즉 1949년 유럽평의회, 1951년 유럽 석탄 및 철강공동체 가입, 1955년 NATO 가입, 1957년 유럽경제공동체 가입 그리고 1963년의 독 · 프 우호조약 체결 등이 그의 역사적인 업적이다.

독일정치 전문가인 한스 위르겐 퀴스터스는 아데나워의 서방 정책의 필요성을 다음과 같이 요약하였다. 그리고 그것은 궁극적으로 「자유의 길」을 열기 위한 성공적인 정책으로 평가하였다.

• 우리는 소련의 팽창적 야욕을 방어하기 위하여 유럽을 창조하지 않으면

안 되고 서방 민주국가의 약세를 보완하기 위하여 유럽을 창조하지 않으면 안 된다.

- 유럽통합은 필요하다. 그것은 동·서 대결의 구도에서 새로운 외교정책의 실마리를 제공할 수 있고, 적대관계였던 독·프 관계의 우호적 개선이 가능하기 때문이다.
- 유럽의 결합은 모든 참여국, 국민을 위한 번영을 가져다줄 수 있다.
- 유럽연합은 독일 재건을 위한 유일한 출발 토대가 된다.
- 유럽통합은 평화를 조성하는 데 도움을 줄 수 있다.
- 유럽통합은 제 국민의 국가적 안보를 위하여 필요한 보장을 제공한다. 동방으로부터의 군사적 위협을 방지하기 위해서는 서유럽 국가와 미국과의 밀접한 협력에서만 가능하다.
- 유럽통합은 과장된 민족주의 재강화를 막는 적절한 수단이다.

아데나워는 서방 정책을 통하여 정치적으로 서구식 자유민주주의 체제를 확립했고, 경제적으로 라인강의 기적을 낳고 사회적으로는 경제발전을 토대로 한 사회망을 구축하여 사회적 갈등을 해소하고, NATO를 통한 독일의 안보를 확고히 했다. 바로 이러한 튼튼한 국가적 토대 위에서 독일통일의 길도 언젠가 열린다고 생각한 것이다.

■ 아데나워와 독일통일

1949년 아데나워 정부가 추진한 통일정책의 기본원칙은 다음과 같다.

- 독일 국민은 자결권의 주장을 갖는다.
- 기본법은 독일통일을 의무화하였다.

- 서베를린은 서독의 한 부분이다.
- 서독 정부는 유일한 민주적 합법적 정부이고 따라서 동독 국민을 대표할 권한을 갖는다.

이러한 통일의 기본적 원칙은 그 후에도 계속 유지됐다. 특히 기본법 전문에 나타난 자유와 평화 속에서의 독일 국민의 자결권을 통한 통일의 의무 강조는 독일 국민으로 하여금 통일의 의지를 심어주는 정신적 지주가 되었다.

1950년의 6 · 25전쟁 발발은 아데나워로 하여금 독일의 경우도 전쟁의 위험성을 배제할 수 없다고 생각하게 했었다. 그리하여 그의 통일정책을 위한 단기 목표는 무엇보다도 안보의 확립이었다. 아데나워의 안보관은 오로지 미국과 유럽 간의 긴밀한 협조를 가지는 서방 안보 동맹에 대한 가입을 통해서만 가능하다고 보았다. NATO가입은 이러한 배경에서 이루어졌다.

그의 확고한 서방 정책은 어떤 형태의 중립안도 허용하지 않았다. 1952년 스탈린의 독일 중립안이 나왔을 때도 그는 단호히 거부했다. 중립안은 공산주의의 침투의 위험성을 내포하고, 중립화로 인한 동 · 서 간의 「그네 타기 정치」는 그의 서방 정책을 저해하는 것으로 보였다. 소련이 멸망하면서 아데나워의 판단은 옳았던 것으로 판명되고 있다.

아데나워의 장기적인 통일정책은 3가지로 요약할 수 있다.

첫째 일종의 자석 이론인데, 이것은 서독이 서방국가의 일원으로 정치적으로 자유민주주의적이고 경제적으로 번영할 때 동독의 공산주의 독재 체제하에서 고생하는 1,700만 동포를 서독으로 끌어들일 수 있다는 것. 그리고 국력 배양이야말로 통일을 이끌 수 있는 기본적인 바탕으로 보았다.

둘째 동독 국민에게 자유의 바람을 불어 넣어야 한다는 것이다. 그의 통일은 오로지 자유를 토대로 한 통일이었다.

셋째 장기적 안목에서 소련은 서방 세계와의 대결에서 결국 그의 세력이 약화될 것이고, 특히 경제적 어려움에 부닥치게 되면, 자연히 대독 정책의 변화를 가져올 수 있다는 것이다. 다시 말해 동독의 포기도 감수할 수 있다는 벽이 붕괴되고 1990년 동독이 서독에 통합되는 되는 것을 보게 될 것이다. 1989년 베를린 아데나워의 통일구상은 옳았다고 평가된다.

■ 아데나워와 "사회적 시장경제"

전후 서독의 「사회적 시장」 경제 정책은 아데나워 정부하에서 경제 장관을 지냈던 루트비히 에르하르트(Ludwig Erhard)의 성공적인 정책으로 잘 알려져 있다. 그것은 경제행위는 대체로 시장에 의한 자체 규정에 맡기지만, 국가는 카르텔의 위험을 막고 자유경쟁을 할 수 있도록 여건을 조성하여야 하고, 사회의 불이익을 당하는 집단을 위해 소득 및 재산의 분배를 이룩하여야 한다는 것이다. 이와 같이 하여 개인의 경제적 이익을 살리는 동시에 사회 전체를 위한 최대한의 안녕을 이끌어 낸다는 것이다.

여기서 주목하여야 할 것은 「시장경제」에 「사회적」이라는 형용사를 붙였다는 것이다. 원래 에르하르트는 순수한 자유주의 경제학자로 「시장경제」라는 표현을 하려고 하였지만, 아데나워에 의하여 「사회적」이라는 표현이 붙여졌다.

아데나워는 사회주의의 어떤 형태도 배격하였다. 하지만, 사회정책 실현에는 적극적이었다. "나쁜 땅 위에 잡초가 무성한 것"과 같이 사회적 토대가 건전치 못하면 공산주의가 자라기 마련이라면서 사회 정책에 심혈을 기울였다. 주택건설, 동방에서 피난 온 수천만 명을 위한 보호정책, 노사갈등 해소를 위한 경영조직법, 역동적인 연금제도, 그리고 의료보험의 개혁 등이 그러한 사회정책이었다. 독일 전 총리인 앙겔라 메르켈(Angela Merkel)[20]은 사회적 시장경제

---

20 독일 최초의 여성 총리로 2005년 11월 22일부터 2021년 12월 7일까지 총 16년간 재임했다.

정책을 해외 수출품으로 선전하였다.

■ 아데나워의 정치철학

아데나워는 "정치는 윤리적 기초 위에서 정확하게 인식된 사항들을 실천하는 예술이다"라고 정의하였다. 그가 말하는 가치들은 서양문명에서 발달한 기독교와 인도주의, 개인의 권리, 인간의 존엄성, 인권, 자유이다. 특히 「자유」는 그가 강조했던 정치적 용어였다. 1950년 10월 20일 고슬라 기민당 창당대회에서 그는 "우리는 자유를 선택한다"라고 자유의 정당임을 선포했다. 기민당의 기본가치인 자유, 단결, 정의 가운데서 자유가 최우선으로 꼽히고 있다.

전쟁으로 폐허가 된 독일 땅 위에서는 자유주의 아니면 사회주의, 서방적 가치공동체 아니면 중립주의, 사회적 시장경제 아니면 계획경제 사이에서 선택해야 했다. 이러한 결정적인 순간에 아데나워는 신념을 갖고 서방 세계로의 편입, 미국과의 긴밀한 관계, 유럽통합, 그리고 사회적 시장경제를 선택했다. 당시 기민당 당수인 앙겔라 메르켈이 아데나워 탄신 125주년 기념을 위한 월간지 〈정치평론(Politische Meinung)〉의 한 기고에서 설파했듯이, 만약 당시 야당인 사민당의 정치적 판단을 선택했더라면 지금 어떻게 되었을까 하는 생각을 갖게 하는 것이다.

콜 전 총리의 측근이었던 볼프강 베르그스도오르프(Wolfgang Bergsdorf)는 독일통일을 아데나워의 자유의 승리로 풀이하였다. 그에 의하면 아데나워는 전후 소련의 팽창주의에 대항하기 위한 방편으로 언어상의 이분법을 강조하였는데, 그것은 자유와 전체주의의 대립관계를 활용하여 유럽통합, 미국 지도하의 서방 방위동맹 및 「사회적 시장경제」의 도입을 채택할 수 있었다는 것이다.

권위주의적이고 일종의 카리스마적 정치적 태도에도 불구하고, 그는 중용의 정치를 표방했다. 그는 실용적 정치가로서 정치적 이념을 이데올로기화하려고 하지 않고, 이해관계의 균형과 완화정책을 실행했다. 아데나워는 중용의 정치적 입장에서 그것과 상반되는 급진주의, 인간 경시적 이데올로기 및 비국가적인 유토피아 등을 거부했다. 기회주의도 중용의 정치에 배치된다고 보았다.

아데나워의 비서로서 회고록 집필 시를 도왔던 아넬리세 포핑가 (Anneliese Poppinga) 여사는, "정치가에게 있어서 가장 중요한 것은 용기다. 그러나 용기 하나만 가지고는 1949년 이후의 전후 독일 구축이 되지 못하였다. 국가재건을 위한 전제는 확고한 목표설정과 분명한 행위 원칙이었다"라고 말했다.

아데나워와 이승만

■ 양국분단의 기정사실화

아데나워와 이승만은 모두 분단을 기정사실로 보았고, 또한 분단의 현실을 정확히 판단했다. 아데나워는 소련군의 동유럽과 동독의 점령 그리고 그곳에서의 소련 체제의 이식을 보면서 소련의 전반적인 팽창정책을 막기 위해서는 서방 세계와의 결속의 필요성을 강하게 느꼈다. 이승만도 아데나워와 같이 소련의 영토적 팽창 의지를 간파했고 북한의 식민지화를 보면서 공산주의자들과의 협상은 불가능한 것으로 보았다. 1946년 미소공동위원회의 회담이 실패하자 그는 남한만이라도 단독정부 수립이 필요하다고 역설했다.

그런 가운데 독일과 한국에서는 분단의 책임 문제로 논쟁이 벌어졌다. 사민당 당수인 슈마허는 민족주의자로서 아데나워의 서방 정책을 분단 고착화 정책이라고 비난했다. 그러면서도 1949년 서독정부를 세우기 위한 총선에는 참여했다. 그러나 한국에서는 이와 반대로 민족주의자로 알려진 김구와 김규식은 북한과의 협상을 고집하고 대한민국정부를 수립하기 위한 1948년 5월 10일 선거에 불참했다. 그런데도 우리나라에는 분단의 책임을 오히려 이승만에게 전가하는 경향이 강하다. 그러나 독일의 사회주의자이며 민족주의자인 슈마허는 동독에서 사민당을 공산당에 강제로 합당시키는 것을 보고는 분단 책임을 소련과 동독에 돌렸다. 이것이 한국과 독일의 차이이다. 6 · 25전쟁을 통해서도 알 수 있지만 분단의 책임은 소련의 팽창정책에 있었던 것이 아닌가?

■ 자유민주주의와 시장경제의 선택

아데나워와 이승만은 국가의 틀을 자유민주주의와 시장경제 체제로 이루어 놓았다. 아데나워는 전후 자유주의 아니면 사회주의, 서방적 가치공동체 아니면 중립주의, 「사회적 시장경제」가 아니면 계획경제라는 갈림길에서 자유민주주의와 시장경제를 택했다. 이승만도 자유사상을 토대로 자유민주주의와 시장경제를 지향하는 헌법을 갖는 대한민국을 건국했다. 이것은 역사상 민주주의 경험이 전혀 없던 나라의 획기적인 사건이었다.

■ 6 · 25전쟁과 안보

6 · 25전쟁은 독일과 한국에서 안보의 중요성을 깨우쳐준 사건이다. 독일의 경우는 6 · 25전쟁의 발발로 독일도 언제 유사한 공격이 올지 모른다는 경각심을 갖게 됐다. 여기서 유럽방위공동체가 형성되지만 프랑스는 독일 재무장에 대한 우려로 이 계획안을 깬다. 그러나 아데나워는 미국의 도움으로 NATO에 가입하게 되고 그 기회를 이용하여 서독의 주권도 회복하게 된다. NATO는 동 · 서 긴장 완화정책과 통일의 전제조건이 됐다.

이승만은 6 · 25전쟁을 독립전쟁으로 보았다. 그러나 그는 UN측의 휴전안을 받아들일 수밖에 없었지만 그 대가로 한미상호방위조약을 얻게 됐다. 이 조약으로 오늘날까지도 한반도에서 전쟁을 억제하였다. 이것은 나아가서 NATO와 같이 동북아시아에서의 긴장 완화와 평화통일의 전제조건이 될 수 있다고 본다.

6 · 25전쟁과 NATO 가입 시기에 이승만과 아데나워는 큰 사건을 일으킨다. 이승만은 휴전을 반대하기 위한 조치로 UN 측과 사전협의 없이 2만7천명의 반공포로를 석방해 세계를 놀라게 한다. 이승만 만이 할 수 있는 용단이었다. 아데나워도 소련에서 2차 세계대전 독일 포로 1만 명을 독일로 데려왔다. 1955년 9월 소련과의 협상에서 소련과의 수교관계를 맺는 조건으로 포로 송환을 요구했다. 소련이 거절하자, 아데나워는 내일 당장 독일로 돌아가겠다고 위협함으로써 소련 측의 양보를 얻어냈다. 용기의 정치가 효력을 본 것이다.

■ 자유통일

통일문제에 대해서도 아데나워와 이승만은 견해가 비슷하다. 아데나워는 기민당 창당대회에서 자유를 선택한다고 하였다. 아데나워는 동 · 서독 간의 통일은 오로지 자유를 토대로 한 통일이었다. 1950년대 후반 동독이 수세에 몰려 동 · 서독의 국가연합안을 제안했을 때도 자유민주주의 국가와 독재국가 간의 연합은 불가능하며, 동독에서의 자유선거를 통한 통일을 주장했다.

이승만도 그의 지지 당명을 자유당이라 했다. 이승만은 건국 당시 국회 의석 100석을 남겨놓고 북한이 자유선거를 통해 선출한 의원들을 보낼 것을 요구했다. 6 · 25전쟁 뒤에도 그의 통일론은 인구비례에 의한 UN 감시 아래 자유통일이었다. 이 통일방안은 정당한 통일방안으로 부활시킬 가치가 있다고 생각한다. 독일통일 과정에서 동독에서 자유 선거가 실시된 다음 서독과 결합했던 것과 같이 북한에서 자유 선거가 실시된 다음 대한민국과의 자유통일을 실현할 수 있을 것이다.

■ 인물비교 : 아데나워와 이승만

필자는 아데나워와 이승만의 인물됨을 3가지 측면에서 비교해 보았다.

첫째, 인생역정에서의 공통점이다. 이승만은 아데나워보다 1살 위이다. 이승만이 대통령으로 추대될 때와 아데나워가 총리로 추대될 때 모두 73세의 고령이었다. 두 사람은 90세와 91세를 살았다. 두 위인 모두 박사 학위 소지자였다. 아데나워가 프라이부르크 대학에서 법학으로 박사 학위를 받은 데 비해 이승만은 조지 워싱턴, 하버드, 프린스턴 대학을 거치면서 박사학위를 취득했다. 또한 그들은 풍부한 인생 경험과 경륜을 쌓은 인물이다. 아데나워가 1917년에서 1933년까지의 쾰른 시장을 거쳤다면, 이승만은 구한말의 애국 계몽운동가로서의 활동 6년간의 감옥생활, 식민지 시대의 독립운동을 거쳤다.

둘째, 강건한 기독교적 신앙심의 공통점이다. 아데나워는 전후 독일을 일으키고 무신론적 공산주의 독재에 대항하기 위해서는 기독교적 윤리를 토대로 한 기독교적 정당을 창설하여야 하며, 여기에는 모든 층의 사람들이 결집하여야 한다고 했다. 그는 기독교적 세계관만이 법과 질서, 인간의 존엄성과 자유를 보장한다고 믿었다. 이승만도 기독교인으로서 1948년 5월 31일 임시 국회의장으로 선출됐을 때, 또한 7월 24일 초대 대통령 취임 선서 때 그리고 8월 15일 정부수립 선포식 때 하나님께 감사의 기도를 드렸다.

셋째, 두 인물은 정확한 정치적 상황판단, 분명한 목표설정 그리고 실천 능력에서 공통점을 갖고 있다. 두 위인은 소련의 팽창정책과 분단을 기정사실로 판단하고 우선 이에 대한 방어책으로 각기 주어진 조건하에서 정통성 있는 합법정부를 수립했다. 이와는 달리 독일과 한국의 분단과정에서는 환상에 사로잡힌 이상주의자들이 현실을 직시하지 못하고 아데나워의 서방 정책과 이승만의 UN을 통한 건국을 분단 고착화로 비난했다. 만약 당시 이상론자들에게 국가의 운명을 맡겼더라면 독일에서는 혼란이 계속되었을 것이고, 우리의 경우는 공산화가 되었을 것이다. 독일의 경우는 그래도 사민당이 늦게나마 1959년 고데스베르크 전당대회에서 아데나워의 서방 정책이 옳았음을 인정했지만 한국에는 아직도 분단의 책임이 이승만에게 있는 것처럼 잘못 생각하는 사람이 많다.

아데나워와 이승만은 외교, 안보. 통일관에서도 비슷한 견해를 밝히고 있다. 아데나워의 서방 정책을 통한 통일의 접근과 이승만의 UN을 통한 통일을 위한 노력은 자유세계와의 결속에서 이루어진다는 점에서 같은 맥락이다. 아데나워가 NATO를 통한 안보 체제 확립을 이룩하였다면 이승만은 한미상호방위조약을 통한 안보 체제를 확립했다.

아데나워 연구의 최고 권위자라고 할 수 있는 한스 피터 슈바르츠 교수는 전후 독일에서 아데나워와 같은 인물이 나온 것은 독일로서는 아주 큰 행운이었다고 말한 적이 있다. 마찬가지로, 해방 후의 혼란, 6 · 25전쟁, 가난의 어려운 조건에서도 대한민국의 굳건한 발판을 구축한 이승만이 나온 것 또한 우리에게 큰 행운이다. 따라서 이승만은 그에 대한 부분적인 비판에도 불구하고 세월의 흐름 속에서 건국의 아버지로 재평가될 것이다. 특히 한국에서 자유통일이 성취될 경우, 그는 아마도 한국 역사상 가장 위대한 인물로 평가 받으리라 생각된다.

남북한 통일, '헬무트 콜'로부터 배우자[21]

서론 : 독일통일과 남북한 통일

독일이 통일된 지도 벌써 15년의 세월이 흘렀다. 여전히 분단의 아픔을 겪고 있는 우리에게는 부러움의 대상이다. 독일통일은 아데나워, 브란트 그리고 콜과 같은 유능한 정치인들의 합작품이다. 그들은 시대 상황을 잘 파악하여, 이에 상응한 정치적 역량을 잘 발휘하였다.

아데나워는 그의 서방정책 -서유럽과의 결속, 미국과의 돈독한 관계, NATO를 통한 안보 체제의 확립-을 통하여 독일통일의 토대를 닦았다면, 브란트는 그의 동방 정책을 통하여 소련을 위시한 동유럽국가들과의 관계 개선을 이룩하였다. 아데나워의 서방 정책과 브란트의 동방 정책은 상호대립되는 관계가 아니라 상호보완 관계가 됐다. 아데나워가 그의 서방 정책을 통하여 서방 세계에 있어서 그 외교적 영역을 조성했다면, 브란트는 그의 동방 정책을 통하여 동유럽으로까지 그의 외교적 영역을 확장한 셈이다. 결국 그들은 유럽평화 질서 구축에 이바지한 셈이다. 콜은 아데나워의 서방 정책과 브란트의 동방 정책을 적절히 융합하여 급속히 변화하는 시대적 상황에서 그의 역동적인 통일정책을 통하여 재빨리 통일의 기회를 포착하고 통일을 실천에 옮긴 장본인이다.

본인이 특별히 2005년 학술대회에서 콜의 통일정책을 다루게 된 것은 오늘날과 같은 남북한 상황에서 우리에게 도움이 될 것으로 생각하기 때문이다.

이러한 위기 상황은 결국 한국의 분단에 그 근원이 있다고 생각할 때, 그

---

21 이영기. *남북통일, '헬무트 콜'로부터 배우자*. 명지대 독일 및 유럽연구센터, 2005.

분단의 극복만이 근본적 해결임을 알 수 있다. 이와 같은 의미에서 먼저 통일을 이룩한 콜의 통일정책에 대한 새로운 조명은 우리에게 좋은 교훈이 되리라 생각한다. 콜의 통일정책을 보다 구체적으로 알기 위해 필자는 통일정책에 있어 콜의 기본적 입장과 태도는 무엇이며 베를린장벽 붕괴 이전의 동·서독 관계는 어떠하였으며, 콜의 통일을 위한 10개 조항의 내용은 무엇이며 유럽과 독일통일과의 관계는 왜 필요하며, 통일과정에서의 독일통일의 대내외적 측면은 무엇이며 그리고 콜의 통일정책의 종합적 평가를 통하여 우리에게 주는 시사점이 무엇인지 알아볼까 한다.

통일정책에 있어서 콜의 기본적 입장과 태도

콜의 기본적 입장은 독일기본법(헌법) 전문에 기재된 독일인들의 자결권을 통한 자유 통일이다. 그에게 있어 자유는 통일문제의 핵심이다. 민족통일을 최우선으로 독일인들의 자유 속에 성취되지 않으면 안 된다는 것이다. 통일이 아무리 중요하다 해도 부자유속에서 있을 수 없다는 것이다. 민주주의와 독재 사이에 어떤 제3의 길이 있을 수 없으며, 만약 제3의 길을 찾는다면, 그것은 우리의 자유를 위험 속에 빠뜨린다는 것이다.

콜은 기본법 전문에서 통일유럽을 목표로 했기 때문에 독일문제의 해법도 유럽통합의 일환에서만 가능한 것으로 보았다.

콜은 독일기본법이 준 통일을 위한 사명을 전 사민당 정부와 비교할 때 아주 강력한 입장을 표명했다. 이와 같은 콜은 자유와 자결권을 통한 통일의 강조로 인하여 독일통일 전 수년간 독일 좌파 세력들의 조소와 경시의 대상이 되기도 했다. 그러나 콜은 이에 관여하지 않고 그의 불변의 단호한 자유 통일관을 고수했고, 그가 끈질기게 자주 되풀이하면서 사용했던 본질적인 정치적 복음과 같은 용어들은 자유, 시장경제, 인권 그리고 하나님이었다.

기독교적 가치를 토대로 한 그의 신앙적 확신은 통일목표의식이 강했고 통일의 내용도 명확하고, 그리고 통일의 실천 방법에 있어서도 협조적인 면과 고자세적인 면을 겸비했다. 예를 들면 동·서독과의 관계에 있어서 동독에 경제적 지원을 하는 대신에 그 반대급부로 많은 동독인의 서독방문을 가능케 한 철저한 상호주의 원칙을 고수했다.

베를린장벽 붕괴 이전의 동·서독 관계

1982년 기민당을 이끌던 콜은 집권했다. 지난 12년간의 사민당 정부는 그의 동방 정책을 통하여 동·서독 간의 정치적, 경제적 및 문화적 교류를 위한 제도적 형태를 마련했다. 초창기 기민당의 집권 시 동·서독 간의 원만한 관계가 이루어질지 염려하였지만, 그것은 기우에 그치고 오히려 더 활발한 관계가 실천되었다. 동독에 입장에선 서독에 어떤 정부가 형성되던, 동독 자체의 경제적 어려움은 서독과의 접촉을 강요당했다.

독일통일 전 80년대에는 야당인 사민당과 여당인 기민당 간에 독일통일 정책을 놓고 차이를 보였다. 사민당의 경우 독일분단을 현실적인 기정사실로 보고 동독을 자극하지 않는 가운데서 긴장 완화정책의 가능성을 찾았다. 이것은 오늘날 우리나라 정부의 대북정책과도 일맥상통한다.

그러나 기민당을 이끌던 콜은 기존과 달리 새로운 역동적인 통일정책을 감행했다. 그는 확고한 서방 세계와의 결속과 NATO를 통한 완전무결한 안보체제의 확립을 토대로 소련과 동유럽과의 대화 및 협력을 추구했다. 독일통일 과정은 서유럽뿐만 아니라 전 유럽의 통합을 위한 원동력으로 간주했다. 동·서독 관계에 있어서는 철저한 상호주의 원칙을 고수했다.

특히, 경제 분야에서 동독은 그의 경제적 어려움으로 서독으로부터 지원받지 않으면 안 되었다. 서독은 동 · 서독 간의 여행, 방문 및 도로 사용, 우편 교환을 위한 용역 및 정치범 석방 비용 등으로 수십억 마르크를 지불했다. 또한 서독은 약 20억 마르크의 차관을 위한 보증을 서기도 했다.

이와 같은 동독에 대한 경제적 지원 대가로 콜은 활발한 인적교류를 얻어냈다. 때에 따라서는 압력을 가하면서까지 동독인들의 서독방문을 가능하게 했다. 그래서 1986년에는 170만 명, 1987년에는 500만 명, 그리고 1988년에는 670만 명의 동독인들이 서독을 방문했다. 동독인들의 서독방문은 동독인들이 동서체제를 몸소 체험해 비교케 함으로써 그들이 못살고 은폐된 생활을 하고 있음을 깨닫게 했다.

1987년 동독의 호네커가 서독을 방문할 때도 콜은 모든 행사 일정을 동독 주민들이 그들의 TV를 통하여 직접 볼 수 있도록 생방송으로 할 것을 요구했다. 호네커는 처음 반대 의사를 표시했지만, 콜은 그렇다면 방문하지 말라고 했다. 할 수 없이 호네커는 콜의 제의를 받아들이지 않을 수 없었다. 왜냐하면 호네커는 그의 서독방문을 통하여 동독의 국제적 지위를 향상하려고 하였고, 따라서 동 · 서독 간의 분단을 확고히 하려고 하였기 때문이다.

콜은 호네커의 방문 행사에서 독일인들의 자결권을 통한 독일의 자유 통일을 목표로 천명했고, 이는 틀림없이 독일인들의 소망, 의사 그리고 동경에 부합된다고 강조했다.

호네커는 그의 반통일 정책에도 불구하고, 1988년도 말 그의 정치권력은 서독의 경제적 도움이 없이는 불가능했다고 한다. 이것은 동독 무역성에서 외화벌이 총책임자였던 샬크-콜로트코브스키(Schalck-Golodkowski)의 숨김없는 진술이다. 결국 동 · 서독의 체제경쟁에서 자유와 생활의 번영을 가져온 서독의 자유민주주의 체제와 시장 경제체제가 동독의 독재체제와 비생산적이고 비효율적인 중앙 계획경제 체제를 능가했다는 것이다. 이러한 가운데서 동독인들의 서독으로의 탈출과 동독에서의 자유적 평화혁명 그리고 베를린장벽의 붕괴는 어떻게 보면 자연발생적이다.

콜의 10개 조항 프로그램

동독의 평화혁명은 동 · 서독 간의 관계를 급변화 시켰다. 89년 10월 18일 호네커는 18년간의 권좌에서 물러났다. 베를린장벽은 89년 11월 9일 붕괴했고, 동독의 시위군중은 89년 11월 후반기부터는 그전의 「우리는 국민이다」라는 구호에서 「우리는 한 국민이다」라는 통일의 신호를 던지기 시작했다.

이와 같은 상황에서 1989년 11월 28일 독일 의회에서 콜은 신속하게 새로운 통일의 구상으로 10개 조항을 발표함으로써 통일의 방향을 분명히 제시했다. 이 과정에서 주목할 것은 그는 같은 연정파트너인 자민당에 속한 외무장관과도 사전협의가 없었으며 또한 제2차 대전 전승국과도 사전 조율 없이 그야말로 독자적인 결정으로 이루어졌다는 사실이다. 콜은 1996년 〈나는 독일통일을 원했다〉라는 회고록에서 그때 만약 연합국들과 사전협의를 했더라면 무산되었을 것이라고 했다.

그러면 이 통일 10개 조항 프로그램은 무엇인가. 그 내용을 좀 더 구체적으로 살펴보면 동독을 위한 「신속한 구체적 지원」으로부터 시작하여 동 · 서 간의 계약공동체와 그 후 「국가연합구조」를 거쳐 궁극적인 「한 독일 연방국의 형태」까지 간다는 내용이다. 독일통일이 언제 올지 누구도 장담할 수 없지만, 그러나 그것은 독일 민족이 원한다면 분명히 올 것으로 보았다. 이 통일을 위한 절대적 전제조건으로 동독에서의 「합법적 민주 정부」이며, 자유 선거 이후 여러 전독기구 상설협의와 정치적 조절을 위한 각료위원회 공동의 의회 형태가 형성될 수 있다는 것이다. 이와 같은 통일정책이 성공적 결과를 가져온다면 독일 국민은 드디어 한 자유로운 유럽 안에서 자유로운 자결권을 통하여 그의 통일을 이룩할 수 있다는 것이다.

콜의 10개 조항 발표에 대한 국내외 반응은 다양하게 나타났다. 우선 국내적 반응은 같은 연정에 속한 자민당은 적극적인 찬성을 표명한 데 반하여, 녹색당은 기본적인 반대 견해를 밝혔다. 야당인 사민당의 경우는 조심스러운 태도를 보였다. 사민당 원내는 조심스러운 찬성을 보이면서도 독일과 폴란드 간의 국경선의 결속된 인정이 없다고 비난했다. 사민당의 지도층에서는 「통일」이라는 용어 사용에 조심스러웠으며, 1990년 총선 시 사민당의 총리 후보였던 라퐁탱(Lafontaine)은 통일의 성급함을 경고했고, 국가적 통일뿐만 아니라, 사회적 통일에도 의구심을 나타냈다.

대외적인 반응을 보면, 독일과의 2차 대전을 경험한 영국과 프랑스는 독일의 통일을 만류하는 견해며, 심지어 파리에서는 누가 베를린을 위하여 책임지고 있는 것을 독일인들은 상기하라고까지 했다. 소련의 고르바초프는 콜의 제안에 불만을 표시하면서 서방 세계에서의 「동독의 주권」을 제한하려고 어떤 노력도 소련에 의해서 거절될 것이라고 하였다. 그에 의하면 동독의 안정과 유럽대륙의 안정은 아주 긴밀한 관계에 있다는 것이다.

위의 영국, 프랑스 및 소련의 입장과는 달리 미국은 콜의 통일정책에 전폭적인 지지를 아끼지 않았다. 사전협의 없이 이루어진 데 대하여는 약간 섭섭함을 표시하였지만 부시 대통령과 베이커 국무장관은 콜의 통일 행보에 원칙적인 일치를 표명했다. 다만 독일이 통일되더라도 서방 동맹에 계속해서 머물 것을 전제로 했다. 콜에게 부시는 독일통일의 길목에서 가장 중요한 파트너였다. 두 사람은 상호 간 정치적 가치평가에서뿐만 아니라 아주 깊은 인간적 정서면에서도 공감대를 갖고 있었다. 콜에게 부시는 우리 독일인들을 위하여는 한 큰 행운이었다고 회고하였다. 부시는 한 나라가 분단되어서는 안 되며 그는 그것을 범죄로써 간주했다.

콜이 그의 통일 10개 조항을 선포할 때만 해도 독일통일은 빨라도 3년 또는 4년은 걸릴 것으로 생각했다. 그런데 1989년 12월 20일 동독의 드레스덴 방문에서 동독 주민들의 열광적인 환영과 통일의 열망을 체감한 후, 그는 자기의 통일정책을 조속히 실천에 옮길 것을 결심·진행했다. 그의 명확한 통일 방향과 구체적인 통일방안은 동독 주민들에게 통일을 위한 용기를 북돋아 주었다.

독일통일의 대내외적 측면

드레스덴 방문 후 콜 총리는 독일의 통일을 더 이상 늦출 수 없다고 판단, 통일의 내적 및 외적 조건을 빠른 속도로 충족시켰다. 그는 1990년 3월 18일 동독에서 역사상 처음으로 실시된 자유 선거에 의해서 새로 탄생한 동독과 경제, 통화 및 사회통합에 관한 조약을 체결함으로써 서독 마르크가 전 독일의 유일한 지불수단으로 되었다.

당시 동·서독의 화폐가치는 4.5 : 1 비율이었다. 그런데도 1 : 1 비율로 교환해 준 것은 동독의 강력한 요구도 있었지만, 경제적 고려가 아닌 통일을 앞당기기 위한 정치적 결단에서 취했다. 전 독일에서 하나의 화폐가 통용된다는 것은 필연적으로 정치적 통합을 낳게 되는 법이다. 그 결과로 나타난 것이 1990년 8월 31을 동·서독 간의 통일조약이며 그것은 어디까지나 합의에 따라 이루어진 것이다. 당시 동독과 직접 협상을 벌였던 볼프강 쇼이블레는 독일의 통일은 서독으로의 「품위 속에서의 가입」으로 풀이했다. 엄밀한 의미에서 우리가 흔히 이야기하는 것처럼 서독이 동독을 흡수한 것이 아니고 동독 정부와 주민들의 압도적 찬성으로 서독으로 들어온 것이다. 이것은 어디까지나 그들 자유의사의 결정임을 알아야 한다.

그러면 콜은 독일통일의 외적 조건을 어떻게 충족시켰는가. 콜은 이 분야에서도 2(동 · 서독)+ 4(미국 · 영국 · 소련 · 프랑스)=1(통일)이라는 새로운 정치 수학을 푸는데 그의 신속성과 국가 간의 균형성을 능수능란하게 발휘했다. 이 「2+4 회담」을 1990년 본(5월), 동베를린(6월), 파리(7월), 모스크바(9월) 등지에서 이루어졌는데 이 일련의 회담에서 6개국 외상들은 독일통일의 조건들을 논의했고 모스크바에서 최종적인 타결을 보았다. 약 5개월이 소요된 셈이다.

이 「2+4 회담」에서의 각국의 입장을 간단히 살펴보면 우선 미국의 경우는 4개 국가 중 제일 처음 독일통일을 찬성했다. 미국은 독일의 통일은 유럽통합의 일환과 NATO 동맹체제 내에서 이루어지기를 희망했다. 이것은 통일된 독일이 NATO 회원국으로 머물 것을 원하는 것이고 독일과 폴란드 간의 국경선의 불변을 뜻하기도 한다. 미국은 독일의 중립화를 통한 독일의 고립화를 막고 싶었다.

프랑스는 역사적 경험에 비추어 무엇보다도 안보의 이해관계가 되살아났다. 통일 독일이 혹시나 서방공동체에서 이탈하여 독자노선을 취하지 않을까 두려워했다. 또한 프랑스는 정치적 및 경제적으로 강력한 독일로 인하여 유럽 변두리로 밀려나지 않을까 두려워했다. 그리하여 프랑스는 애초에는 독일통일의 과정에서 독일통일에 제동을 건 셈이다. 그러나 역사의 흐름은 독일통일이 불가피함을 안 프랑스는 결국 독일통일이 공동의 서유럽 및 대서양 구조 속에서 이루어질 것을 희망했다.

영국은 프랑스와 마찬가지로 유럽 중심지에서의 강력한 독일의 새로운 등장을 두려워했다. 영국은 독일통일로 유럽에서의 미국의 런던 중심적 정치가 본이나 베를린으로 옮겨지는 것을 달가워하지 않았다. 또한 영국은 독일통일이 유럽에서의 세력균형을 위태롭게 할 것이고, 동유럽에서의 와해 현상으로 인한 소련의 고르바초프 입장을 약화하지 않을까 두려워했다.

소련은 처음부터 독일의 통일을 분명히 반대했다. 동 · 서 간에는 두 개의 경쟁체제, 두 개의 경제블록, 두 개의 군사동맹 체제 그리고 두 개의 생활세계는 분명히 둘로 나누어졌다는 것이다. 유럽의 현상 유지는 두 세계 국가로 나누어진 국제적 체제에서의 안정을 보장한다는 것이다. 소련은 전후 질서의 위험성을 보았다. 그러나 소련지도부는 동독에서의 급진적 몰락 현상과 소련 자체 내에서의 정치적 및 경제적 긴급 상황에 부딪힘에 따라 기존의 독일통일 반대 견해를 수정하게 됐다.

독일은 4대국의 다른 입장을 어떻게 조정하면서 독일통일을 이룩하였는가. 콜의 뚜렷한 한 가지 목표는 어떻게 하면 서방 세계와의 결속의 견지를 수반한 국제정치에 있어서 독일의 통일을 신속히 그리고 완벽히 이루는 것이었다. 이것을 이룩하기 위하여 서독 정부는 여러 갈래의 전략을 추구했다. 이에는 외적 조건에 영향을 주는 내적 조건의 충족, 우방 국가들과의 긴밀한 접촉 그리고 유럽통합의 진전을 위한 노력 등이 속한다. 유럽통합을 통하여 독일은 이웃나라들과 좋은 파트너가 되기를 노력했으며, 유럽의 현 상황의 극복이 오히려 위협보다는 기회가 된다는 것을 강조했다. 소련과의 관계에서는 경제적 지원을 통한 우호 관계를 추진해나갔다.

「2+4 회담」에서 가장 어려웠던 문제는 동맹체제와 서독 병력과 관련한 통일된 독일의 안보 구조 문제였다. 소련 측은 그동안 독일통일의 NATO 가입을 강력히 반대했다. 소련이 가장 원했던 것은 독일의 중립화 또는 비군사화였다.

그런데 이번 회담에서 통일된 독일이 NATO에 머물 수 있다고 했으니 통일의 외적 조건에서 가장 큰 장애물이 해소된 셈이다. 그 이유는 크게 3가지로 요약할 수 있다. 첫째, NATO의 내부 개혁이다. 즉, 소련이 NATO의 적대국이 아니며, NATO와 소련은 앞으로 불가침조약을 체결할 수 있고, NATO는 전쟁 발발 시 핵무기를 선제 사용한다는 종전의 전략을 폐기하고, 핵무기는 최후 수단으로만 사용하겠다는 것.

둘째, 이번 회담에서 콜이 통일된 독일의 군대를 37만 명으로 감축하겠다고 말했다는 것이다. 50만 군대에서 13만 명을 줄이겠다는 뜻이다. 8,000만 명의 인구를 가진 독일이 37만 명으로 제한한다는 부분은 확실히 고르바초프의 호감을 샀다.

셋째, 소련에 대한 독일의 경제원조이다. 비참한 경제 사정에 처해있는 소련은 서독의 자본과 고도로 발달한 기술을 긴급히 필요로 했다. 콜은 독일의 통일을 위해서 소련에서 경제적 원조를 제공할 필요성을 느꼈다. 그는 차관으로 50억 마르크를 책정했다.

콜은 이처럼 고르바초프의 중립화 통일방안을 반대하고 통일된 독일이 NATO의 한 회원국으로 남도록 관철했다. 왜냐하면 독일의 중립화 통일안을 유럽통합에 맞지 않고 결과적으로 독일의 고립을 초래하기 때문이다. 독일통일에 있어서 돈도 큰 역할을 한 것이다.

콜은 독일통일의 외적 조건을 충족시키는 데도 서방(미 · 영 · 프)과 소련 간의 균형 정책을 잘 취했다. 그것은 통일된 독일이 EC와 NATO에 계속 머물 것을 다짐함으로써 서방 세계를 안심시켰고, 소련에 대하여는 통일의 대가로 경제원조를 약속함으로써 고르바초프에게 만족을 주었다.

독일은 1990년 10월 3일 45년 만에 분단을 극복하고 통일이 되었다. 이날 도덕 정치가로 널리 알려진 바이체커 대통령은 독일통일의 의의를 다음과 같이 말했다.

> "우리의 통일은 누구에게도 강요한 것이 아니고 평화적인 합의에 따라 이루어졌다. 그것은 모든 국민의 자유와 우리 대륙의 새로운 평화 질서를 목표로 하는 전 유럽사적 과정의 부분이다."

콜의 통일정책에 대한 평가

필자는 지금까지 콜의 통일관과 그의 실천적 통일정치를 조명하기 위하여 콜의 통일을 위한 기본적 입장, 통일 이전의 동·서독 관계, 통일과정에서의 그의 통일 10개 조항 그리고 독일통일의 대내외적 조건 등을 간단히 살펴보았다. 이제 그의 통일 정책과 그 결과를 평가하려고 한다.

콜은 독일통일 10주년을 기념하기 위한 한 기고에서 독일통일에 도움을 준 사람들과 나라들을 열거하면서 감사의 뜻을 표했는데, 그중에서도 특별히 평화혁명을 주도하고 통일의 길을 열어준 동독 주민들, 동독의 평화혁명에 영향을 끼친 고르바초프 그리고 미국의 부시 대통령에게 감사했다. 콜은 부시 없이는 독일통일은 불가능했을 것이라고 했다.

필자는 2005년 8월 30일 콜이 독일 의회 선거 유세차 함부르크에 왔을 때 그의 통일관을 들을 수 있었다. 193cm의 거구인 콜은 "독일통일은 하룻저녁에 우연히 이루어진 것이 아니다"라고 강조하면서 총리 슈뢰더나 외무장관 피셔 등은 독일통일을 반대했고 또한 노조와 교회 일부도 반대했다고 비난했다. 그리고 그는 "독일통일은 미국의 뒷받침 없이는 불가능했다"라며 미국에 감사했고 미국과의 관계는 우호 및 동반 관계로 상하관계가 아닌 수평관계임을 강조했다.

콜의 독일통일 평가에 있어서 브란트의 동방 정책의 설계자였던 에곤 바는 독일통일을 가능하게 한 것은 고르바초프이고, 통일을 결정한 것은 동독 주민이었다면, 콜은 용기를 갖고 통일의 적절한 기회를 포착하여 그것을 달성했다고 했다. 콜의 외교 안보 특보이며 통일 10개 조항에 관한 아이디어를 제공한 호르스트 텔츠치크는 정확한 시기에 정확한 결정을 했다고 콜을 격찬했다.

통일 후 콜에 대한 전기를 쓴 베르너 마저(Berner Maser) 교수는 1871년 철혈 정책으로 독일의 통일을 이룩한 비스마르크와 비유하면서 그와 다른 점은 콜은 자유와 평화 속에서 독일통일뿐만 아니라 평화적이고 자유로운 유럽통합을 위한 노력에 경주했다고 했다. 그리하여 콜은 산 사람 중 드문 현상이지만 독일통일의 총리로서 독일 역사의 한 자리를 차지했다고 했다. 독일 현대사를 전공하는 호르스트 묄러(Horst Möller) 교수는 콜은 아데나워의 서방 정책과 브란트의 동방 정책의 양면을 잘 종합하여 독일통일을 이룩하였다고 했다. 그의 통일정책의 뒷받침에는 그의 지속적이고 단호한 민주적 국가와 가치 세계 그리고 확고한 안보 정책에 그 뿌리를 두고 있다고 했다. 결정적인 세계사적 전환점에서 정치적 관철 능력과 결부한 역사적 전망, 전략적 선견지명 및 전술적 교묘함을 가진 한 정치인만이 기회를 인식하고 결연히 그것을 활용할 수 있었다고 콜을 아주 높이 평가했다.

콜의 통일목표는 뚜렷했고, 자유, 인권 및 자결권 등의 기본가치를 핵심으로 하는 통일관은 요지부동했으며, 동독과의 관계에서 철두철미한 상호주의 원칙이 고수되었는가 하면, 소련을 위시한 동유럽과의 관계 개선은 확고한 서방세계와의 결속과 NATO를 통한 완전무결한 안보 체제의 확립에 근거했다. 또한 독일통일은 전 유럽통합을 위한 원동력이 되어 유럽에서의 냉전체제를 종식시켰다.

우리는 '헬무트 콜'로부터 무엇을 배울 것인가.

독일통일의 교훈은 우리에게 시사하는 바가 크다. 한국과 독일은 그동안 분단국 중에서 그래도 가장 유사한 점이 많기 때문이다. 특별히 콜로부터 교훈을 찾으려고 한 것은 동북아정세와 남북관계의 현황에서 통일의 기회를 만들 수도 있다는 점에서 콜의 역동적인 통일정책이 무엇인지를 조명함으로써 그것으로부터 교훈을 찾으려고 했다.

첫째, 통일목표에 관해서이다. 콜은 분명하고 투철한 통일목표의식을 가졌었다. 많은 사람이 통일에 대하여 의혹을 가졌던 시절에도 그는 자유와 자결권을 통한 통일의 목표를 되풀이하며 강조했다. 그는 기본법 전문에 명시된 통일

조항을 강조함으로 독일인들에게 통일 의지를 심어주었다.

한국의 경우 통일목표의식은 우리 지도자들에게서 찾아보기 힘들다. 우리 헌법 4조에도 통일조항은 있지만 특별히 관심의 대상이 되지 않는다. 통일보다 평화 정착을 우선으로 하는 상황에서는 통일목표가 퇴색되고, 따라서 이러한 가운데 국민의 통일 의지는 강화될 수가 없다. 뚜렷한 통일목표와 그것을 달성하려는 실천적 노력이 필요하다.

둘째, 통일방안에 관한 것이다. 독일의 통일방안은 뚜렷했다. 자유민주주의와 시장경제를 토대로 한 통일이다. 10개의 조항에서 나타난 「동·서독 국가연합구조안」도 그 전제조건으로 동독에서의 자유로운 선거에 의한 새로운 정부의 형성이었다. 그것은 서독의 정치 및 경제체제와의 동일함을 뜻하는 것이다.

우리의 경우 6·15공동선언 제2항에 나타난 북한 연방제의 낮은 단계와 우리의 국가연합안이 흡사하다면서 통일의 가능성이 있다고 선전하였지만, 그것은 불가능하다. 지금까지 세계역사 속에서 다른 체제를 가진 국가 간의 국가연합은 존재하지 않았다. 오늘날 유럽연합(EU)의 경우도 40년의 세월이 흘러서 이루어진 것이며 그들 국가는 같은 문화와 체제를 가졌다는 사실을 알아야 한다. 우리의 통일도 북한식 아니면 우리식 통일이 있을 뿐이다. 우리 국민은 6·15공동선언 제2항에 현혹되어서는 안 된다.

셋째, 남북한 간의 협상 자세이다. 콜은 동독에 많은 경제지원을 하는 대신에 그 반대급부를 받아내는 철저한 상호주의 원칙을 고수했다.

김대중 정부 이후의 대북 관계 자세는 아주 저자세이다. 우선 독일처럼 동·서독 기본조약을 토대로 한 동·서독 간의 여러 분야에서의 제도화된 형태를 만들어 체계적이고 일관성 있게 추진하여야 한다. 국군포로, 납북자, 이산가족의 북한에서의 자유로운 재회, 고령화된 북한 주민들의 남한으로의 이주 문제 그리고 심지어는 정치범의 석방 문제도 남·북 간의 협상에서 적극적으로 다루어져야 한다. 혹시 남·북 관계가 차단될 우려가 있다고 주장하는 사람이 있을지 모르지만, 필자는 그렇게 생각하지 않는다. 왜냐하면 북한의 경제적 어려움은 한국과의 접촉을 강요당하기 때문이다.

넷째, 한미동맹 관계이다. 콜은 서방 세계와의 결속과 NATO를 통한 안보 체제의 확고한 확립이 소련과 동유럽과의 긴장 완화정책을 위한 선행조건이었다, 안보가 우선이었다.

이것은 한국에도 통용된다. 안보가 없이는 모든 것이 흔들린다. 오늘날 한미 동맹관계는 온전치 못하고 불안하다. 2005년 8월 15일 조선일보의 기사에서는 신세대(1980년대 출생 16~25세) 813명 중 65.9%가 만약 미·북한 간에 전쟁이 나면 북한 편에서 미국과 싸우겠다는 설문조사 결과가 발표되었다.[22] 기가 막힌 내용이다. 미국 시민들이 이것을 보고 어떻게 생각할 것인가. 막강한 국력을 가진 독일은 통일 후에도 NATO의 한 회원국으로 남아있다는 사실을 알아야 한다.

다섯째, 유럽안보협력회의(CSCE)는 우리에게 모델이 될 수 없는지 고려할 대상이다. 주권 및 경계선의 존중, 동·서 간의 경제적 협력 그리고 인권과 기본적 자유를 내용으로 하는 CSCE는 유럽평화 질서에 이바지했다는 점에서 우리 동북아도 시험할 필요가 있다. 중국은 2008년 올림픽을 앞두고 30억 불 이상의 경비를 들여가면서 최대의 행사를 준비하였다. 이와 같은 시점에서 동북아평화 질서를 위한 노력을 해볼 만하다.

여섯째, 북한 알기 운동이다. 통일의 선행조건은 북한에 대한 정확한 인식이다. 우리 국민은 북한을 너무 모른다. 독일의 경우는 TV를 자유롭게 볼 수 있었다.

---

22 신세대민족주의연구팀. "[오늘 광복 60년] 신세대〈16~25세〉들의 민족주의 한국갤럽 813명 조사… 교수진 분석 '美·北전쟁땐 北 편들겠다 66%', '북한에 가서 살고 싶다'는 0%". 조선일보 2005년 8월 15일 : A1면

일곱째, 북한에 정보를 제공하여야 한다. 독일의 경우는 동·서 간의 수백만 명의 교류가 있었기 때문에 동독인들은 바깥세상을 알 수가 있었다. 그러나 북한 주민들은 북한독재체제의 엄격한 통제로 외부로부터의 정보를 받아들일 수 없다. 정보는 힘이다. 북한 주민들도 외부 세계에 관하여 알 권리가 있다. 북한에 영향을 줄 수 있는 정보를 힘껏 활용하여야 한다.

여덟째, 독일의 민주시민 교육제도의 도입이다. 이것은 초당파적인 기구를 통한 학교와 학교 밖에서의 폭넓은 민주주의 교육으로 평생교육이다. 민주주의는 스스로 이루어지는 것이 아니다. 그것은 학습이 되고, 훈련되지 않으면 안 된다. 민주주의의 경기규칙을 인식하는 자만이 국가와의 일체성을 가지며 그리고 그 기본가치를 옹호할 수 있다.

오늘날 우리 사회에서 정통성 및 정체성이 흔들리는 것도 민주주의 및 통일교육의 부재에서 온다고 볼 수 있다. 이런 의미에서 독일의 민주시민 교육제도는 우리에게 필요하다고 생각된다.

아홉째, 북한 인권 문제이다. 인권은 세계적 보편적 가치로 국제법과 국제정치에 있어서 모든 국가가 지녀야 할 기정사실로 되어있다. 히틀러와 스탈린 독재체제를 경험한 독일은 어느 나라보다도 인권을 가장 관심의 대상으로 취급하였다. 콜도 인권을 독일통일의 핵심 중 하나로 보았고 따라서 동독에서의 인권유린을 힐난하게 질타했다.

오늘날 북한 인권 문제를 적극적으로 다룰 때가 왔다. 북한 인권에 대한 침묵은 우리 민족에 대한 범죄행위이다. 우리 세계역사 속에서 나치주의 및 스탈린주의 독재체제가 가르치듯 양보 및 유화정책으로 인권침해를 제한하고 혹은 장기적으로 그것을 극복할 수 있다는 것은 하나의 환상이라는 것을 알 수 있다. 인권개선은 인권의 이념에 대한 확신과 그것을 토대로 한 많은 사람의 힘의 결집을 통하여 언제든지 인권을 위하여 싸울 수 있다는 용기 있는 시민적 자세이다. 북한의 인권 보호도 결국 우리 국민의 북한 인권운동으로 전개될 때 그 실효성을 얻을 수 있다고 본다.

인권 투쟁사에서 미국 루스벨트 대통령의 4대 자유는 북한 인권침해와 관련하여 상기할 필요가 있다. 그는 1941년 나치 독재에 대항하기 위해 의회에서 그의 유명한 연설을 했다. 그것이 그의 4대 자유이다. 즉, 표현으로부터의 자유, 신앙의 자유, 궁핍으로부터의 자유 그리고 공포로부터의 자유이다. 이것은 말 하나 잘못하여 처벌받고 신앙의 자유가 없고 굶주림에 허덕이고 공포에 떠는 북한 주민들을 위하여 꼭 필요한 자유이다. 전 국민의 북한 인권운동이야말로, 필자의 견해로는 남한에서의 친북세력을 상쇄하고 북한의 핵무기를 무력화시키며(소련의 멸망은 핵무기의 부족이 아닌 경제난과 자유의 부재에 기인), 북한 주민들에게 용기와 희망을 주며 나가서 통일의 길을 열 수도 있다고 본다. 북한 인권의 국민운동은 2002년 월드컵 축구대회에서 하나가 되어 4강 진출을 한 것과 같이 통일을 달성할 수 있는 계기가 될 수 있다고 본다. 이렇게 될 때 전 세계 시민들이 우리를 격려하고 찬사를 던지리라 본다.

열째, 콜의 정치적 스타일이다. 뮐러 교수가 잘 지적했듯이 콜은 강한 관철 능력을 겸비한 역사적 안목, 전략적 선견지명 그리고 전술적 묘미를 소유한 정치가로서 통일을 위한 국제정세를 잘 파악하여 그 기회를 신속히 포착하고 그것을 단호히 실천에 옮긴 사람이다. 그의 자유와 민주주의에 대한 확고한 정치적 신념은 그의 모든 정치적 행위를 위한 원동력이 됐다.

한국의 통일도 필자의 견해로는 콜과 같은 확고한 통일정책이념과 강한 관철 능력이 있는 유능한 정치인이 요청된다.

그리하여 이러한 위기를 극복하고 새로운 통일의 기회를 모색하는 의미에서 콜은 우리에게 너무나 많은 교훈을 준다고 본다.

전 독일 총리 헬무트 슈미트 : 「비용」 겁나 통일 늦추면 안 된다.[23]

독일통일이 이루어진지 1992년 10월 3일로 2주년이 된다. 그러나 독일은 요즘 통일의 기쁨보다 통일의 고통을 더 많이 느끼고 있는 듯하다. MBC TV는 27일 오전 방영되는 헬무트 슈미트 전 독일 총리와의 특별회견을 통해 독일통일이 지니고 있는 세계사적 의미와 통일 후 독일이 안고 있는 문제 등에 관한 그의 의견을 들었다. 슈미트 전 총리는 지난 82년 8년간에 걸친 총리 생활을 마감한 뒤 언론계에 투신, 독일의 권위지 〈Die Zeit〉의 발행인으로 일하며 활발한 기고 활동을 벌이고 있다. 대담은 독일에서 연구 활동을 하고 있는 이영기 박사가 맡았다.

이영기(이하 이) = 독일통일은 역사적 우연이었는가. 아니면 모든 것이 준비와 노력의 결과였는가. 어떤 요소들이 상호작용을 했는지.

슈미트 = 독일통일이 성취된 데는 여러 가지 요소가 작용했지만, 결정적인 요소는 모스크바 집권체제의 내부 붕괴에 있었다고 생각한다. 소련 지배계급, 특히 스탈린, 흐루쇼프, 브레즈네프 등 역대 지도자들이 수십 년 이상 권력을 지나치게 남용했다는 사실, 또 2억2천만에 달하는 국민의 정신을 억압하고 광대한 경제자원을 효율적으로 쓰지 못했다는 사실 등이 소련의 붕괴를 가져왔다.

---

23 "전 독일 총리 헬무트 슈미트(통독 2주년 특별인터뷰 1)". *조선일보*, 1992.

중국이나 유럽, 미국 등 그 어느 곳의 누구도 소련 붕괴가 이렇게 빠르게 닥쳐오리라고 예견하지 못했다. 물론 거기에는 한 개인이 엄청난 역할을 담당했는데, 그 사람은 고르바초프이다. 고르바초프는 공산주의를 완성코자 하지 않았다. 반대로 그는 공산주의에 활력을 불어넣고자 했다.

또 다른 요소는 브레즈네프와 체르넨코 사망 이후 안드로포프 때 이미 그러한 징조가 나타났는데, 특히 고르바초프 집권기에 소련 지도자들은 미국과 서방과의 군비경쟁에서 도저히 이길 수 없다는 사실을 간파했다.

이 같은 소련 내 변화에 따라 수많은 서독 사람들과 동독인들은 80년 중후반기에 이르러 자유롭게 상호 왕래할 수 있었다. 이런 왕래에 뒤이어 동독 체제에 사실상의 개방이 찾아왔다. 결국 이 같은 일련의 변화가 통일을 가져오게 했다.

이 = 독일의 분단 극복에는 동방 정책의 이바지가 컸던 것으로 알고 있다. 독일의 동방 정책을 어떻게 평가할 수 있겠는가.

슈미트 = 독일 동방 정책은 1960년대 후반에 시작됐고 브란트가 집권한 뒤인 1969년 이후 강한 추진력을 얻었다. 나 역시 1974년 집권한 후 전임자들의 동방 정책을 계속해서 이어 나갔다. 나는 동방 정책이 평화유지라는 목적에 크게 이바지했다고 생각한다.

수백만의 동유럽인과 동독인들에게 불안감을 주었던 여러 원인을 제거하는데 동방 정책은 크게 이바지했다. 동방 정책을 추진하는데 구서독 내부에서 논쟁이 없었던 것도 아니다. 반대자도 많았다. 요셉 슈트라우스 기사당 당수, 또 총리를 하고 있는 콜도 당시 반대했었다. 그러나 콜 총리는 자신이 집권한 후 동방 정책의 맥을 잘 이어가고 있다.

이 = 슈마허 전 사민당 당수가 제창했던 소위 자석 이론이라는 것이 있다. 말하자면 모든 영역에 걸쳐 즉 경제, 사회영역 등에서 동독을 극복하면 언젠가 자동적으로 동독을 흡수할 것이라는 이론이다. 이 이론이 들어맞은 것인가.

슈미트 = 슈마허 사민당 당수는 이미 1952년 고인이 됐고, 그때는 동방 정책이 시작되기 전이다. 당시 유럽의 상황은 50년대 후반이나 60년대와는 같지 않았다. 그러나 서독의 높은 경제 수준, 보통 사람들이 만끽하는 자유, 질 높은 사회보장, 안정된 주거환경 등 모든 것들이 동독뿐 아니라 동구권 국가에게 엄청난 영향을 미친 것은 사실이다.

옛 소련의 브레즈네프가 함부르크에 있는 나의 집을 방문한 적이 있었다. 집이라고 해봐야 방 4개짜리의 중산층 주택이었는데 브레즈네프는 이렇게 말했다. 자기 나라 소련에선 유명 인사도 이런 규모의 집은 상상조차 할 수 없다고. 그때 서독에선 노동조합에 소속해 있는 보통 사람들도 이미 그 정도의 정원이 딸린 집에서 살고 있었다. 이런 여건이 동유럽의 많은 사람에게도 영향을 끼치지 않을 수 없었다. 지적하신 슈마허 사민당 당수의 이론은 맞아떨어졌다.

이 = 통일이 된 지도 근 2년이 지났지만 동독지역엔 여전히 많은 문제가 있다. 콜 총리 자신도 인정했듯이 진정한 통일은 장시간 걸릴 것이고 비용도 많이 들 것이다. 동독에는 1백20만 명의 실업자가 있다고 하는데 단순근로자, 재교육 훈련자 등을 포함하면 사실상 2백50만 명이 실업자인 셈이다. 이 문제를 어떻게 극복하겠는가.

슈미트 = 통일할 때 우리는 이미 경제적 실책을 범했다. 부분적으로 우리 스스로 실책을 범했고, 한편으로 실책을 방치했다. 현실적으로 공산당이 소유하던 기업을 사유화하기 위한 신탁관리청의 설립은 실책이다.

신탁관리청이 구동독 기업을 매각하거나 사유화하기에 앞서 오늘까지 살아 있는 과거 소유자의 손자나 사위에게 넘긴다는 것은 잘못이다. 동독기업에 대한 투자가 전 소유주에게 반환되는 것보다 우선돼야 한다. 재정문제에 대해서도 실책을 범했다. 1950년 이래 독일의 부채가 이렇게 산더미처럼 쌓인 적이 없다. 여기에 또 추가되는 문제가 있다. 유럽, 미국 등 전 세계가 전반적으로 불황을 겪고 있다. 경기 침체가 문제이다. 이런 것들이 겹쳐 사태 해결을 더욱 어렵게 하였다.

그런데 이 같은 어려움이 남북한 통일에서도 나타날 수 있다는 것이다. 나는 한국이 한나라로 통일되는 것에 마음속으로 깊은 관심을 갖고 나름대로 한반도 통일방안에 관해 몰두해 왔다. 2년 전 한국을 방문했을 때 노태우 대통령과 이런 이야기를 했다. 그 자리에는 일본의 후쿠다(福田) 전 총리 등 내 친구인 전직 총리들도 함께 자리했다. 그때 우리 모두는 노 대통령에게 지금이 평양에 접근할 수 있는 기회라고 말했다.

내 생각으로는 평양의 독재자들은 60년동안 모스크바 혹은 북경의 카드를 번갈아 쓰며 줄다리기를 해왔는데 그와 같은 양다리 외교시대는 이제 지나갔다. 북한은 소련으로부터 재정지원을 기대할 수 없고 경제지원 역시 물 건너갔다. 단지 북한은 중국의 덩샤오핑(鄧小平, 등소평)으로부터 지원을 기대할 수 있다. 그러나 덩샤오핑은 늙었다. 내 추측인데 북한에서 정권교체가 이뤄지면 한국도 분명히 독일이 2년 전에 겪었던 것과 같은 문제에 봉착할 것이다.

이 = 독일통일 비용에 대해 이러쿵저러쿵 말이 많다. 연방 상원의장은 최근 이 같은 통일비용에 관해 향후 15년간 매년 2천억 마르크가 소요될 것으로 계산했다. 통일비용을 어떻게 평가하는지.

슈미트 = 그러한 비용 계산은 분명히 신빙성이 있는 계산이라고 생각한다. 나 역시 통일비용을 뽑아 제시한 적이 있지만, 통합비용이 곱절 이상 든다고 하더라도 단 1초도 통일을 주저하지 않았을 것이다.

그러나 통일을 위한 서독 국민들의 희생이 아무런 효과가 없는 비용으로 끝나서는 안 된다. 동독 사람들은 하루빨리 서독처럼 잘 살게 해야 한다는 것이다. 희생 비용은 말할 것도 없이 납세자들의 호주머니에서 나와야 한다. 이건 한국이 통일될 경우에도 필요할 것이다. 그러나 독일 정부가 저지른 실책은, 이건 정말로 한국이 본받지 말아야 할 것인데, 세금 인상만으로 통일비용을 충당하려 한다는 것이다. 이러한 정책은 피해야 한다.

이 = 독일은 통일 이후 인구 8천만의 대국이 됐다. 그 점에 대해 이웃 국가들은 공포감을 갖고 있다. 그렇지만 독일통일은 유럽의 평화에 이바지했다고 본다. 이 같은 관점에서 볼 때 유럽통합의 과제와 독일인의 역할을 무엇이라고 보는가.

슈미트 = 독일인들의 과제는 많다. 거듭 이야기하지만, 독일통일은 EC(유럽공동체)와 NATO(북대서양조약기구) 동맹체제에 완전히 귀속되는 것이었다. 그렇지만 모든 전제조건이 모두 충족된 것은 아니다. 이웃 국가들이 안정감을 느낄 수 있고 EC편입에 귀속감을 느낄 수 있어야 한다.

이 같은 문제는 한국의 경우와는 180도 다르다. 한국은 3개의 이웃 국가를 안고 있다. 중국, 옛 소련, 일본, 특히 일본은 중요하다.

이 = 일본이 남북한 통일에 두려움을 갖고 있다고 보는가.

슈미트 = 그렇다. 군사적으로가 아니라 경제적으로 그렇다. 양국의 경제가 경쟁 관계에 있다는 것이다. 그러나 어쨌든 양국의 경쟁 관계는 해소될 것으로 보이며, 바람직한 방향으로 나아가지 않을까 나는 생각한다. 일본은 극동에서 거대한 자유무역지대를 구상하고 있을 것이다.

일본인들은 부분적으로 한국인에 대해서 「콤플렉스」를 갖고 있다. 일본은 한국을 통해 중국 문화를 받아들였다는 것을 마음속으로 알고 있다. 일본은 그 같은 소리를 귀담아듣기를 좋아하지 않는다. 일본은 한때 극동아시아를 군사적으로 식민지화하려고 했던 것에 대한 심적 부담을 안고 있다.

이 = 유럽안보협력회의(CSCE)가 아시아에서도 하나의 안보협력 모델이 될 수 있겠는지. 거기에는 미 · 소 · 중 · 일뿐 아니라 남북한도 참가한다는 전제하에서.

슈미트 = 재미있는 생각이다. 유럽안보협력회의의 선구자는 독일의 동방정책이었다. 한국의 북방정책도 느리게 그 방향으로 가고 있다. 그러나 북한 정권은 그들 국민들의 의사를 이 지역의 공동안보 조약 쪽으로 다그칠 수는 없을 것이다.

그건 북경 당국도 마찬가지이다. 그 점에서 독일통일이 이뤄지기 전의 유럽의 상황은 오늘의 극동 상황보다는 앞서있고 진척돼 있었다.

남북한 통일에 보내는 조언[24]

헬무트 슈미트 (前 독일 총리)

내가 이 연설을 받아들인 이유는 거의 반세기 가까이 한국 국민과 깊은 유대감을 느끼고 있기 때문이다. 정확히 말하자면 약 40년 전에 한국을 처음으로 방문한 후부터이다. 당시는 이승만이 대통령이었고 여러 차례에 이어졌던 마지막 방문은 1996년 여름이었다. 물론 한국 국민에 대한 내 호의는 분단이라는 상황에 대한 동질감에서 나온 것이다. 나는 처음부터 한국의 상황과 독일의 분단 상황을 평행하게 보았다.

그러나 1950년대에 이미 두 국가 간에 존재하는 그 엄청난 역사적 차이를 이해했다. 양국의 분단은 제2차 세계대전의 결과이기는 하지만 유럽에서는 독일이 제2차 세계대전을 시작했고, 나중에 아시아에서는 일본이 제2차 세계대전을 시작했다. 그 반면에 한국은 처음부터 제2차 세계대전의 희생양일 뿐이었다. 한국은 몇 십 년에 걸쳐 일본에 점령당했고 식민지화되었다. 한국 자체는 제2차 세계대전의 그 어떠한 책임도 없다. 제2차 세계대전 말에 북쪽에서는 소비에트 연방이 들어왔으며 전쟁이 끝날 때는 남쪽에서 미국의 군대가 들어왔다. 당시 승리를 했던 두 강대국은 그때 합의를 보았는데 그 합의에 따라 38선 이북에는 소련이 38선 이남에는 미국이 주둔하게 되었다. 처음에는 별다른 의미가 없었던(최소한 미국의 시각에서는) 이러한 경계선은 나중에 남과 북을

24 헬무트 슈미트. "남북한 통일에 보내는 조언". *한국의 장래를 위한 독일통일의 교훈*, 명지대학교 북한연구센터, 1997.

가르는 휴전선이 되었으며 남한과 북한, 두 독립된 정부를 형성하게 되었다.

독일의 분단과 다른 또 하나의 차이점은 1950년에 시작되었던 한국전쟁에 있다. 1953년에 작성된 휴전협정이 오늘까지 지속되고 있다. 전쟁은 스탈린과 모택동의 도움을 받으며 공산주의의 지배를 받았던 북에서 남쪽을 침공했다. 독일인으로서 이미 한 세대 반이 지난 한국전쟁을 볼 것 같으면, 당시의 희생자들에 대한 분노, 상대방에 대한 깊은 불신, 그리고 증오가 북한과 남한의 많은 사람 사이에서 존재하였다. 독일의 동과 서에 존재하는 적대감보다 훨씬 더 강하다는 것을 충분히 이해할만하다. 한국전쟁 때 남한과 북한에서 생긴 희생자들을 합치면 750만 명을 넘어설 것이다. 이 희생자들의 숫자는 당시 베를린장벽의 가시철조망에서 생긴 희생자들 숫자의 1,000배는 넘을 것이다. 이것이 분단되는 과정에서 생긴 양국에 있어서 아주 다른 점이다.

1991년에는 서울과 평양 사이에 협약이 있었는데 이것은 1972년 독일이 맺은 협약보다 상세한 항목이 많았다. 그러나 한반도 내의 분위기는 매우 냉랭해졌다. 1991년에 맺은 협약은 실현도 안 되었고 이행도 되지 않았다. 나는 몇 주 전에 서울을 방문해서 대통령을 접견했고 다른 정치인들과 면담했고, 학자와 기업인들을 만났다. 서울에서는 누구도 북한에서 무슨 일이 일어나고 있는지 모르고 있었다. 며칠 전에는 모스크바와 북경에 갔었는데 소련과 중국에서도 마찬가지로 모르고 있었다. 역시 마찬가지로 미국도 아는 바가 없었다.

강력한 군부대를 거느린 북한의 정치세력은 신처럼 숭배받은 김일성이 죽은 이후에 국가를 완전히 폐쇄했다. 평양에 주둔하고 있는 중국 외교관들마저도 사적인 대화에서조차 북한 접촉자들이 공식적으로 발표되고 있는 선전 문구만 되풀이한다고 보고하였다. 그 외에는 아무것도 없다. 오늘날 우리가 북한에 관해 알고 있는 지식이라고는 북한이 절망 상태에 있다는 것뿐이다. 당과 정부는 국민에게 자립적으로 충분한 식량을 공급할 능력이 없다. 전에 모스크바와 북경에서 추진하던 경제지원 계획은 사라졌다. 북경은 쌀을 조금 공급해

줄 뿐 그 외에는 아무것도 없다. 남한도 쌀을 조금 공급해주지만, 북한은 오히려 남한의 쌀 공급선이 자국의 국기를 게양하지 못하게 막기까지 했다. 종합적으로 볼 때 북한의 군대는 국민총생산의 1/4 이상을 소비하는 것 같다. 그러나 국민총생산은 매년 감소하였다.

또한 북한은 간격을 두고 군사적 위협을 되풀이하였다. 무엇보다도 평양은 군사적으로 대량 학살이 가능한 무기를 보유하려고 노력하는 것으로 보인다. 이에 미국은 최소한 북한의 핵무기 보유를 막으려 하는 실정이다. 미국은 거기에 정치적인 대가를 치르고 있는데, 유감스럽게도 서울에 평양과의 협상 내용을 충분히 전해 주지 않고 있다. 서울의 미국에 관한 호의와 미국과의 동맹에 대한 신뢰가 그로 인해 허물어지고 있는 것이 느껴질 정도이다.

그리고 마지막으로 지적할 것은 지정학적 전략상으로는 일단 소비에트 연방의 붕괴와 북한의 비타협적인 태도가 북한을 거의 절대적인 고립상태로 놓았다는 것이다. 이런 자체 고립은 아주 심각한 위험을 안고 있다고 할 수 있다. 내가 생각할 수 있는 것은 북한의 수뇌부가 세계정세를 잘못 판단하였다는 것이다. 남한의 압도적인 경제성장과 발달한 생활수준에 대해 스스로를 비난한다. 또한 덩샤오핑의 개혁정책 이후에 중국의 경제발달에 대해 스스로를 비난하였다. 그리고 동남아의 협조 관계에 대해서도 아주 잘못된 생각을 하였다. 경제적 · 정치적인 협력관계와 분명히 드러나고 있는 동남아의 군사적인 협력관계에 대해 잘못된 평가를 하였다. 그래서 북한의 정치부는 아직 중국과 소련을 어부지리로 이용했던 예전과는 시간과 상황이 변했음을 깨닫지 못하였다고 할 수 있다.

그러나 개인적으로는 1,000년 이상을 지낸 한국 민족이 언젠가는 한 지붕 아래로 모일 것으로 생각한다. 그러나 시간과 그것이 가능하게 되는 기간에 대해서는 감히 어떠한 예견도 못 하겠다. 그 시간은 빨리 올 수도 있으나 21세기에 들어서서야 올 수도 있다. 누구도 예측할 수는 없을 것이다. 오늘날 우리가 짐작할 수 있는 통일은 북한 통치의 정치적 · 경제적 붕괴로 일어나는 통일이다. 그러나 남한에 있는 내 파트너와 친구들은 북한의 극단적인 공격을 배제하지 않고 있다. 나는 그런 말을 들을 때마다 항상 그들에게 미국의 세력과 중국의 관심이 한반도에서의 전쟁의 재발을 허용하지는 않을 것이라고 말해준다.

1980년대와 1990년대에 독일의 분단 상황과 큰 차이는 1989년과 1990년에 점차 시작됐던 소비에트 연방의 붕괴와 점차 표면화되는 공산주의 독재체제의 붕괴가 가져오는 구동독, 폴란드, 헝가리 등의 붕괴였다고 생각한다. 또 하나의 커다란 차이점은 미국이 당시에 균형을 유지했던 소련과 프랑스 그리고 영국이 독일의 통일과정을 받아들이고 그 통일을 지지했다. 물론 파리와 런던에서는 약간 망설이기는 했지만. 당시 2+4자 회담을 기억해 보면 두 개의 독일 정부와 미국, 소련, 프랑스, 영국 등 1945년에 독일을 나누었던 전 점령국들이다. 이런 2+4자 협상의 경우 소련과 미국과 그리고 주춤했지만 프랑스와 영국의 긍정적인 효과의 경험에서 한국은 많은 전략적인 교훈을 얻을 수 있을 것이다. 한국의 통일과정에는 미국의 지지가 필요하며, 중국의 지지가 필요하다. 한국의 통일은 소련의 강력한 반대에 부딪혀서는 성공을 못 한다. 한마디 첨부하자면, 일본은 미국과 중국을 따라갈 것이다. 다른 말로 표현하자면 이웃한 강대국이 없이는, 그리고 그들의 동의 없이는 한국은 통일을 이룰 수 없다.

남한 전체에는 일본에 대한 불신이 매우 강하다. 나는 그것을 이해할 수 있다. 왜냐하면 도쿄의 정치세력은 1945년부터 51년이 넘게 한국에 대한 일본의 잘못을 인정하기를 거부했기 때문이다. 이것은 일본에 대해 깊은 불신감을 가진 한국의 태도를 설명한다. 서울에 있는 나의 몇몇 친구들은 최근에 남한이 마치 샌드위치처럼 끼었다는 느낌이라고 했다. 38선 이북에는 북한의 위협이 도사리고 있고 남쪽에는 일본의 군사 세력이 있다면서 말이다. 나는 약간 과장된 표현이라고 보지만 이것은 남한의 심리적인 상태를 잘 보여주고 있다고 본다. 나는 그럴 때마다 항상 친구를 찾으라고 한다. 즉 중국과의 유대를 강화하라고 권고했었다. 중국과의 접근은 처음에는 경제적으로 그리고 다음에는 정치적 접근이 필요하다. 그러한 중국에 대한 정치적 접근은 미국의 동의와 동맹의 완전한 유지 하에서만 일어나야 한다. 이것은 처음 볼 때는 어렵다. 두 번째와 세 번째 단계에서도 어려운 작업이다. 왜냐하면 미국의 대 중국 정책은 애매모호하기 때문이다. 여하튼 한국의 통일은 중국의 우호적인 지지가 필요하다. 그리고 한국은 동아시아에서 좋은 이웃과 친구를 필요로 한다.

여기서 독일 경험과 유사한 점이 있다. 우리는 1970년대 초에 소련에 대한 동유럽 정책을 펴기 시작했을 때 미국과의 동맹 그리고 북대서양의 일원으로서의 의무를 성실히 이행했다. 이점에 대해서는 미국도 의심할 여지가 없었다. 처음에 모스크바에 대한 정치적 개혁이 시작됐을 때 미국은 이를 결코 환영하지 않았다. 우리가 5년 후에 그 방향으로 강하게 나아갈 때도, 즉 1975년 헬싱키 회의와 회의 결과를 가져왔을 때도 미국은 이것을 환영하지 않았다. 그러나 우리는 미국과의 여러 가지 접촉 및 폭넓은 대화를 통해 큰 마찰이 없었다.

남한과 중국 사이에 필요한 평행적인 접촉은 힘들고 어렵지만, 당시 독일과 소련의 관계처럼 가능하며 또한 불가피하다. 이미 경제적 차원에서의 접촉은 이루어졌다. 서울 가는 비행기를 탑승해서 우연히 밑의 인천항구를 보게 되면 중국을 왕복하는 많은 선박을 발견하게 된다. 남한의 중국과 왕래는 이미 독일과 중국 사이의 무역량을 넘어섰다. 이것은 크나큰 발전이다. 이것은 다음 단계로 확대되어야 하고 정치적 접근으로 발전되어야 한다. 이것이 바로 한국의 정치적 상황이다.

이제 독일통일 과정에서 일어난 몇 가지 중요한 국내정책과 경제 · 사회적인 측면을 보도록 하겠다. 한국은 이것을 면밀히 관찰하고 또 분석하고 검토해야 한다고 생각한다. 나도 참석했지만, 며칠 전에 작센주의 수상이자 기사당 정치가인 비덴코프가 드레스덴에서 행한 연설에서 "동 · 서독의 경제적인 평형이 이루어질 때까지는 25년이라는 시간이 걸릴 것이다"라고 말했다. 나도 지난 몇 년 비슷한 말을 종종 했지만, 그때는 15년은 걸릴 것이라고 했다. 비덴코프는 더 정확한 판단을 할 수 있다. 경제적인 평형을 이루는데 그는 25년이 더 걸릴 것이라고 했다. 여기 계신 독일분들은 기억할 것이다. 독일통일 직후인 수년 전 콜 수상은 4년 안에 동독 경제가 만개하고, 동독인들은 서독 수준의 임금을 받을 수 있다고 장담했었다. 그러나 그것은 환상이었고 꿈이었다. 오늘날 동독의 실업률은 25%를 넘어섰다. 전부터 동과 서의 생활수준의 동일화는 2세대까지 걸릴 것이라고 했다. 그래서 시간이 오래 필요하므로 나와 비덴코프. 라이프치히에 있는 게반트하우스의 오케스트라 지휘자인 쿠르트 마주어(Kurt Masur), 그리고 서독에서 저명한 자연학자인 라이날리즈, 이렇게 4명이 4-5년 전에 독일 민족재단을 설립했다. 이 재단은 민족의 동질성을 회복하는 데 도움이 되라고 만들었다.

그러나 독일의 통일은 우아하게 달성됐지만, 통합과정에서 몇 가지 명백한 실수를 범했다. 우리의 친구 한국인들은 최소한 우리가 저질렀던 그런 중요한 4가지 실수를 교훈으로 삼아야 할 것이다.

첫째, 동독의 제조업과 상업 및 농업은 갑자기 서독 및 서유럽 전체 기업들과의 경쟁상대로 내팽개쳐졌다. 아주 예외적인 경우들만 살아남았고, 대부분이 쓰러지거나 규모가 크게 줄었다. 이것이 첫 번째 주된 실수였다.

둘째, 구동독의 통화를 서독의 마르크로 전환시킬 때 정치적으로 확정지은 환율이었다. 이런 교환 비율은 동독 경제에 수백%의 평가절상을 의미했다. 그런 파멸적인 평가절상 상황에서는 세계의 어떤 산업도 살아남을 수 없다. 그 결과 그때까지 동독제품을 구입하던 사람들은 새 가격으로 더 이상 동독제품을 살 수 없었다. 한 예로 동독인들은 서독의 중고차 3~4년 된 오펠이나 포드, 폭스바겐을 구입했다. 동독이 생산한 새 승용차인 트라비보다 서독의 중고차를 선택했다. 그것은 트라비가 화폐 평가절상으로 이들보다 더 비싸진데다 질은 더 낮았기 때문이었다. 그 결과 트라비 생산은 중단돼야 했고 종업원들은 실업자가 되었다. 이것은 우리가 동독의 산업에 어떤 짓을 했는지 극명하게 보여주는 것이다. 다른 많은 동독산업 분야도 비슷했다. 내 생각에는 우리가 개인의 재산이나 화폐를 1 : 1로 맞바꾸어 주었다면 충분했을 것이다. 1959년에 독일 계획을 준비했을 때 나도 참여했었는데 그 당시에 이미 성급한 통화의 평준화를 경고했고, 그 결과로 심각한 실업률이 발생할 것이라고 예견했었다. 1989년보다 30년 전의 일인데, 1989년에는 이런 경고를 잊었다.

셋째, 1994년 말까지 4년 안에 동독의 임금수준을 서독의 수준으로 높여 주겠다는 정치적 약속도 문제가 많았다. 기업과 노조는 이 그릇된 충고에 따르려고 처음에 시도했고 임금은 빠르게 인상되었지만 서독의 수준에는 결코 미치지 못했다. 그 이유는 그동안 동독기업의 매출과 이윤이 이런 임금 상승에 따라갈 수가 없었기 때문이다. 그래서 100만 명의 동독 근로자들이 실업자가 되고, 다른 한편으로는 수백만의 근로자들이 공공 보조를 받아야 할 형편이 되었다.

넷째, 동독기업의 민영화 형식과 속도의 문제이다. 이것은 서유럽의 특징적인 것이 아니라 한국에서도 일어날 수 있다. 동독의 거의 모든 기업과 공장과 농촌은 곧 정부와 당의 소유였다. 이제 개인 소유가 되어야 하는데 그것의 형태는 공개 경매였다. 결과적으로 100개의 동독기업 중 90개는 서독 기업이나 서독 개인의 소유가 되었다. 물론 동독인 중 공장을 살 만한 자본이 있는 사람이 없었다. 한국이 통일을 이룰 때 이것 역시 큰 문제가 될 것이다. 어떤 형태로 그리고 어떤 속도로 민영화를 이룰 것인가? 체코의 예를 보면 민영화를 얼마나 조심스럽게 그리고 성공적으로 이루었는지 알 수 있다. 민영화 자체는 매우 필요하지만, 그 형태와 속도는 조심스러운 타진이 필요하다. 독일 민영화의 실수는 정부 정확하게는 신탁회사로부터 기업을 산 이들이 생산성을 높이기 위해 충분한 투자를 하지 않은 데에도 있다. 그래서 많은 경우에 신탁회사는 정부의 돈으로 원조해 주었으며 3,500억의 부채를 안고 있다. 연말 결산

때 약 4,000억 마르크쯤 될 것이다. 신탁회사를 통한 민영화는 약 4,000억에 이르는 부채를 가져온 것이다. 미화로 환산하면 약 250억 불이 될 것이다. 거기에 더해 기업의 신탁회사는 그것과는 별도의 보조금을 지원했다. 공공자금, 정부예산과 복지기금에서 매년 1,300억에서 1,600억 마르크를 동독에 쏟게 했다.

그리고 한 가지 덧붙여서 아무도 지적하지 않았던 다섯 번째 실수는 동독인들에게 수만 가지에 이르는 법 조항을 덮어씌웠다는 것이다.

수만이라는 말을 더 설명하자면 독일 연방법만 해도 84,000개의 법률조항이 있다. 거기에는 행정 규정을 비롯한 토지조항, 노조 관계, 노동계 일반규정도 포함되지 않으며, 사용자와 근로자 사이에 임금 계약과 포괄적인 임금 계약도 포함되지 않는다. 순수한 연방법만 법률조항이 84,000개를 넘습니다. 우리는 이런 대량의 규정과 법률을 어떻게 다루어야 할지도 모르는 동독인에게 덮어씌웠다. 완전히 새로운 법구조인데도 말이다. 사전에 교육받을 기회도 없었다. 동독인들은 전혀 새로운 법체계와 새로운 공공행정 질서에 제대로 적응하지 못하였다. 이런 모든 것이 동독인들 가슴에 식민지화라는 느낌이 들게 했다.

물론 독일통일은 많은 긍정적인 것들도 가져다주었다. 언론의 자유, 여행의 자유, 발달된 사회복지, 높은 연금 등 많은 긍정적인 면이 있었다. 그러나 총체적으로 볼 때 동독 전체에 큰 실망이 번졌다는 것은 묵과할 수 없다. 스스로 만든 기대와 정치가들이 심어 준 기대감이 이루어지지 않았다. 그 대신 엄청난 실업률이 발생했으며 1930년대의 세계공황 때 동독이 겪었던 상황과 비슷한 수준까지 이르렀다. 1930년대 초반 당시 작센주를 비롯한 기타 주의 실업률은 많은 사람이 히틀러를 선택하게 했다. 오늘날 이런 실망감은 사람들을 히틀러가 아닌 민주사회당(구 공산당, PDS)을 다시 뽑는 결과를 가져왔다.

서독지역에서도 큰 실망이 퍼지고 있는데, 그 이유는 더 많아진 세금 부담과 사회지출, 그리고 동독인들의 충분치 못한 근로 의지 때문에 동독이 제대로 적응하지 못하였다는 오해 때문에 환멸과 실망이 커지고 있다. 서독인들은 모든 문제를 시장이 해결해 줄 것이라고 믿었다. 처음부터 대가를 치러야 한다고, 모두가 몇 년간 허리끈을 졸라매야 한다고 했더라면 이런 일은 없었을 것이다. 그래서 서독에도 실망감이 커졌다. 이런 양쪽에 퍼진 실망감은 당연히 독일의 동일성을 이루는데 저해 요소가 된다.

유감스럽게도 한민족의 분단은 1989-90년의 독일의 분단 상황과 비교해 보면 통일의 어려움이 독일보다 훨씬 크다는 것을 알 수 있다. 훨씬 더 어려울 것이다. 일단 인구 비율은 서독과 동독이 4 : 1이다. 네 명의 서독인이 1명의 동독인을 경제적으로 지원하기 위해 금전적인 제약을 겪는다. 한국의 경우에는 그 비율이 2 : 1일뿐이다. 두 명의 한국인이 한 명의 북한인을 자립할 수 있도록 지원해야 한다. 당시 1989-90년에 동독과 서독 사이에 존재했던 큰 생활수준의 차이는 독일의 경우보다 한국에서 훨씬 더 크다. 그래서 남한이 치러야 할 희생이 서독이 치른 대가보다 훨씬 클 것이다. 남한은 산업국가이다. 그리고 산업국가로서 충분한 국제적인 경쟁력을 가지고 있다. 어떤 분야에서는 일본을 추월했다. 조선업의 경우가 그렇고 자동차 산업의 수출이 그렇다. 완전한 경쟁력을 갖추었다고 볼 수 있다. 그 반면 북한은 세계시장에서 경쟁할 수 없다. 세계시장으로부터 고립되었다. 수출이 가능한 유일한 품목은 군 장비 정도이다. 그러나 이런 차이가 절망의 이유가 된다고 절대 보지 않는다. 조심스럽게 단계를 밟아 독일이 했던 실수를 되풀이하지 않으면 될 것이다. 물론 한국도 실수하지 않을 수는 없을 것이다. 한국의 통일과정이 언제쯤 시작이 될지 아무도 모르기 때문에 각기 다른 각본과 계획을 준비해야 한다. 이 업무를 위한 독립적인 부서가 있어야 하며 서로 다른 상황에 대비한 계획을 세워야 할 것이다. 물론 규칙적으로 매년 혹은 몇 년 간격으로 재검토되어야 한다. 이에 관해 두세 가지를 조언하고자 한다.

한국의 통일이 단계적으로 이루어질 수 있다면 물론 가장 이상적일 것이다.

경제 · 정치적으로 가장 나을 것이다. 그러나 이것은 장기적인 과정이 진행될 때 군사적인 갈등을 일으킬 위험 소지가 있다. 앞에서 얘기했듯이 북한의 붕괴가 합의된 장기간의 통일과정보다 더 가능성이 있지 않나 싶다. 그리고 이 두 가지의 경우 합의된 장기간의 통일과정, 혹은 북한의 붕괴에 대비한 서로 틀린 계획이 미리 준비되어야 한다. 물론 남한에서는 장기간의 통일과정을 거쳐 시간을 두는 것이 더 유리하다. 그러나 남한은 이를 선택할 수 있는 입장이 아니다. 평양이나 북한에서 어떤 사건이 터져 남한이 곧바로 경제지원을 해야만 하는 사태가 발생할 수도 있다. 그런 경제지원은 통일과정과 일치될 때만 의미가 있는 것이다. 공산주의적인 계획경제에서 남한처럼 시장원리에 입각한 자유경제로 넘어가는 과정은 아직 남한에서는 독일보다 훨씬 많이 남한경제가 개입해야 하고 남한 정부는 기업에 많은 영향을 끼치고 있다. 공산주의적인 계획경제에서 현대적인 국민경제로 전환하는 것은 북한에서는 동독에서 그랬던 것 보다 훨씬 힘들다. 특히 북한 농촌 경제의 부활에 관한 충분하고 자세한 계획이 필요하다고 본다. 북한이 가능한 한 빨리 자립 자족할 수 있는 상태로 되어야 한다. 이것은 비효율적이고 비생산적으로 판명된 농업 공동조합으로는 이룰 수가 없다. 단지 어떻게 단기간에, 공동농업을 했던 사람들을 독립적으로 일하는 농업종사자로 탈바꿈하느냐가 문제이다. 이것은 또한 민영화의 단계에도 해당한다. 내가 볼 때 이것이 남한이 풀어야 할 가장 어려운 문제 중 하나가 아닌가 싶다. 통일에 있어서 남한에 해당하는 독일에 없었던 두 가지 특수한 문제를 거론하겠다.

그 하나는 불필요한 수십만의 북한 군인들을 어떻게 할 것 인가이다. 어떻게 생산과정에 도입할 수 있을 것인가이다. 또 다른 문제는 넘쳐나는 무기 산업을 어떻게 할 것인가이다. 어떻게 일반적인 이윤추구 과정에 흡수될 수 있을 것인가이다. 이것은 우리가 독일에서 볼 수 없었던 한국만의 특수한 문제이다. 중국 덩샤오핑의 특별 경제구역에서 무엇인가를 배울 수 있지 않나 싶다. 경제

성공은 거의 전 중국 해안 지역에 번져서 오늘날 200~250만 사람들이 혜택을 받고 있다. 한국은 여기서 무엇인가를 배울 수 있을 것이다. 여기에 북한에서 오신 분이 있었다면 통일과는 무관하게 이런 충고를 해주고 싶다. 덩샤오핑의 믿기 힘든 경제 성공을 뒤따르라고 말이다. 어쨌든 한국인들은 경제적인 면에서 통일을 성공적으로 이끌 수 있을 가에 대해 큰 우려가 있다. 그리고 남한의 4,000만, 북한 2,000만 주민에게는 틀림없이 필요할 경제적인 부담을 지워야 할 것인가에 대해서도 우려가 크다. 나는 이런 모든 우려를 이해할 수 있다. 그러나 개인적으로는 한국인이 통일을 이룩할 것으로 믿는다. 한국인들은 매우 부지런한 민족이다. 독일인보다 부지런하며 또한 절도가 있다. 지난 20년간 부에 빠르게 익숙해지기는 했으나 독일인보다 부지런하고 절도가 있다. 북한의 붕괴가 이루어질 경우에 한국인들은 온 민족이 정치 · 경제적으로 병들 상황을 허용치 않을 것으로 믿는다. 남한은 스스로 38선을 지키려 하지 않을 것이다. 삼국이 서로 경쟁하던, 1500년 전의 상황으로 돌아가려 하지 않을 것이다. 누구에 의해서도 다시 식민지화되지 않을 것이다. 세 개의 큰 이웃인 중국, 소련, 일본에 의해서 말이다. 한국은 단지 경제적인 산업국가만이 아니라 1,500년 이상의 큰 문화적인 전통을 가진 민족이다. 그러나 이것을 다시 공동으로 이루려고 하는 데는 외형만이 아닌 정치 · 경제적인 이상이 필요하다. 결론적으로 한국인에게는 이런 모든 것들이 가능할 것이고 또한 해낼 것으로 믿는다.

남북한 통일을 위한 이념적 기반[25]

이영덕 (前 국무총리, 前 명지대학교 총장)

머리말

동 · 서독과 남 · 북은 같은 분단국이며 그 분단이 동서 냉전체제와 관계되어 있다는 공통성을 가지지만 여러 면에서 대조되는 측면을 가지고 있다. 우선 분단의 배경이 대조를 이룬다. 동 · 서독의 분단이 전쟁책임을 묻는 응징적 성격이었던데 비하여 남북한의 경우는 분단의 책임을 져야 할 아무런 이유 없이 연합국의 편의에 따라 분단되었기 때문이다. 다음으로는 분단관리와 통일 접근방식에도 양자는 뚜렷하게 대비된다. 동 · 서독이 처음부터 분단이라는 현실을 기정사실로 받아들이는 기본적 인식하에서 분단체제의 안전관리에 주력하였고, 그 때문에 독일에서는 범세계적인 냉전 격화기에도 상호 격돌의 자기 파괴적인 비극을 미연에 방지할 수 있었다. 이에 비하여 남북한은 처음부터 분단이라는 엄연한 현실을 인정하지 않은 채 국제적인 냉전 대립을 민족 내부의 대립으로 구조화시킴으로써 동족상잔의 비극을 겪게 되었고 그 때문에 반목과 불신이 심화되어 냉전의 종식과 국제적 해방추세에도 불구하고 상호 배척적인 관계를 좀처럼 해소시키지 못하고 있는 것이다.

이와 같은 기본적 인식과 자세의 차이 때문에 동 · 서독과 남북한은 통일접근방식에서도 서로 대조를 이룬다. 동 · 서독은 국제환경적 여건이 통일에 부

25 이영덕. "남북한 통일을 위한 이념적 기반". *한국의 장래를 위한 독일통일의 교훈*, 명지대학교 북한연구센터, 1997.

정적인 동안에는 분단체제의 안전관리에 주력하는 한편으로 민족적 교류 · 협력관계를 착실히 축적하여 새로운 국제환경적 변화에 대처하는 슬기로움을 견지할 수 있었던 데 비하여, 남북한의 경우는 화해와 상호협력의 국제환경적 여건하에서도 상호관계를 안정시키는 기초적인 작업조차도 정착시키지 못하는 안타까운 사정을 보여주고 있는 것이다.

본인은 이와 같은 대조점을 전제로, 동 · 서독이 보여준 분단관리와 통일접근 방식의 특이성에 주목하여, 한반도의 통일문제 접근에서 유념해야 할 교훈적 의미를 도출해보려고 한다.

불변하는 북한의 적화통일노선

"북한은 1945년 분단 후 곧 창설된 노동당의 규약 속에 당의 중요 정책과제로 적화통일을 내걸면서 이 기조를 그들의 헌법에 명시해놓았다. 그 목표를 수행하기 위해 1950년 남한을 무력 침공하여 수백만의 사상자를 내고 민족의 가슴에 치유할 수 없는 상흔을 남겼다. 휴전 이후, 전면전에 의한 통일방안의 비현실성을 인지한 북한의 김일성은 1966년 그들의 전략을 일부 수정하여 「선 남한혁명, 후 합작 통일」 정책을 수립하고 남한에서의 프롤레타리아혁명을 목표로 다각적인 공작을 자행해오고 있다.

분단 50년이 지난 오늘 세계는 공산주의 세력을 그 역사 무대에서 퇴장시키고 모두 함께 더불어 사는 평화와 협력의 지구공동체(global community)를 형성해 나가고 있다. EU의 형성은 이와 같은 역사적 추세의 산물이며 중국의 점진적 개방도 같은 맥락에서 읽을 수 있다. 베트남이나 쿠바도 세계사의 흐름에서 벗어나지 않기 위해 국민적 노력을 경주하였다고 볼 수 있다. 북한도 이제는 폐쇄적이고 외세 배척적인 이데올로기에서 눈을 돌려 세계와 함께 살아갈 길을 모색하여야 한다. 그 첫걸음이 남한과의 화해이다. 그 화해 위에서 공존공영을 위한 교류와 협동의 관계로 들어가야 한다. 그 길만이 그들이 살아남을 수 있는 길이라고 믿는다.

이와 같은 세계사적 상황에도 불구하고 북한이 적화통일의 목표를 포기하지 않고 대남도발의 강도를 늦추지 않고 있는 이유는 무엇인가? 다음 몇 가지 중요한 이유를 들 수 있다.

첫째, 북한 정권은 지난 50년간 남한을 적대시하여 정권을 유지시켜 왔다. 그런 만큼 앞으로도 그들의 정치체제를 유지하기 위해서는 남한과의 긴장 관계를 계속 유지할 필요가 있다고 생각하는 것 같다. 남한과의 교류가 확대될 경우 남한을 붕괴 직전의 허약한 위성 집단으로 선전해 온 허상이 북한 주민들에게 알려질 때 생길 충격과 혼란이 두려운 것이다.

둘째, 세계사의 흐름에 맞는 일대 개혁을 이끌어갈 만한 창의적이고 강한 리더십이 그들의 독재적 지배체제 속에서 생성되지 못하였다는 것이 또 하나의 이유이다.

셋째, 남한에서 일어나고 있는 빈번한 반정부시위를 통해 북한 지도자들에게 형성된 남한의 실상에 대한 착각이 그것이다. 북한 정권이 남한에 심어 둔 간첩망이 어느 정도 그 기능을 다 하고 있으며, 또 남한의 여러 분야에서 친북적 지식인이 늘고 있다는 고무적 판단이 적화통일정책을 버리지 못하게 돕고 있다. 이 세 번째 이유와 관련해서는 남한사람들에게 반성의 여지가 있다. 지난 50여 년간 남한이 유지해 온 민주주의 체제와 남한사회의 도덕성이 더욱더 성숙되어 있었다면 북한의 대남공작의 영향력을 줄일 수 있었을 것이며 그들을 착각하게 만든 체제 불만적이고 분노에 찬 반정부시위가 남에서 그렇게까지 계속되지는 않았을 것이 아닌가 생각된다.

보편적 가치의 공유

동 · 서 해빙이 시작되던 1970년대 초, 서독은 이른바 「동방 정책」을 주도하면서 당장의 통일보다는 그것을 가능하게 할 여건을 조성하는 준비작업에 역점을 두었다. 이와 같은 기본적 자세는 분단이라는 현실적 여건을 기정사실로 인정하는 바탕 위에서 그러한 현실을 제도화하여 안전하게 관리하자는 발상에서 나온 것이라고 할 수 있다. 어쨌든, 서독의 이러한 현실주의적 접근은 양독 간의 평화공존에 크게 이바지하게 되었고, 그 때문에 우리의 남북한 관계에서와 같은 첨예한 대결상황은 슬기롭게 극복해 나갈 수 있었다. 그럴 뿐만 아니라, 그와 같은 현실주의적 접근은 주변 세력들에게도 안도감을 줌으로써 양독 간의 분단체제를 평화적으로 관리하는데 필요한 국제적 협조를 자연스럽게 확보할 수 있었다. 이 기간에 서독은 대외적으로는 물론 대내적으로도 통독의 당위론을 공식적으로 제기하지 않았다.

그렇다고 해서 서독이 통일에의 열망을 아예 포기하고 있었던 것은 아니다. 다만 단기적으로 볼 때, 통일이 어렵다는 사실을 현실적으로 인정하고 양독 간의 교류 증진을 통해 실질적인 통일 여건 조성에 진력하는 방향을 취하였다.

어떤 사람들은 서독이 통일 준비과정에서 지불해온 엄청난 비용에 주목하여 경제적 번영의 중요성을 강조하는 경우도 있다. 그러나 본인은 그것이 부차적인 중요성밖에 갖지 않는다는 사실을 특별히 주목하였다. 서독은 그동안 통일을 매수하기 위해 부국강병에 힘써왔다기보다는 자신의 체제를 인류의 꿈이 가장 잘 실현되는 이상적인 체제로 만들기 위해 경이적인 노력을 경주하여 왔다는 사실에 더 주목할 필요가 있기 때문이다. 서독은 철저한 인권 존중과 자유와 경제정의의 실현을 통한 높은 수준의 복지사회를 구현함으로써 공산 독재 체제에 지친 동독인들로 하여금 자유 민주사회의 인간다운 삶을 동경하고 그것을 선택, 수용하게 함으로써 통일의 이념적 기반을 착실히 구축하여

온 것이다.

이리하여 서독에서 생활화되고 있는 인간 존중과 자유를 기초로 한 인류 보편의 기본가치를 동·서독인들이 공유하게 되었을 때 정치통합이 가능해졌고 역사적인 독일통일을 성취한 것이다. 서독은 통일 이후의 사회가 갖춰야 할 소망스러운 통일국가의 원형을 이미 통일 준비과정의 하나로 현실화시켜 옴으로써 통일 독일의 미래에 대한 비전을 동독인들에게 보여주는 데 성공한 것이다.

한국에서는 그동안 통일에 이르는 준비과정의 축적보다는 통일성취의 당위적 목표에만 지나치게 매달려 온 감이 있다. 우리가 1970년대 초 「7.4 남북공동성명」으로 통일이 「민족의 지상과제」임을 재확인한 이래 서로가 경쟁적으로 통일성취의 당위성을 강조해 왔지만, 그동안 별로 호전된 것이 없기 때문이다. 이러한 사정은 독일 사람들이 「통일」이라는 말의 사용을 일부러 기피한 채 「분단의 고착화 책동」이라는 비난을 무릅쓰고 「동·서독 기본조약」을 체결하고 민족 공동생활권의 회복을 위해 물과 거름을 열심히 주어 온 사실과 뚜렷하게 대조되는 현상이라고 할 수 있다.

본인은 동·서독의 통일 접근양식에서 얻어낼 수 있는 교훈은 통일의 열매가 아니라, 그 열매가 결실되도록 참을성 있게 기다리면서 노력해오는 과정과 양상이라고 생각한다. 그리고 그러한 노력이 소기의 결실을 가져올 수 있었던 원동력은 자유민주주의의 이념과 체제에 대한 국민적 신념과 결단의 확산·심화에 있었다고 확신한다. 통일은 기적을 기다리는 요행수로 이루어지는 것이 아니라, 삶의 질을 실질적으로 향상시키는 이념적 확신을 구현하려는 꾸준한 준비 노력의 축적으로만 가능한 역사 창조 작업이라고 할 수 있기 때문이다.

그러므로 남한에서의 통일 준비를 위해 가장 중점을 두고 노력해야 할 일은 북한인도 동경할 만한 통일 후 한국의 이념적 목표를 분명히 설정하고 그것이 구현된 참으로 건강한 사회를 남한에 구축하는 일에 전력을 기울이는 일이다.

그리고 북한이 이에 동참하도록 계속해서 다양한 접근방법으로 유도하는 정책을 발전시켜 나가야 한다.

자유와 평화를 애호하는 모든 나라들이 북한도 세계사의 흐름에 동참하도록 자극하고 유도하는 일에 효과적으로 협력해야 한다. 특히 한반도를 둘러싼 주변 강대국들은 자국의 편협한 국가이익에 매이지 말고, 한반도의 평화와 안정이 지구공동체 시대의 공존을 위한 필수적 전제임을 자각하고, 한국 정부와 긴밀한 공존체제를 이룩해야 한다.

남과 북은 우선 쉬운 일부터 차근차근해나가야 한다. 북한은 우선 대화와 협상의 테이블에 나서고, 인적 문화적 경제적 교류부터 점차 확대해 나가도록 해야 한다. 남한에는 북한의 경제교류를 위해 만반의 준비를 하는 기업들이 많고, 북한과의 문화교류를 희구하고 있는 단체들도 많으며 북한인들과의 화합을 간절히 원하고 기도하는 종교인들도 많다. 한국 정부 또한 북한이 마음을 돌려 화해와 협력으로의 정책변화를 가져올 때는 남한의 모든 자원을 동원하여 북한의 경제재건을 도울 결심과 준비가 되어 있음을 북한과 세계인들에게 알리는 데 힘써야 한다.

통일을 대비하여 한국 국민은 세계 인류가 공통으로 추구하는 진실로 사람다운 삶의 실현을 위해, 스스로를 쳐서 복종시키는 도덕적 연단과 민주주의적 사회의 생활 질서를 구축하는 일에 전력으로 투구하였다. 서독인들의 삶에서 자유민주주의 체제의 우월성을 인정하고 그것을 선택했던 동독인들의 명예로운 결단과 같은 변화가 한반도에서도 일어나기를 소망한다. 평화 속에 자유와 민주와 복지가 보장되는 통일한국의 목표를 향해 북한도 남한도 함께 변하고 성장해갈 때 참된 평화적 통일이 이루어진다는 것을 7,000만 한국인들이 인식하고 이를 위해 헌신하게 되기를 기원한다.

통일의 10개 조항

본인은 독일통일의 교훈을 한국의 시각에서 다음과 같이 10개 조항을 발표하고자 한다.

첫째, 독일통일은 무엇보다 자유 속에서 그리고 평화적 방법으로 이루어졌다는 사실이다. 이것은 역사상 처음 있는 일이다. 전 서독 헌법전문에서 강조되듯이 자유, 평화 및 자결권을 통한 확고한 통일 의지는 동독의 독재체제 몰락을 가져왔다.

우리의 통일도 헌법정신에 입각 자유민주주의 토대 위에서 이루어져야 한다. 자유 없는 통일은 아무런 의미가 없다. 한국은 6.25라는 쓰라린 전쟁을 겪었기 때문에 무력을 통한 통일을 상상할 수 없다. 그러나 그 대신 손자병법에 따른 전쟁을 안 하고 이기는 방법을 최대한으로 물색하여야 한다.

둘째, 독일의 통일은 NATO의 안보 체제의 확립 없이는 불가능했다. NATO의 이중전략은 일면 방어와 타면 소련 진영과의 대화를 통하여 동방 세계의 변화를 가져왔다.

남북한 통일의 최우선 선행조건은 튼튼한 안보 체제의 지속적인 확립이다. 독일은 NATO와 같은 집단안보 체제를 갖고 있지만 우리에겐 그런 것이 없다. 따라서 한미 군사동맹은 우리 통일을 위하여 필수적이다.

셋째, 한국과 독일 간의 큰 차이점은 우리에게는 전쟁으로 인한 남북 간의 적대 감정으로 정상적인 관계가 어려웠지만, 독일의 경우는 냉전과 긴장 완화 속에서 최소한의 인적교류가 가능했다.

넷째, 보통 기적이라고 하면 라인강의 기적을 연상하지만 진짜 기적은 한강의 기적이다. 독일의 경우는 얼마든지 일어날 수 있는 잠재력이 있었지만, 한국의 경우는 무에서 창조했다는 점에서 기적 중 기적이라고 할 수 있다.

다섯째, 독일통일을 뒷받침한 것은 뭐니 뭐니 해도 서독의 국력(자유민주주의, 사회적 시장경제, 다원사회 그리고 NATO)이다. 아데나워 수상은 일찍이 국력이 튼튼하면 자연적으로 동독을 끌어들일 수 있다는 자석 이론을 주장했다. 한국의 통일도 마찬가지라 본다. 특히 지정학적으로 불리한 처지에 있는 우리에게는 안보 체제의 확대와 심화가 요청된다.

여섯째, 독일통일에 있어 교회의 역할은 절대적이었다. 평화혁명 시 교회는 저항 세력의 중심지가 되었고, 특히 라이프치히 니콜라이 교회를 중심으로 한 월요데모는 동독의 몰락에 결정적 역할을 했다. 이것을 현지에서 지켜본 사학자 하라트무트 즈바르(Hartmut Zwahr) 교수는 평화혁명을 동독인들의 자체 해방으로 그 의미를 부여하였다. 비평가로 잘 알려진 슈피겔 발행인 아우그슈타인은 예수 탄생 2000년 기념 특집에서 말한 것과 같이 국가와 교회화의 싸움에서 나폴레옹도, 히틀러도, 그리고 호네커도 이기지 못하였다고 하였다. 종교를 탄압하는 국가는 결국 망한다는 역사적 교훈이라고 할 수 있다.

한때 평양은 동양의 예루살렘으로 불렸다. 루터의 종교개혁은 게오르크 빌헬름 헤겔(Georg Wilhelm Hegel)의 자유 정신의 원칙, 청교도 혁명, 한반도로의 기독교 전파, 3 · 1운동 시에는 우리 독립을 위하여 기독교인들이 앞장섰다. 우리는 해방 이후 그 어려운 역경 속에서도 기적을 낳은 세계 유일의 나라로 발전했다. 이제 우리는 통일이라는 시대정신에 따라 특히 기독교인들의 대내외에서의 적극적인 활동(평화기도 운동, 이웃사랑 운동, 핍박받는 북한 주민 구제 운동)이 요청된다.

일곱째, 평화혁명의 직접적 발단은 동독 주민들의 탈출에서 비롯됐다. 갈등 속에서 남아 있으되 가만히 있지 않고 일어나는 것으로 힘을 모았다.

우리 정부는 적극적 탈북자 보호정책을 펴야 한다. 그들은 북한의 실상을 알리는 역할을 하며 통일 전위대로 훗날 남북한 내적 통일에도 크게 이바지한다.

여덟째, 콜 총리는 독일통일과 유럽통합은 동전의 양면임을 누누이 강조했다.

그것은 독일의 유럽이 아닌 유럽의 독일임을 강조함으로써, 이웃나라들의 협력을 얻어낼 수 있었고, 미국과의 관계에 있어서는 NATO에 잔류할 것을 약속함으로써 미국을 만족하게 했다.

우리의 경우는 한국과 UN과의 관계가 있다. 한국은 UN에 의하여 창설되었고 6·25전쟁 시 UN군의 참전으로 공산군을 물리칠 수 있었고, 북한의 핵 개발에 대한 제재와 북한의 인권을 위해 노력하였다. 앞으로 우리의 통일도 UN과의 관계에서 자유와 평화 속에서 이루어지도록 노력하여야 한다.

아홉째, 통일의 기회를 포착하라. 콜은 1989년과 1990년 국제정세의 격동기에서 국내외 조건을 균형 있게 다룸으로써 통일의 기회를 성취했다. 그는 아데나워의 서방 정책과 브란트의 동방 정책을 결합한 다이내믹한 공격적 통일정책을 감행했다. 강력한 안보를 토대로 한 대화, 동독에 경제적 지원 대가로 활발한 인적교류를 얻어냈다. 1988년 한 해에 670만 명의 동독인들이 서독을 방문했다.

오늘날 한반도 국제정세는 북한의 핵 문제로 누구도 예측하기 힘든 격동기에 처해있다. 오바마의 전략적 인내가 지나고, 트럼프의 북한에 대한 선제공격의 문도 열어놓고 있다. 북한은 핵을 그들 체제 유지의 보루로 삼고 있지만, 아이러니하게도 핵 때문에 망할 수도 있다. 국제적 고립, UN의 제재, 북한의 경제난, 북한 내의 봉기 가능성 등 이와 같은 국내외적 조건에서 콜이 취했던 통일의 기회도 포착할 수 있지 않을까 생각하여야 한다.

열째, 독일통일은 기본권의 승리이다. "인간의 존엄은 불가침이다."라고 시작되는 기본권 19조 항은 서독을 일으키고, 동독을 무너뜨린 인간의 숭고한 승리이다. 서독 기본법 146조는 독일통일 시 새 헌법이 제정하기로 되어 있다. 그리하여 통일 직후 신헌법 제정을 위하여 정치인, 법률학자가 모여 논의하였지만, 이 성공적인 기본권을 두고 새 헌법 제정의 필요성을 느끼지 못하고 그대로 이어받았다. 그대로 우리가 본받을 만한 삶의 기본가치가 있다고 본다. 하루속히 북한에도 자유와 평화의 깃발이 하늘 높이 펄럭이기를 바란다.

결론

독일과 유럽통합 그리고 한국과 UN

결론 : 독일과 유럽통합 그리고 한국과 UN

필자는 지금까지 나의 독일 유학, 그동안 각종 발표문, 전 서독 총리의 기조 연설 그리고 통일 10개 조항을 열거했다. 독일통일은 유럽통합과 밀접한 관계가 있다. 20세기 전반에 독일은 2차에 걸쳐 무력으로 유럽을 지배하려고 하였지만 실패했다. 그러나 전후 서독은 독일의 분단을 극복하기 위하여 독일의 유럽이 아닌 유럽의 독일이라는 견지에서, 콜의 역동적 통일정책으로 분단 후 40년 만에 자유 평화 통일을 이룩했다. 이것은 우리에게는 부러움의 대상이기도 하지만 좋은 교훈이기도 하다.

한국은 1945년 8월 15일에 일본으로부터 해방되었지만 미 · 소 냉전의 시작과 더불어 분단이 되었다. 그 후 77년의 세월이 흘렀지만 아직도 통일을 이룩하지 못하였다. 북한은 6.25라는 전쟁을 통하여 무력 통일을 시도했지만 실패했다. UN에 의하여 탄생한 대한민국은 UN에 의하여 보호된 셈이다.

그 후 북한은 무자비한 남을 향한 간접침략을 감행했다. 온갖 남한 정변에 참여했고 도끼 만행, 청와대 습격, 아웅산 사건, KAL기 폭파, 천안함 폭침, 연평도 포격, 연락사무소 폭발 등 이루 말할 수 없다. 지금은 핵과 미사일로 세계평화를 위협하였다. 독일의 유명잡지 〈Die Zeit〉 기자인 Nass는 북한을 봉건적 폭정으로 규정하며 독일의 Phoenix TV에서는 북한을 악마의 왕조로 낙인찍고 있다.

앞으로 악마와 같은 북한을 대항하기 위해서는 무엇보다 우선 확고한 안보 체제의 확립이 필요하고, 한 · 미동맹은 필수적이다. 한 · 미 · 일의 안보 관계도 새롭게 추진되어야 한다. 북한과의 관계는 철저한 상호주의 원칙을 준수하여야 한다. 그동안 북한에 퍼주면서, 국군포로, 납북자 한 명도 귀환시키지 못했다. 북한에 활발한 정보를 제공하여야 한다. 통일교육을 체제 비교로 한국의 우월성을 홍보하여야 한다. 우리의 최대무기는 독일에서와 같이 기본적 자유와 인권이다. 그것이 선행될 때 정의, 번영, 그리고 평화가 이루어진다는 사실이다.

독일에 유럽통합이 있다면, 우리에게는 UN이 있다. UN에 의하여 자유대한민국이 탄생하였고, 6 · 25전쟁에서 구제되었고, 나아가 자유 · 평화 통일도 UN에 의하여 이루어져야 한다고 본다. 마지막으로 특별히 강조하고 싶은 것은 해방 직후 혼란기와 전쟁 시 이승만이 없었더라면 한국은 십중팔구 공산화됐을 것이라고 나는 생각한다. 우리 통일을 위하여 기독교인들의 역할은 독일 못지않게 혁혁한 역할을 했으리라 본다. 사도바울이 예수님의 부활 정신으로 뛰었기에 기독교가 탄생했다. 독일에서 가장 존경받는 아데나워는 정치투쟁에서 이기려면 수세적 입장에서는 불가능하고, 오로지 공세적 입장에서만 가능하다고 했다. 이제 우리는 자유 평화 통일 정신으로 총공세를 취할 때다. 마지막으로 세계 경제를 논하는 Davos와 세계 안보를 논하는 뮌헨 안보 회의와 같이 한국의 통일을 논하기 위하여 매년 「판문점 포럼」을 제의한다.

참고문헌

1장 베를린에서 : 독일통일의 교훈

이영기. *독일통일의 해부*. 국제언론문화사, 1989.

이영기. *현대 평화사상의 이해*. 한길사, 1992.

이영기. *기독교학술원 포럼*, vol.4, 2002, 64-83.

이영기. *아데나워와 전후 독일*. 명지대 독일 및 유럽연구센터, 국가발전기독연구원, 2004.

이영기. *동독의 민주혁명과 북한 주민들의 탈북 현상*. 명지대 독일 및 유럽연구센터, 2007.

Andersen, Uwe and Wichard Woyke. *Handwörtetbuch des Politischen Systems der Bundesrepublik Deutschand*. Bundeszentrale für Politische Bildung, 1997.

Andert, Reinhold and Wolfgang Herzberg. *Der Sturz : Honecker im Kreuzverhör*. Aufbau-Verlag, 1991.

Bednarz, Klaus. *Michail Gorbatschow : Sein Le en, seine Ideen*. seine Visionen (German Edition), 1990.

Bösch, Frank. *Macht und Machtverlust : Die Geschichte der CDU*. Deutsche Verlags-Anstalt, 2002.

Bracher, Karl Dietrich et al. *Republik im Wandel 1969-1974*. Deutsche Verlags-Anstalt, 1986.

Bracher, Karl Dietrich et al. *Republik im Wandel 1969-1982*. Deutsche Verlags-Anstalt, 1986.

Brandt, Willy. *Der Wille zum Frieden Perspektiven der Politik*. Hofmann und Campe, 1971.

Brandt, Willy. *Friedenspolitik in Europa*. Deutscher Bucherbund, 1970.

Brunssen, Frank. *Die Revolution in der DDR*. Bundeszentrale für Politische Bildung, 1999.

Buchstab, Günter and Klaus Gotto. *Die Gründung der Union. Traditionen, Entstehung und Repräsentanten*. Wien, G. Olzog, 1981.

Bundeszentrale für Politische Bildung. *Bundesrepublik Deutschland-DDR 1*. Vergleich der Politischen System, 1985.

Die Welt, Vol.19, 1988.

Die Welt, Vol.21, 1990.

Die Zeit, Vol.29, 1989.

Drechsler, Ingrun. *Getrennte Vergangenheit, gemeinsame Zukunft*. Dtv, 1997.

Gehler, Michael. *Die Umsturzbewegungen 1989* in Mittel-und Osteruropa. BQB, 2004.

Goertz, Joachim. *Die Solidarische Kirche in der DDR*. BasisDruck, 1999.

Gorbachev, Mikhail Sergeyevich. *Perestroika die zweite russische Revolution ; eine neue Politik für Europa und die Welt*. Knaur, 1989.

Gorbachev, Mikhail Sergeyevich. *Das gemeinsame Haus Europa und die Zukunft der Perestroika*. Econ Verlag, 1990.

Görtemaker, Manfred. *Geschichte der Bundesrepublik Deutschland*. C.H.Beck, 1999.

Grünbaum, Robert. *Deutsche Einheit*. Landeszentrale für Politische Bildungsarbeit, 1999.

Hertle, Hans-Hermann. *Der Fall der Mauer*. Verlag für Sozialwissenschaften, 1999.

Judt, Matthias. *DDR-Geschichte in Dokumenten*. Bundeszentrale fur Politische Bildung, 1998.

Kastl, Jörg. "Das neue Denken in der sowjetischen Aussenpolitik". *Europa-Archiv*, Folge 20, 1988, 576-577.

Kohl, Helmut. *Erinnerungen 1982-1990*. Droemer Knaur, 1999.

Konrad Adenauer Stiftung. *Die Politische Meinung : Monatsschrift zu Fragen der Zeit 45. Jahrgang, Dezember 2000, Nr 373*, Fromm Osnabrück, 2000.

Kuehnhardt, Ludger. *Umbruch-Wende-Revolution*. BQB, 1997.

Lehmann, Hans-Georg. *Öffnung nach Osten die Ostreisen Helmut Schmidts und die Entstehung der Ost-und Entspannungspolitik*. Verlag Neue Gesellschaft, 1984.

Linden, Bernd. *Die demokratische Revolution in der DDR 1989/90*. Bundeszentrale für Politische Bildung, 1998.

Lindlau, Dagobert. *Dieser Mann Brandt … Gedanken über einen Politiker von 35 Wissenschaftlern, Künstlern und Schriftstellern*. Kindler, 1972.

Lutz, Dieter S. *Lexikon Rüstung, Frieden, Sicherheit*. Beck, 1987.

Maser, Peter. *Die Kirchen in der DDR*. Bundeszentrale für Politische Bildung, 2000.

Meissner, Boris. *Neues Denken und sowjetische Aussenpolitik*. Osteuropa, 1989.

Möckel, Iris. *Die Teilung Deutschlands 1955 bis zur Einheit*. Franzis, 1991.

Morsey, Rudolf. *Die Deutschlandpolitik Adenauers*. Westdeutscher Verlag, 1991.

Neubert, Ehrhart. *Geschichte der Opposition in der DDR 1949-1989*. Ch. Links Verlag, 1997.

Oberländer, Gisela. *Dokumente zur Deutschlandpolitik*. Metzner Verlag, 1984.

Poppinga, Anneliese. *Konrad Adenauer*. Gustav Lübbe Verlag, 1987.

Poppinga, Anneliese. *Die Vereinigung Deutschlands und Europas stets vor Augen*. DIE WELT, 2003.

Presse-und Informationsamt der Bundesregierung. *Die Politik des Gewaltverzichts*. Presse-und Informationsamt der Bundesregierung, 1968.

Schmude, Jürgen. *Glaube mischt sich ein*. Neukirchener Aussaat, 2001.

Schwarz, Hans-Peter. *Vom Reich zur Bundesrepublik*. Luchterhand, 1966.

Schwarzkopf, Dietrich. "Die Idee des Gewaltverzichts. Ein Element der neuen Ostpolitik der Bundesrepublik". *Europa-Archiv,* Folge 24, 1976, 893-899.

Sternburg, Wilhelm von. *Adenauer-eine deutsche Legende : Biographie (Aufbau Taschenbücher)*. Construction Paperback, 2001.

Teltschik, Horst. "Die Reformpolitik Gorbatschows und die Perspektiven der West-Ost-Beziehungen". *Auβenpolitik,* vol.40, no.3, 1989.

Teltschik, Horst. *329 Tage*. Siedler, 1991.

Weidenfeld, Werner and Karl-Rudolf Korte. *Handbuch zur deutschen Einheit, 1949-1989-1999*. Campus Verlag, 1999.

Weizsäcker, Richard Von. *Vier Zeiten*. Siedler Verlag, 1997.

Winter, Friedrich. *Die Moderatoren der Runden Tische*. Evangelische Verlagsanstalt, 1999.

Zagladin, Vadim Valentinovich. *Und jetzt Weltinnenpolitik. Die Auβenpolitik der Perestroika*. Horizonte-Verlag, 1990.

Zwahr, Hartmut. *Ende einer Selbtzerstörung*. Vandenhoeck & Ruprecht, 1993.

2장 DMZ로 : 남북한 자유 평화 통일

김신일. "한국 민주시민교육의 평가와 전망". *민주시민교육의 이해*. 학문사, 1994.

박두식. "동북아 다자안보기구 제안/한-미-일-중-러 등 대상/한 외무". *조선일보*, 1993.

이영기. *빌리 브란트의 동방정책*. 형상사, 1990.

전득주. "새로운 민주시민교육의 필요성과 방안". *민주시민교육의 이해*. 학문사, 1994.

정규섭 외. *동북아 신국제질서하에서의 한반도통일 기반조성방안*. 민족통일연구원, 1992.

한국교육개발원. *민주 시민 교육*. 대학교과서주식회사, 1994.
한국정치학회. *한국 정치경제의 위기와 대응*. 오름, 2000.
한배호. *한국의 정치과정과 변화*. 법문사, 1993.
황병덕. *독일 정치교육 연구*. 민족통일연구소, 1995.
Auswärtiges Amt. *Sicherheit und Zusammenarbeit in Europa. Dokumentation zum KSZE-Prozeβ*. Auswärtiges Amt, 1991.
Behr, Wolfgang, 이영기. *동서독 체제비교*. 고려대학교출판부, 1988.
Bloed, Arie. *From Helsinki to Vienna : Basic Documents of the Helsinki Process*. Springer, 1990.
Brandt, Willy. *Friedenspolitik in Europa*. S. Fischer, 1968.
Brandt, Willy. *Erinnerungen*. Schröder, 1989.
Deutscher Bundestag. *Aufarbeitung von Geschichte und Folgen der SED-Diktatur in Deutschland*. Deutscher Bundestag, 1995.
Deutschland Bundesregierung. *Jahresbericht der Bundesregierung zum Stand der Deutschen Einheit*. Deutscher Bundestag, 1997.
Engelbrecht, Jörg and Wolfgang Maron. 60 *Jahre deutsche Geschichte 1949-2009*. Aschendorff, 2009.
Firdawsi. "Die KSZE als Modell?". *EUROPA-ARCHIV*, Folge 3, 1992, 78-81.
Fraude, Andreas. *Die Friedliche Revolution in der DDR im Herbst 1989*. Landeszentrale für Politische Bildung Thüringen, 2009.
Gagel, Walter. *Geschichte der Politischen Bildung in der Bundesrepublik Deutschland 1945-1989*. Verlag für Sozialwissenschaften Wiesbaden, 1994.
Görtemaker, Manfred. *Geschichte der Bundesrepublik Deutschland*. C.H.Beck, 1999.
Görtemaker, Manfred. *Die Berliner Republik*. Be.bra Verlag, 2009.
Grünbaum, Robert. *Deutsche Einheit*. Landeszentrale für Politische Bildungsarbeit, 1999.
Hertle, Hans-Hermann. *Chronik des Mauerfalls-Die dramatischen Ereignisse um den 9. November 1989*. Ch. Links Verlag, 2009.
Hertle, Hans-Hermann. *Der Fall der Mauer-Sternstunde einer friedlichen Revolution*. BQB, 1999.
Hertle, Hans-Hermann. *Die Berliner Mauer-Monument des Kalten Krieges*. Ch. Links Verlag, 2007.
Hesselberger, Dieter and Helmut Nörenberg. *Das Gundgesetz, Kommentar für die Politische Bildung*. Herman Luchterhand, 1995.

Hollitzer, Tobias. 15 *Jahre Friedliche Revolution*. BQB, 2004.

Informationen zur Politischen Bildung. *Vergleich der Politischen Systeme*. Bundeszentrale für Politische Bildung, 1982.

Kemper, Hella. *1989-die geglückte Revolution*. Zeitverl. Bucerius, 2009.

Klein, Ansgar and Rainer Schmalz-Bruns. *Politische Beteiligung und Bürgerengagement in Deutschland : Möglichkeiten und Grenzen (Schriftenreihe)*. Bundeszentrale für Politische Bildung, 1997.

Knabe, Hubertus. *Honeckers Erben : die Wahrheit über Die Linke*. Propyläen, 2009.

Koenig, Matthias. *Menschenrechte*. Campus Verlag, 2005.

Kohl, Helmut et al. *Ich wollte Deutschlands Einheit*. Propyläen Verlag, 1996.

Kohl, Helmut. *Erinnerungen : 1982-1990*. Droemer Knaur, 2005.

Kuhn, Hans-Werner and Peter Massing. *Politische Bildung in Deutschland : Entwicklung-Stand-Perspektiven*. Leske + Budrich, 1993.

Kulturprojekte Berlin. *20 Jahre Mauerfall*. ?, 2009.

Leonhard, Wolfgang. *Meine Geschichte der DDR*. Rowohlt Verlag, 2008.

Lowenthal, Richard. V*om kalten Krieg zur Ostpolitik*. Seewald, 1974.

Maibaum, Werner. *Geschichte der Deutschlandpolitik*. Bundeszentrale für Politische Bildung, 1998.

Maser, Peter. *Die Kirchen in der DDR-Buch gebraucht kaufen*. Bundeszentrale für Politische Bildung, 2000.

Maser, Werner. *Helmut Kohl*. Ullstein Hc, 1990.

Morsey, Rudolf. *Die Deutschlandpolitik*. ?, ?.

Neues Forum Leipzig. *Jetzt oder nie-Demokratie : Leipziger Herbst '89. C.* Bertelsmann Verlag GmbH, 1990.

Opp, Karl-Dieter and Peter Voss. *Die volkseigene Revolution*. Klett-Cotta, 1993.

Petschull, Jürgen. *Die Mauer*. Gruner + Jahr, 1989.

Pötzsch, Horst. *Die deutsche Demokratie*. Bundeszentrale fur Politische Bildung, 1995.

Pruys, Karl Hugo. *Helmut Kohl*. Edition Q, 2004.

Rexin, Manfred. *Radio-Reminiszenzen : Erinnerungen an RIAS Berlin*. Vistas, 2002.

Rödder, Andreas. *Deutschland einig Vaterland*. C.H.Beck, 2009.

Sander, Wolfgang. *Handbuch Politische Bildung*. Wochenschau, 1997.

Schabowski, Günter. *Der Absturz*. Rowohlt, 1991.

Schäuble, Wolfgang et al. *Der Vertrag : wie ich über die deutsche Einheit verhandelte*. Deutsche Verlags-Anstalt, 1991.

Schiele, Siegfried. *Politische Bildung als Begegnung*. J. B. Metzler, 1988.

Schmidt, Helmut. *Die Deutschen und ihre Nachbarn*. Siedler, 1990.

Schüddekopf, Charles. *Wir sind das Volk!-Flugschriften, Aufrufe und Texte einer deutschen Revolution*. Rowohlt, 1990.

Schwan, Heribert and Rolf Steininger. *Mein 9. November 1989*. Artemis & Winkler, 2009.

Schwarz, Hans-Peter and Helga Haftendorn. *Europäische Sicherheitskonferenz*. Leske, 1970.

Schwarz, Hans-Peter. *Vom Reich zur Bundesrepublik*. Luchterhand, 1966.

Schwarz, Hans-Peter. *Zwischenbilanz der KSZE*. Seewald, 1977.

Schwarz, Hans-Peter. *Die Zentralmacht Europas : Deutschlands Rückkehr auf die Weltbühne*. Siedler, 1994.

Schwarz, Manfred. *Die DDR*. Verlag Friedrich Oetinger GmbH, 2009.

Sontheimer, Kurt. *Grundzüge des Politischen Systems der neuen Bundesrepublik Deutschland*. Piper, 1993.

Sternburg, Wilhelm von. *Adenauer, Eine deutsche Legende*. Aufbau Taschenbuch, 2001.

Taylor, Frederick. *Die Mauer*. Siedler, 2009.

Teltschik, Horst. *329 Tage*. Siedler, 1991.

Wagner, Wolfgang. "Eine Station auf einem langen Wege : Zur geschichtlichen Einordnung der Konferenz über Sicherheit und Zusammenarbeit in Europa". *Europa-Archiv*, Folge 15, 1975.

Weidenfeld, Werner and Karl-Rudolf Korte. *Handwörterbuch zur deutschen Einheit*. Bundeszentrale für Politische Bildung, 1992.

Wengst, Udo and Hermann Wentker. *Das doppelte Deutschland : 40 Jahre Systemkonkurrenz*. Bundeszentrale für Politische Bildung, 2008.

Wolfrum, Edgar. *Die Mauer*. C.H.Beck, 2009.

Wrede, Hans-Heinrich. *KSZE in Wien : Kursbestimmung für Europas Zukunft*. Verlag Wissenschaft und Politik, 1990.

Zwahr, Hartmut. *Ende einer Selbstzerstörung : Leipzig und die Revolution in der DDR*. Vandenhoeck & Ruprecht, 1993.

베를린에서 DMZ로

독일통일의 교훈, 자유 평화 통일

발행일	초판 1쇄 2023년 7월 17일
	초판 2쇄 2023년 9월 1일
저 자	이영기 · 명지대 미래정책센터
감 수	김영석
발행인	유병진
발행처	명지대학교 출판부
주 소	서울특별시 서대문구 거북골로 34
전 화	02-300-1740
팩 스	02-300-1722
	http://press.mju.ac.kr
등 록	1969년 10월 15일 제9-25호
제 작	(주)피알앤북스

정 가 23,000원　　ISBN 978-89-7335-407-8 93340